start speaking languages immediately using essential phrases

국가대표
프랑스어
회화능력자

꼭 필요한 만큼, 지금 당장
'나의 프랑스어 회화 능력'을
장착할 수 있는 방법이 있습니다!

French pattern

국가대표 프랑스어 회화능력자

저자_ 조혜란

1판 1쇄 인쇄_ 2017. 01. 05.
1판 1쇄 발행_ 2017. 01. 10.

발행처_ 북커스베르겐
발행인_ 신은영

등록번호_ 제313-2009-217호
등록일자_ 2009. 10. 6.

주소_ 경기도 고양시 일산동구 장항동 742-1 한라밀라트 B동 215호
전화_ 02) 722-6826   팩스_ 031) 911-6486

값은 표지에 있습니다.
ISBN 978-89-97343-22-5 14700
      978-89-963283-5-3 (세트) 14700

「이 도서의 국립중앙도서관 출판시도서목록(CIP)은 서지정보유통지원시스템 홈페이지
(http://seoji.nl.go.kr)와 국가자료공동목록시스템(http://www.nl.go.kr/kolisnet)에서
이용하실 수 있습니다. (CIP제어번호: CIP2016030759)」

이메일_ bookersbg@naver.com

북커스베르겐은 **옥당**의 외국어 출판브랜드입니다.

start speaking languages immediately using essential phrases.

국가대표
프랑스어
회화능력자

French
pattern

It focuses on conversation with fluency and confidence.

프랑스어 회화능력,
얼마큼 필요하십니까?

취업용 면접, 자기소개 등에 필요한 필수 핵심 회화 표현들이 있습니다!

국가대표 프랑스어 회화능력자는 여러분의 회화능력을 완벽하게 지원합니다.

프랑스어 회화능력,
이 정도면 어떻습니까?

안녕하십니까? ●—— 인사표현

저는 이미노라고 합니다.
저의 장점은 조직능력입니다. ●—— 현재의 나
자신을
설명하는 표현
저는 한국인/서울 출신/대학생/미혼/채식주의자/천주교인/비흡연가입니다.
저는 창조적/협업능력/책임감/소통능력이 있습니다.
저의 장점은 정확성/유연성/분석적 사고입니다.

저는 마케팅과 경제정보 복수학위가 있습니다. ●—— 내가 가진
모든 것을
저는 고객관리 분야에 경험이 있습니다. 설명하는 표현
저는 시장조사/소프트웨어 개발/회계 분야에 경험이 많습니다.
저는 SQL / JAVA / MS 운용에 능합니다.

저는 3개 국어를 할 수 있습니다. ●—— 내가 하고 있는 것,
저는 저의 지식을 넓혀 갈 것입니다. 내가 할 수 있는 것을
설명하는 표현
항상 역사 공부를 합니다./독서를 통해 외국어를 배우고 있습니다./
저는 페이스북을 자주 사용합니다./저는 행동하기 전에 두 번 생각합니다./
한계는 없습니다./결과에 달려 있습니다./저는 이것을 귀사에 약속합니다./
저는 귀사에 지원하고자 합니다.

그리고 저는 저의 최선을 다할 것입니다. ●—— 미래의 나,
희망과 포부,
귀사에서 저의 능력을 발전시키고 싶습니다. 의지의 표현
저는 인턴십을 통해 많은 경험을 쌓았습니다./
저는 주로 이 분야에서 일했습니다./이 분야에 대한 충분한 정보를 모았습니다./
저는 저의 능력을 확장하고 싶습니다./저는 귀사에서 프로그래머로서 일하고 싶습니다.

감사합니다. ●—— 감사표현

영어로 하면 I am ~, I can ~, I will ~ 까지
지금의 나와, 나의 능력, 그리고 앞으로의 나의 의지까지
자유자재로 표현할 수 있는 정도! 이 정도면 훌륭한 자기소개가 됩니다!

{ 그래서 준비했습니다!
국가대표 회화능력자! }

꼭 필요한 만큼, 바로 당장 '나의 회화 능력을 키울 수 있는 방법'이 있습니다!

국가대표 프랑스어 회화능력자는 전체 5개 섹션으로 이루어져 있습니다.

초강력 회화능력을 위해
꼼꼼하게 구성하였습니다!

1st Section 　　워밍업 섹션 : 　　인사표현 패턴

1st Section 은 최소의 단어로 이루어진 초간단 표현입니다.
인사 표현/감사 표현/부탁/부정 표현 등을 정리했습니다.

2nd Section 　　I am 섹션 : 　　핵심동사 패턴

2nd Section 은 양대 핵심동사입니다.
(영어의 be 동사와 have 동사에 해당합니다.)

3rd Section 　　I can 섹션 : 　　중요동사 패턴

3rd Section 은 대표적인 중요동사를 테마별로 정리했습니다.
행위/감각/학습/계획/생각 등을 표현하는 동사 모음입니다.

4th Section 　　I can 섹션 : 　　핵심문법 패턴

4th Section 은 핵심문법을 정리했습니다.
비인칭문, 재귀동사, 의문문, 조동사 등 문법의 핵심요소입니다.

5th Section 　　I will 섹션 : 　　중요문법 패턴

5th Section 은 중요문법 패턴을 정리하였습니다.
명령문, 시제, 접속법 등 매우 자주 사용하는 표현입니다.

영어로 하면 I am ~, I can ~, I will ~ 까지
지금의 나와, 나의 능력, 그리고 앞으로의 나의 의지까지
자유자재로 표현할 수 있는 정도! 훌륭한 자기소개 능력이 될 수 있습니다!

It focuses on conversation with fluency and confidence.

With this book you will **learn languages** with thousands **of customizable phrases**.

이렇게 공부하면 핵-효과!
국가대표 회화능력자!

여러분의
회화능력을
탄탄하게
만들어 줄
최적의
방법이
딱 있습니다!

국가대표 회화능력자가
바로 그 해결책입니다.

여러분이
당장
하고 싶은
표현부터
체크하고
시작하십시오!

국가대표 회화능력자는
어떤 페이지에서
시작해도 됩니다!

처음으로
시작하는
완전초보
여러분은
부록 1의
알파벳과
발음법부터
시작하세요!

국가대표 회화능력자가
알파벳과 발음법을
30분 만에 끝냅니다!

궁금한
문법사항!
조금 더
문법이
필요하시면
부록 2를
참고하시면
됩니다!

국가대표 회화능력자가
문법 핵심을
한눈에 파악할 수 있도록
요약정리했습니다!

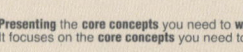
Presenting the **core concepts** you need to **write** and **speak**.
It focuses on the **core concepts** you need to **communicate**.

학습효과를 극대화하는 방법을 활용하십시오!

1.
본인에게 가장 먼저 필요한 **섹션**을 **선택**합니다.
어느 섹션을 먼저 시작해도 학습이 가능할 수 있도록
최대한 고려하여 구성했습니다.
(매 단락마다 중복으로 단어를 정리하였습니다.)

2.
선택한 섹션의 각각의 패턴으로 가서,
먼저 '**기본패턴의 핵심**'을 **이해**합니다.

3.
'**기본패턴의 연습**' 8문장 중 본인에게 필요가 느껴지는
문장 3~4개를 **체크**하고, **MP3 일련번호**를 이용하여
듣기연습을 반복합니다.

4.
체크한 패턴, 필요한 섹션 파트를 **짧은 시간 내에 일독**하시고,
다음 **반복 시에는 문장을 늘려** 갑니다.
이때 확장 패턴이나 응용 대화문을 함께 공부하는 것이 좋습니다.

5.
학습을 시작하기 전에 제일 먼저 **QR 코드**를 **스캔**하여,
학습 가이드 You Tube 영상 튜토리얼을 감상합니다.

🎬 **QR 코드**를 **핸드폰 스캔**하시면
You Tube 영상 튜토리얼이
곧바로 **재생**됩니다.

Pattern French

1st Section

S1 워밍업 섹션 :

2nd Section

S2 핵심동사 섹션 :

● The **basics** of **grammar** and **sentence construction**!

● The most useful **phrases** and **expressions**!

Presenting the **core concepts** you need to **write** and **speak**.
It focuses on the **core concepts** you need to **communicate**.

Start speaking languages immediately using essential phrases.

● The focus is on **conversation** and **communication**.

● Start **speaking languages** immediately using **essential phrases**.

With this book you will **learn languages** with thousands **of customizable phrases.**

Pattern French

- The basics of **grammar** and **sentence construction**!

- The most useful **phrases** and **expressions**!

Presenting the **core concepts** you need to **write** and **speak**.
It focuses on the **core concepts** you need to **communicate**.

The focus is on **conversation** and **communication**.

Start **speaking languages** immediately using **essential phrases**.

With this book you will **learn languages** with thousands **of customizable phrases.**

● The **basics** of **grammar** and **sentence construction**!

● The most useful **phrases** and **expressions**!

Presenting the **core concepts** you need to **write** and **speak**.
It focuses on the **core concepts** you need to **communicate**.

Start speaking languages immediately using essential phrases

4th Section
S4 핵심문법 섹션 :

The focus is on **conversation** and **communication**.

Start **speaking** languages immediately using **essential phrases**.

With this book you will **learn languages** with thousands **of customizable phrases.**

Presenting the **core concepts** you need to **write** and **speak.**
It focuses on the **core concepts** you need to **communicate.**

start speaking languages immediately using essential phrases.

● The focus is on **conversation** and **communication**.

● Start **speaking languages** immediately using **essential phrases**.

With this book you will **learn languages** with thousands **of customizable phrases.**

Pattern French

MONNAIE DE PARIS

5th Section
S5 중요문법 섹션 :

The **basics** of **grammar** and **sentence construction**!

The most useful **phrases** and **expressions**!

Presenting the **core concepts** you need to **write** and **speak**.
It focuses on the **core concepts** you need to **communicate**.

start speaking languages immediately using essential phrases.

It focuses on conversation with fluency and confidence.

With this book you will **learn languages** with thousands **of customizable phrases**.

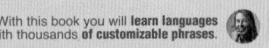

1st Section

pattern
French

It focuses on **conversation** with **fluency** and confidence.

With this book you will **learn languages** with thousands **of customizable phrases**.

1st Section

pattern

French

워밍업 섹션 : 초간단 인사 패턴!

1st Section 은 **최소의 단어**로 이루어진 **초간단 표현**입니다.
발음법도 **연습**하고, 프랑스어의 **뉘앙스**도 느껴보는 **코너**입니다.

1st Section

워밍업 섹션 :

1st Section 은 최소의 단어로 이루어진 초간단 표현입니다.
발음법도 연습하고, 프랑스어의 뉘앙스도 느껴보는 코너입니다.
(본격적인 문장에 도전하고 싶은 분은 바로 **2nd Section** 으로 이동하십시오!)

다음 섹션부터 충분한 문법내용이 소개됩니다.
이번 섹션의 단어정리 파트는 스킵하면서 진행하셔도 됩니다.

Part 01. 인사표현, 2줄요약!

❶ **Bon ~!** (좋은 ~!) / **À ~!** (~에 만납시다! : 헤어질 때)의 모든 인사표현을 정리했습니다.
❷ **Merci ~!** (~ 감사합니다!)의 감사표현을 정리했습니다.

Part 02. 부탁/부정 표현, 2줄요약!

❶ **~, s'il vous plaît! / S'il vous plaît, ~!** (~ 부탁합니다!)의 부탁표현을 정리했습니다.
❷ **Pas ~.** (~ 아닙니다/없습니다.)로 말하는 부정표현을 정리했습니다.

● The focus is on **conversation** and **communication**.

● Start **speaking languages** immediately using **essential phrases**.

Learn foreign language!
French

Part 1. It's a completely new way to learn foreign language! | **Pattern 001**

Bon ~! [봉 ~!]
좋은 ~입니다.

 ❶ 기본패턴의 핵심!

❶ **Bonjour!** 는 영어의 **Good morning!** 과 같은 인사표현입니다.
❷ **Bonjour!** 는 **Bon** (좋은 : 형용사) + **jour** (아침 : 남성명사)입니다만,
인사표현이기 때문에 그냥 통째 익히는 것이 중요합니다.
❸ 프랑스어는 시간대별 인사표현이 따로 있으며,
이밖에도 대부분의 인사표현이 **Bon(ne) ~!** 의 형태입니다.

 ❷ 기본패턴의 연습!

p001-01	○	**Bonjour!**	좋은 하루입니다! (안녕하세요!)
p001-02	○	**Bonsoir!**	좋은 저녁입니다!
p001-03	○	**Bon après-midi!**	좋은 오후입니다!
p001-04	○	**Bon appétit!**	맛있게 드세요!
p001-05	○	**Bonne nuit!**	안녕히 주무세요!
p001-06	○	**Bon voyage!**	좋은 여행하세요!
p001-07	○	**Bonne idée!**	좋은 아이디어입니다!
p001-08	○	**Bonne chance!**	행운을 빕니다!

● **Bonne nuit!** 는 **nuit** (밤)이 여성명사이기 때문에 **bonne** 입니다.
(명사, 관사 그리고 형용사에 대해서는 다음 섹션에서 자세히 설명드립니다.)
● **le jour** (날/일/낮), **le soir** (저녁), **l'après-midi** (오후), **l'appétit** (식욕),
la nuit (밤), **le voyage** (여행), **l'idée** (아이디어/생각), **la chance** (행운)

워밍업 섹션 : 초간단 인사 패턴!

1st Section 은 **최소의 단어**로 이루어진 **초간단 표현**입니다.
발음법도 **연습**하고, **프랑스어**의 **뉘앙스**도 느껴보는 **코너**입니다.

 ❸ 기본패턴의 확장!

| p001-09 | ○ **Joyeux Noël!** | 즐거운 성탄절입니다! |
| p001-10 | ○ **Joyeux anniversaire!** | 즐거운 축일입니다! (생일 축하합니다!) |

- **bon** (좋은) 대신에 형용사 **joyeux** (즐거운/기쁜)을 사용하기도 합니다.
- 프랑스어 단어의 마지막 자음은 소리를 안내는 것이 원칙이지만 예외가 있으며,
특히 다음에 모음이 올 경우에는 연결해서 발음합니다.
- **Joyeux anniversaire!** [주아이유 자니베흐세흐!]
- **joyeux** (즐거운/기쁜), **le Noël** (크리스마스), **l'anniversaire** (생일/기념일)

 ❹ 기본패턴의 응용!

| p001-11 | **A) Bonjour, Monsieur Kim!** | 김 씨, 안녕하세요! |
| p001-12 | **B) Bonjour, Madame Dubois!** | 뒤부아 부인, 안녕하세요! |

- -

| p001-13 | **A) Bonjour, Monsieur le professeur!** | 교수님, 안녕하세요! |
| p001-14 | **B) Bonjour, Monsieur Kim!** | 김 군, 안녕하세요! |

- **Monsieur Kim** (김 씨), **Madame Dubois** (뒤부아 부인). 남녀의 호칭입니다.
- 직업적인 호칭의 경우, '성별 호칭 + 정관사 + 직업명'으로 표시합니다.
Professeur (교수)의 경우 남녀 동일형이지만 굳이 여교수임을 밝힐 때에는 **Madame la professeur**
(여자 교수)라고도 합니다. (다음 섹션 '직업명' 부분에서 보충 설명드립니다.)
- **le monsieur** (씨/님), **la madame** (부인/여사), **le/la** (정관사 남/녀 단수), **le professeur** (교수)

Learn foreign language!
French

Part 1.
It's a completely new way to learn foreign language!

Pattern 002

À ~! [아 ~!]
~에 만납시다! (헤어질 때 인사)

---

 ❶ 기본패턴의 핵심!

❶ 전치사 **à** 뒤에 때를 나타내는 말을 붙이면 '~에 만납시다'가 됩니다. 헤어질 때 하는 인사말이죠.
❷ **À ~!** 이때 ~ 는 명사/부사(구) 등입니다. ~ 뒤의 명사는 관사를 생략하기도 합니다.
❸ 전치사 **à** 뒤에 정관사 **le** 가 오면 축약형 **au** 가 됩니다만 그냥 통째로 기억하시면 좋겠습니다.

---

 ❷ 기본패턴의 연습!

p002-01	○	**À bientôt!**	(곧) 또 만나요!
p002-02	○	**À demain!**	내일 만나요!
p002-03	○	**À mardi!**	화요일에 만나요!
p002-04	○	**À midi!**	정오에 만나요!
p002-05	○	**À 9 heures!**	9시에 만나요!
p002-06	○	**Au revoir!**	안녕히 가세요!/안녕히 계세요!
p002-07	○	**Adieu!**	안녕히 가세요! (다시 만날 가능성이 거의 없을 때)
p002-08	○	**À la prochaine (fois)!**	다음에 만나요!

● **Adieu** 는 전치사 **à** 와 명사 **le dieu** (신)이 결합되어 한 단어가 되었습니다.
'신을 볼 때까지'라는 의미이니까 거의 영원한 고별인사겠지요.
● **À la prochaine (fois)!** 는 명사 **la fois** (회/번)을 생략하고 말할 수 있습니다.
● **bientôt** (곧), **demain** (내일), **le mardi** (화요일), **le midi** (정오), **neuf** (9),
l'heure(s) (시간 : 관습적으로 복수형), **le revoir** (재회), **le dieu** (신), **prochaine** (다음의), **la fois** (회/번)

워밍업 섹션 : 초간단 인사 패턴!

1st Section 은 **최소의 단어**로 이루어진 **초간단 표현**입니다.
발음법도 **연습**하고, **프랑스어**의 **뉘앙스**도 느껴보는 **코너**입니다.

P 002

---

 ❸ 기본패턴의 확장!

| p002-09 | ○ **À ce soir!** | (오늘) 저녁에 만나요! |
| p002-10 | ○ **À tout à l'heure!** | 잠시 후에 만나요! |

● 때를 나타내는 말 앞에 지시형용사(**ce/cet**)를 붙이면 가까운 그 때를 의미합니다.
À ce week-end! (이번 주말에 만나요!) **À cet après-midi!** (이따 오후에 만나요!)
● 부사 **tout** (매우/아주)를 붙여서 숙어로 활용합니다.
● **ce** (이/그/저), **le soir** (저녁), **tout** (매우/아주), **à l'heure** (정각에/정시에)

---

 ❹ 기본패턴의 응용!

| p002-11 | **A) Au revoir!** | 안녕히 가세요! |
| p002-12 | **B) Au revoir! À demain!** | 안녕히 가세요! 내일 만나요! |

- -

| p002-13 | **A) Au revoir!** | 잘 가! |
| p002-14 | **B) Salut! À très bientôt!** | 잘 가! 곧 다시 만나자! |

● 친한 사이에는 **Salut!** 라고 인사할 수 있습니다. 만날 때나 헤어질 때 모두 사용할 수 있습니다.
● 부사 **très** (매우/몹시)를 넣어 강조할 수 있습니다.
● **demain** (내일), **le salut** (인사/안녕), **très** (매우/몹시)

Learn foreign language!
French

Part 1.

It's a completely new way to learn foreign language!

| **Pattern 003**

Merci ~.
[메흐씨 ~.]
~ 감사합니다.

The **basics** of **grammar** and **sentence construction**!

❶ 기본패턴의 핵심!

❶ **merci** (감사합니다)는 감사를 표현하는 감탄사입니다.
❷ 감사하는 정도, 대상 (~에게/~에 대해) 등을 함께 표현할 수 있습니다.

The most useful **phrases** and **expressions**!

❷ 기본패턴의 연습!

p003-01	◯	**Merci.**	감사합니다.
p003-02	◯	**Merci beaucoup.**	매우 감사합니다.
p003-03	◯	**Merci bien.**	매우 고맙습니다.
p003-04	◯	**Merci mille fois.**	대단히 감사합니다.
p003-05	◯	**Merci pour tout.**	여러 가지로 (도움을 줘서) 감사합니다.
p003-06	◯	**Merci de votre cadeau.**	당신의 선물에 감사합니다.
p003-07	◯	**Merci, moi aussi.**	나도 역시 감사합니다.
p003-08	◯	**Non merci.**	아니오, 감사합니다. (아니오, 됐습니다.)

● **Non merci.** (아니오, 감사합니다.)는 즉, '아니오, 됐습니다.'로 정중한 거절의 뜻입니다.
● **mille fois** 를 직역하면 '1000 번'으로 '대단히/무척'이라는 의미입니다.
● **beaucoup** (많이/매우), **bien** (몹시/참), **mille** (숫자 1000의), **la fois** (회/번),
pour tout (모든 것을 위해), **de** (~에 대해), **votre** (당신의 - 소유형용사), **le cadeau** (선물),
moi aussi (나도 역시), **non** (아니오)

28
Presenting the **core concepts** you need to **write** and **speak**.
It focuses on the **core concepts** you need to **communicate**.
start speaking languages immediately using essential phrases.

워밍업 섹션 : 초간단 인사 패턴!

1st Section 은 **최소**의 **단어**로 이루어진 **초간단 표현**입니다.
발음법도 **연습**하고, **프랑스어**의 **뉘앙스**도 느껴보는 **코너**입니다.

**P
003**

❸ 기본패턴의 확장!

p003-09 ⬤	**Merci de votre gentillesse.**	당신의 친절에 감사드립니다.
p003-10 ⬤	**Je vous remercie.**	당신에게 감사합니다.

● **Merci de ~** 대신에 **Merci pour ~** 를 사용할 수도 있습니다.
● 동사 **remercier** (~에게 감사하다)를 활용하면 좀 더 정중한 표현이 됩니다.
● **votre** (당신의), **la gentillesse** (친절/호의), **je** (나는), **vous** (당신에게), **remercier** (~에게 감사하다)

❹ 기본패턴의 응용!

p003-11	**A) Merci beaucoup.**	참 고맙습니다.
p003-12	**B) De rien.**	별말씀을요.

- -

p003-13	**A) Merci bien.**	참 고맙습니다.
p003-14	**B) Je vous en prie.**	천만에요.

● **Je vous en prie.** 를 직역하면 '나는 당신에게 그것을 간청한다.'이지만
관용어로 '부탁, 상대방의 감사 표시의 답' 등으로 쓰입니다. 매우 자주 사용하는 관용표현입니다.
● **rien** (아무것도/무), **prier** (간청하다/부탁하다)

Learn foreign language!
French

Part 2. | Pattern 004

~, s'il vous plaît! [~, 씰 부 쁠레!]
~, 부탁합니다!

---

❶ 기본패턴의 핵심!

❶ s'il vous plaît 는 영어의 **please** 와 같습니다. '부탁'할 때 사용하는 만능표현입니다.
❷ 원하시는 것을 '명사, **s'il vous plaît!** (~, 부탁합니다!)'의 구조로 말씀하시면 됩니다.
❸ 짧지만 충분히 정중한 표현입니다.

❷ 기본패턴의 연습!

p004-01	○	**Un croissant, s'il vous plaît!**	크루아상 하나, 부탁합니다!
p004-02	○	**Une serviette, s'il vous plaît!**	냅킨 한 장, 부탁합니다!
p004-03	○	**Le plat du jour, s'il vous plaît!**	오늘의 요리, 부탁합니다!
p004-04	○	**La carte, s'il vous plaît!**	메뉴판, 부탁합니다!
p004-05	○	**L'addition, s'il vous plaît!**	계산서, 부탁합니다!
p004-06	○	**Un autre demi, s'il vous plaît!**	(생맥주) 250 cc 하나 더, 부탁합니다!
p004-07	○	**Un carnet, s'il vous plaît!**	(10장짜리) 지하철 표, 부탁합니다!
p004-08	○	**Un instant, s'il vous plaît!**	잠시만요!

● **le plat** 는 '접시/요리'의 뜻으로 **le plat du jour** 는 주방장 특선의 '오늘의 요리'입니다.
● **un demi** 는 절반이라는 뜻으로, 프랑스에서 맥주를 주문할 때 보통 250 **cc** 한 잔을 의미합니다.
● **un/une** (어떤/하나의), **le croissant** (크루아상 빵), **la serviette** (냅킨), **le plat** (접시/요리),
du (~의 /**de** + **le** 관사 축약), **le jour** (날), **la carte** (메뉴판), **l'addition** (계산서), **encore** (더/게다가),
autre (또다른/제2의), **le demi** (절반/250 **cc** 맥주컵), **le carnet** (10장짜리 지하철 표 묶음권),
l'instant (순간)

  Presenting the **core concepts** you need to **write** and **speak**. It focuses on the **core concepts** you need to **communicate**. *Start speaking languages immediately using essential phrases.*

워밍업 섹션 : 초간단 인사 패턴!

1st Section 은 **최소의 단어**로 이루어진 **초간단 표현**입니다.
발음법도 **연습**하고, **프랑스어**의 **뉘앙스**도 느껴보는 **코너**입니다.

P
004

❸ 기본패턴의 확장!

| p004-09 | **Un café, s'il vous plaît!** | 커피 한 잔, 부탁합니다! |
| p004-10 | **Un verre de vin, s'il vous plaît!** | 포도주 한 잔, 부탁합니다! |

● 수량을 나타낼 때는 수량사와 함께 표현합니다.
un café (커피 한 잔), **un verre de vin** (포도주 한 잔), **une bouteille de vin** (와인 한 병)
● **le verre** (잔/컵), **la bière** (맥주), **la tasse** (잔), **le café** (커피), **l'eau minérale** (탄산수),
le coca (콜라), **la bouteille** (병), **le vin** (와인)

❹ 기본패턴의 응용!

| p004-11 | **A) Qu'est-ce que vous désirez?** | 무엇을 원하십니까? |
| p004-12 | **B) La carte, s'il vous plaît!** | 메뉴판, 부탁합니다! |

- -

| p004-13 | **A) Vous désirez?** | 무엇을 원하십니까? |
| p004-14 | **B) Un autre demi, s'il vous plaît!** | (생맥주) 250cc 하나 더, 부탁합니다! |

● **Qu'est-ce que vous désirez?** 를 직역하면 '당신은 무엇을 원하십니까?'입니다만,
식당, 상점 등에서 '무엇을 도와드릴까요?'의 의미로 사용합니다.
간단히 **Vous désirez?** 라고 할 수도 있습니다. (**Qu'est-ce que** = **que** (무엇을) + **est-ce que** (입니까))
● **que** (무엇을), **est-ce que?** (입니까?), **vous** (당신/당신들), **désirer** (원하다/바라다)

The focus is on **conversation** and **communication**.

The focus is on **conversation** and **communication**.

Start speaking languages immediately using **essential phrases**.

Learn foreign language!
French

Part 2. It's a completely new way to learn foreign language! | **Pattern 005**

~, s'il vous plaît! [~, 씰 부 쁠레!]
~ 하세요!

❶ 기본패턴의 핵심!

❶ s'il vous plaît 는 영어의 **please** 와 같습니다. 모든 '부탁'할 때 사용하는 만능표현입니다.
❷ 원하시는 것을 동사 + **s'il vous plaît!** (~하세요!)의 구조로 말씀하시면 됩니다.
❸ 이때 동사는 2인칭 복수형(단수로 사용되면 경칭)입니다.
주어 **vous** 가 없는 명령형 문장이라고 생각하시면 됩니다.

❷ 기본패턴의 연습!

p005-01	**Venez, s'il vous plaît!**	오세요!
p005-02	**Avancez, s'il vous plaît!**	앞으로 나오세요!
p005-03	**Reculez, s'il vous plaît!**	뒤로 물러나세요!
p005-04	**Répétez, s'il vous plaît!**	다시 말씀해주세요!
p005-05	**Remplissez, s'il vous plaît!**	기입해주세요!
p005-06	**Montez, s'il vous plaît!**	승차하세요!
p005-07	**Descendez, s'il vous plaît!**	하차하세요!
p005-08	**Changez, s'il vous plaît!**	환승하세요!

● **venir** (오다), **avancer** (앞으로 나서다), **reculer** (뒤로 물러서다), **répéater** (반복하다),
remplir (가득 채우다/기입하다), **monter** (올라타다/승차하다), **descendre** (내리다/하차하다),
changer (갈아타다/환승하다)

워밍업 섹션 : 초간단 인사 패턴!

1st Section 은 **최소의 단어**로 이루어진 **초간단 표현**입니다.
발음법도 **연습**하고, **프랑스어**의 **뉘앙스**도 느껴보는 **코너**입니다.

P 005

 ❸ 기본패턴의 확장!

▶ p005-09 ○ **Vous attendez un instant, s'il vous plaît!**   (당신은) 잠시만 기다려 주십시오!

▶ p005-10 ○ **Veuillez patienter, s'il vous plaît!**   기다려주시기 바랍니다!

● **vous** (당신)을 넣어 평서문으로 쓰면 정중함을 더할 수 있습니다.
● **veuillez** 는 동사 **vouloir** (원하다/바라다)의 2인칭복수 명령형입니다. 예외적인 변화를 하는 특수형입니다. 동사의 원형과 함께 사용하면 '~해주시기 바랍니다'의 매우 정중한 표현이 됩니다.
● **attendre** (기다리다), **un** (어떤/하나의), **l'instant** (순간), **patienter** (참다)

 ❹ 기본패턴의 응용!

▶ p005-11 **A) Je voudrais un coca.**   나는 콜라를 원합니다.

▶ p005-12 **B) Vous attendez un instant, s'il vous plaît!**   잠시만 기다려 주십시오!

- -

▶ p005-13 **A) Je voudrais parler à Monsieur Dupont.**   뒤뽕 씨와 통화하고 싶습니다.

▶ p005-14 **B) Veuillez patienter, s'il vous plaît!**   기다려주시기 바랍니다!

● **voudrais** 는 동사 **vouloir** (원하다/바라다)의 조건법 현재로 공손 표현입니다.
Je voudrais ~. 는 '나는 ~을 원합니다.'라는 의미입니다. (영어의 **I want ~.**)
● **le coca** (콜라), **le monsieur** (씨/님), **parler** (말하다), **à** (~에게)

Learn foreign language!
French

Part 2. It's a completely new way to learn foreign language! | **Pattern 006**

Pas ~. [빠 ~.]
~ 아닙니다/않습니다.

 ❶ 기본패턴의 핵심!

❶ **pas** (아니다)는 부정을 나타내는 부사입니다.
❷ **pas** + 형용사/부사.의 구조로 '부정/거부'를 표현할 수 있습니다.
❸ 원래는 **Ce n'est pas ~.** (아니다)라는 부정문의 일부입니다만,
간단히 줄여서 부정의 의사를 확실하게 표현할 수 있습니다.

 ❷ 기본패턴의 연습!

| ▶ p006-01 | ◯ | **Pas possible.** | 가능하지 않습니다. (설마/그럴 수가.) |

| ▶ p006-02 | ◯ | **Pas vrai.** | 사실이 아닙니다. (그럴 리가 없습니다.) |

| ▶ p006-03 | ◯ | **Pas encore.** | 아직 아닙니다. |

| ▶ p006-04 | ◯ | **Pas mal.** | 나쁘지 않습니다. (좋습니다.) |

| ▶ p006-05 | ◯ | **Pas beaucoup.** | 많지 않습니다. (별로입니다.) |

| ▶ p006-06 | ◯ | **Pas cher.** | 비싸지 않습니다. |

| ▶ p006-07 | ◯ | **Pas tellement.** | 별로 그렇지 않습니다. |

| ▶ p006-08 | ◯ | **Pas compliqué.** | 복잡하지 않습니다. (간단합니다.) |

● **Pas vrai.** 의 끝을 올려 읽어서 **Pas vrai?** 라고 하면 상대방의 동의를 구하는
'그렇지 않습니까?'가 됩니다.
● **possible** (가능한), **vrai** (사실의/진실의), **encore** (아직/여전히), **mal** (나쁘게),
beaucoup (많이/무척), **cher** (비싼), **tellement** (그토록/매우), **compliqué** (복잡한)

워밍업 섹션 : 초간단 인사 패턴!

1st Section 은 **최소의 단어**로 이루어진 **초간단 표현**입니다.
발음법도 **연습**하고, **프랑스어의 뉘앙스**도 느껴보는 **코너**입니다.

P 006

❸ 기본패턴의 확장!

▶ p006-09 ◯ **Pas de problème.**   문제 없습니다. (물론입니다.)

▶ p006-10 ◯ **Pas de commentaires.**   노코멘트입니다.

● **pas de** + 명사 (~이 아니다/없다) 패턴도 가능한데, 이는 **Il n'y a pas de ~.**
(~이 없습니다.)의 간단형 형태입니다. 이때 **de** 는 부정관사가 부정문에서 변한 형태입니다만,
이번 섹션에서는 문법사항을 고려하지 마시고 일단 '통표현' 으로 기억하시면 좋겠습니다.
● **de** (un/une/des 의 부정형), **le problème** (문제), **le commentaire** (코멘트/주석)

❹ 기본패턴의 응용!

▶ p006-11 **A) Vous êtes prêt?**   준비 됐습니까?

▶ p006-12 **B) Pas encore.**   아직 아닙니다.

▶ p006-13 **A) Ça va?**   그것은 어떻습니까?

▶ p006-14 **B) Pas de problème.**   문제 없습니다.

● **ça** 는 지시대명사 **cela** (이것/저것/그것)의 구어체 단순형입니다.
동사 **aller** (가다/(일이) 진행되다)와 함께 사용하여, '그것은 어떻습니까?/잘 돼갑니까?' 등의
안부를 묻는 광범위한 표현입니다
● **vous** (당신), **êtes** (~이다/있다), **prêt** (준비된), **ça** (이것/저것/그것), **aller** (가다/(일이) 진행되다)

The focus is on conversation *and* communication.

Start speaking languages immediately using *essential phrases.*

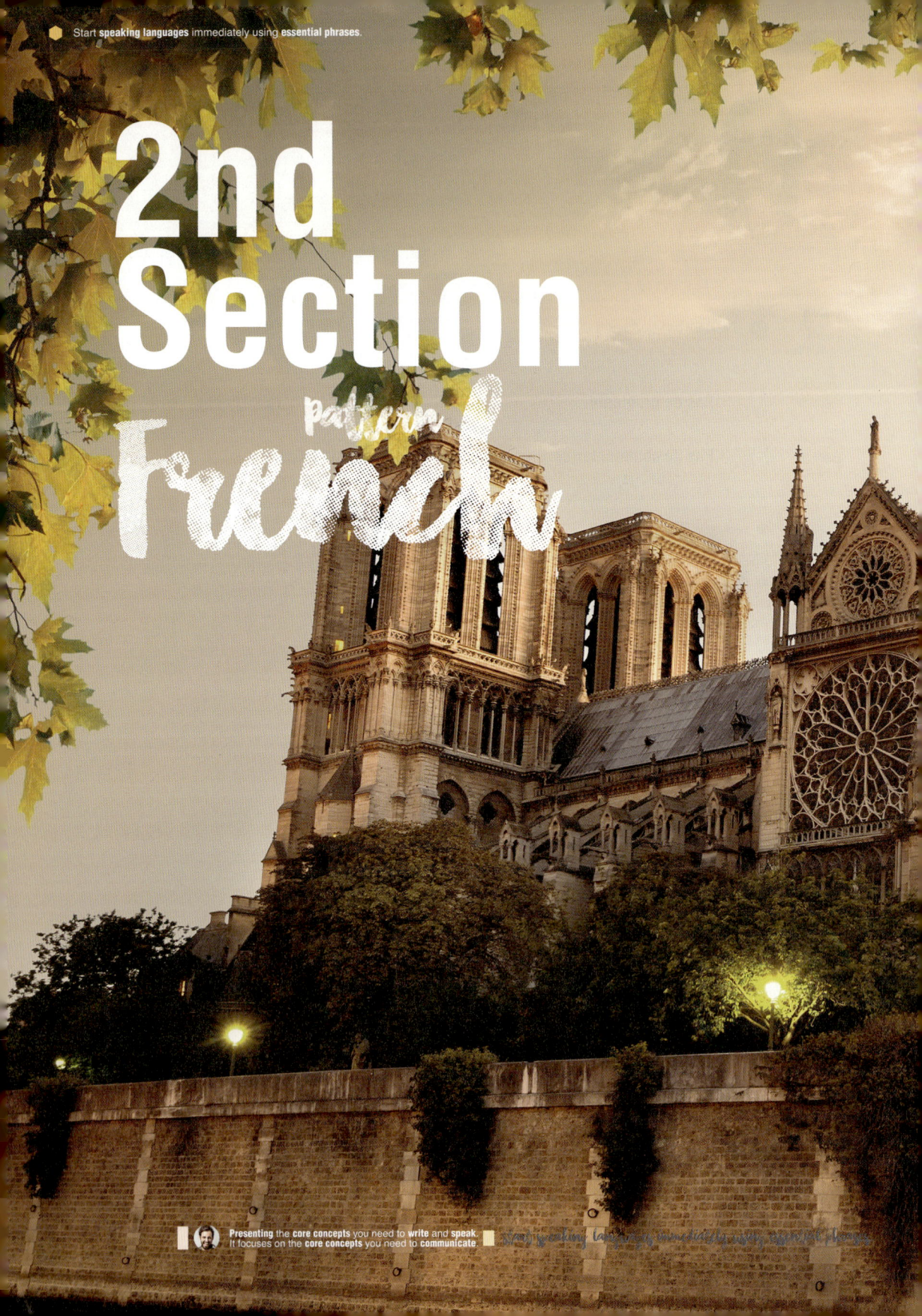

2nd Section

pattern
French

2nd Section

pattern

French

두 번째 섹션 : 핵심동사 패턴!

2nd Section 은 **프랑스어**의 양대 **핵심 동사**인,
être 동사와 **avoir** 동사의 패턴을 **정리**했습니다.
(영어의 **be** 동사와 **have** 동사)

2nd Section
핵심동사 섹션 :

2nd Section 은 프랑스어의 양대 핵심동사인, **être** 동사와 **avoir** 동사의 패턴을 정리했습니다.
(영어의 **be** 동사와 **have** 동사)
(**être** 와 **avoir** 동사의 문법설명은 부록편을 참고하여 주십시오!)

être 동사와 **avoir** 동사만으로도 엄청나게 많은 표현이 가능합니다.
être 와 **avoir** 동사를 가장 먼저 소개해 드리는 이유이기도 합니다.

Part 01. être 동사, 2줄요약!

❶ **Je suis ~.** (나는 ~이다.)로 나의 모든 것을 말할 수 있습니다.
❷ 이름/국적/직업/종교/취향/신분/상태/체형/외모/건강/기분/능력/특징 등입니다.

Part 02. avoir 동사, 2줄요약!

❶ **J'ai ~.** (나는 ~ 가지고 있다.)로 나의 모든 소유를 말할 수 있습니다.
❷ 사람/사물/시간/증상/통증/생각/희망/학위/지식/경험/능력/무소유 등입니다.

● The focus is on **conversation** and **communication**.

● Start **speaking languages** immediately using **essential phrases**.

It focuses on conversation with fluency and confidence.

With this book you will **learn languages** with thousands **of customizable phrases**.

Learn foreign language!
French

Part 1. It's a completely new way to learn foreign language! | **Pattern 007**

Je suis ~. [즈 쒸 ~.]
나는 ~입니다. (이름/국적)

❶ 기본패턴의 핵심!

❶ **Je suis** + 이름. (나는 ~입니다.)는 자신의 이름을 강조하거나 공식적인 상황에서 사용합니다.
보통은 **Je m'appelle ~.** (나는 나를 ~라고 부른다.) 형태를 더 많이 사용합니다.
❷ 국적을 말할 때 영어와는 달리 프랑스어는 별도의 관사가 필요 없습니다.
❸ 국적은 보통 대문자로 표기합니다.
❹ **être** 동사의 인칭변화형은 **Je suis, Tu es, Il/Elle est, Nous sommes, Vous êtes, Ils/Elles sont** 등입니다.)

❷ 기본패턴의 연습!

p007-01	○	Je suis	Jisoo Kim.	나는 김지수입니다.
p007-02	○	Je suis	Kim.	나는 김입니다.
p007-03	○	Je suis	Jisoo.	나는 지수입니다.
p007-04	○	Je suis	Coréen.	나는 한국 남자입니다.
p007-05	○	Je suis	Coréenne.	나는 한국 여자입니다.
p007-06	○	Je suis	Français.	나는 프랑스 남자입니다.
p007-07	○	Je suis	Française.	나는 프랑스 여자입니다.
p007-08	○	Je suis	Russe.	나는 러시아 남자/여자입니다.

● 국적은 국가명의 형용사형입니다. **France** (국가명) > **Français** (프랑스의)
● 국적의 여성형은 보통 남성형+e 이지만 **Coréenne** (한국 여자)처럼 **-ne** 를 붙이기도 합니다.
● **Russe** (러시아 사람)은 남녀가 같은 형태입니다.
● **Coréen** (한국 남자), **Coréenne** (한국 여자), **Français** (프랑스 남자), **Française** (프랑스 여자),
Russe (러시아 사람)

● The **basics** of **grammar** and **sentence construction**!
● The **most useful phrases** and **expressions**!

두 번째 섹션 : 핵심동사 패턴!

2nd Section 은 **프랑스어**의 양대 **핵심 동사**인,
être 동사와 **avoir** 동사의 패턴을 **정리**했습니다.
(영어의 **be** 동사와 **have** 동사)

P 007

❸ 기본패턴의 확장!

| p007-09 | ○ **Je suis Jisoo Kim de Corée.** | 나는 한국에서 온 김지수입니다. |
| p007-10 | ○ **Je suis à Paris.** | 나는 파리에 있습니다. |

● 전치사 **de** (~로 부터)와 함께 출신을 표현할 수 있습니다.
● 출신은 **venir** (오다) 동사를 사용해서 **Je viens de Corée.** (나는 한국에서 왔습니다.)라고도 합니다.
(영어의 **I'm from Korea.**)
● **être** 동사는 장소를 나타내는 전치사와 함께 '~에 있다'라고 말할 수도 있습니다.
● **de** (~에서/로부터), **à** (~에)

❹ 기본패턴의 응용!

| p007-11 | A) **Vous êtes bien Madame Kim?** | 당신이 바로 김씨 부인입니까? |
| p007-12 | B) **Oui, je suis Jisoo Kim.** | 네. 나는 지수입니다. |

| p007-13 | A) **Vous êtes Chinois(e)?** | 당신은 중국인입니까? |
| p007-14 | B) **Non, je suis Coréen(ne).** | 아니오, 나는 한국인입니다. |

● **Vous êtes ~.** (당신은 ~입니다.) (**être** 동사의 활용표를 참고해 주세요.)
● **Vous êtes ~?** (당신은 ~입니까?)처럼 짧은 평서문은 끝을 올려 읽으면 그대로 의문문이 됩니다.
● 의문사가 없는 의문문의 답은 **Oui.** (네.), **Non.** (아니오.)로 시작합니다.
(의문문에 대해서는 섹션 3., 어순에 대해서는 부록편을 참고하세요.)
● **vous** (당신/당신들), **bien** (정말/바로/분명히), **Monsieur** (남자/씨), **Madame** (여자/부인/여사),
Chinois(e) (중국인)

● The focus is on **conversation** and **communication.**

● Start **speaking languages** immediately using **essential phrases.**

Learn foreign language!
French

Part 1.   It's a completely new way to learn foreign language! | **Pattern 008**

Je suis ~. [즈 쒸 ~.]
나는 ~입니다. (직업/종교/취향)

The basics of grammar and sentence construction!

❶ 기본패턴의 핵심!

❶ **Je suis** + 명사. (나는 ~입니다.)로 '나의 직업/종교/기호/취향' 등을 말할 수 있습니다.
❷ 나의 직업/종교/기호/취향 등을 말할 때, 별도의 관사는 필요 없습니다.
❸ 직업명 등의 남성명사를 여성명사로 만드는 방법은 일반적으로 **-e** 를 붙입니다.
❹ **-e** 대신에 약간의 변형된 형태도 있고, 남성형과 여성형이 따로 있는 경우도 있습니다.
❺ **être** 동사의 인칭변화형은 **Je suis, Tu es, Il/Elle est, Nous sommes, Vous êtes, Ils/Elles sont** 등입니다.)

❷ 기본패턴의 연습!

The most useful phrases and expressions!

▶ p008-01	**Je suis**	**étudiant / étudiante.**	나는 남학생/여학생입니다.
▶ p008-02	**Je suis**	**employé / employée.**	나는 남/녀 회사원입니다.
▶ p008-03	**Je suis**	**serveur / serveuse.**	나는 남/녀 종업원입니다.
▶ p008-04	**Je suis**	**végétarien / végétarienne.**	나는 남/녀 채식가입니다.
▶ p008-05	**Je suis**	**non-fumeur / non-fumeuse.**	나는 남/녀 비흡연가입니다.
▶ p008-06	**Je suis**	**touriste.**	나는 여행자입니다.
▶ p008-07	**Je suis**	**protestant / protestante.**	나는 남/녀 기독교인입니다.
▶ p008-08	**Je suis**	**bouddhiste / catholique.**	나는 불교인/천주교인입니다.

● '남/녀 흡연자'는 **non** (영어의 **not**)을 뺀 **fumeur / fumeuse** 입니다.
● **l'étudiant** (남학생), **l'étudiante** (여학생), **l'employé** (남 회사원), **l'employée** (여 회사원), **le serveur** (남자 종업원), **la serveuse** (여자 종업원), **le végétarien** (채식남), **la végétarienne** (채식녀), **le touriste** (여행남/녀), **le non-fumeur** (비흡연남), **la non-fumeuse** (비흡연녀), **le protestant** (기독교 남신도), **la protestante** (기독교 여신도), **le bouddhiste** (불교도), **le catholique** (천주교도)

Presenting the **core concepts** you need to **write** and **speak.** It focuses on the **core concepts** you need to **communicate.** ■ *start speaking languages immediately using essential phrases.*

두 번째 섹션 : 핵심동사 패턴!

2nd Section 은 **프랑스어**의 양대 **핵심 동사**인,
être 동사와 **avoir** 동사의 패턴을 **정리**했습니다.
(영어의 **be** 동사와 **have** 동사)

P 008

---

 ❸ 기본패턴의 확장!

| p008-09 | ⬤ **Je suis étudiant(e) à l'Université Paris 4.** | 나는 파리4대학교 학생입니다. |
| p008-10 | ⬤ **Je suis catholique depuis 3 ans.** | 나는 3년 전부터 천주교도입니다. |

- '어느 대학교의 학생'은 **étudiant à l'Université ~** 라고 말하면 됩니다.
- 전치사 **depuis ~** + 시간은 '~ 이래로'라는 의미입니다.
- **à** (~에), **l'université** (대학교), **quatre** (4), **depuis** (이래로), **trois** (3), **l'an** (해/년)

 ❹ 기본패턴의 응용!

| p008-11 | A) **Quelle est votre profession?** | 당신은 직업이 무엇입니까? |
| p008-12 | B) **Je suis employé(e) chez Air France.** | 나는 에어 프랑스 직원입니다. |

- -

| p008-13 | A) **Vous êtes fumeur ou non-fumeur?** | 당신은 흡연자 혹은 비흡연자입니까? |
| p008-14 | B) **Je suis non-fumeuse.** | 나는 비흡연자입니다. |

- **quel** (어떤)은 의문형용사입니다. **la profession** (직업)의 성에 맞춰 여성형으로 사용했습니다.
  (프랑스어 형용사에 대한 문법 설명은 부록편을 참고하십시오.)
- 전치사 **chez** + 회사명은 '~회사에/회사에서'의 뜻이 됩니다.
- **quel** (어떤 : 의문형용사), **votre** (당신의), **la profession** (직업), **chez** (집에/가게에),
ou (또는/혹은 : 접속사)

Learn foreign language!
French

Part 1. It's a completely new way to learn foreign language! | **Pattern 009**

Je suis ~. [즈 쒸 ~.]
나는 ~합니다. (신분/상태)

● The **basics** of **grammar** and **sentence construction**!

❶ 기본패턴의 핵심!

❶ **Je suis** + 형용사. (나는 ~입니다/합니다.)로 '나의 신분/상태'를 표현할 수 있습니다.
❷ 프랑스어 형용사는 수식하는 명사 또는 대명사의 성과 수에 따라 어미가 변화합니다.
(프랑스어 형용사에 대한 문법 설명은 부록편을 참고하십시오.)
❸ **être** 동사의 인칭변화형은 **Je suis, Tu es, Il/Elle est, Nous sommes, Vous êtes, Ils/Elles sont** 등입니다.)

❷ 기본패턴의 연습!

● The most useful **phrases** and **expressions**!

p009-01	Je suis	célibataire.	나는 미혼입니다.
p009-02	Je suis	marié(e).	나는 기혼입니다.
p009-03	Je suis	séparé(e).	나는 별거 중입니다.
p009-04	Je suis	divorcé(e).	나는 이혼한 상태입니다.
p009-05	Je suis	enceinte.	나는 임신 중입니다.
p009-06	Je suis	libre.	나는 한가합니다.
p009-07	Je suis	occupé(e).	나는 바쁩니다.
p009-08	Je suis	pressé(e).	나는 바쁩니다.

● 여성은 ( ) 안의 **e** 를 붙여 사용하며, 발음의 변화는 없습니다.
célibataire 와 **libre** 등은 남/녀 형태가 같습니다.
● **célibataire** (미혼의), **marié(e)** (기혼의), **séparé(e)** (별거 중인), **divorcé(e)** (이혼한),
enceinte (임신한), **libre** (한가한), **occupé(e)** (바쁜), **pressé(e)** (바쁜)

두 번째 섹션 : 핵심동사 패턴!

2nd Section 은 **프랑스어**의 양대 **핵심 동사**인,
être 동사와 avoir 동사의 패턴을 **정리**했습니다.
(영어의 be 동사와 have 동사)

 ❸ 기본패턴의 확장!

p009-09 ○ **Je suis toujours occupé(e).** 　　　　　나는 늘 바쁩니다.

p009-10 ○ **Je suis très pressé(e) maintenant.** 　　　나는 지금 매우 바쁩니다.

- **toujours** (언제나/늘), **très** (매우) 등의 부사를 넣어 좀 더 구체적으로 설명할 수도 있습니다.
- **toujours** (언제나/늘), **très** (매우), **maintenant** (지금/현재)

 ❹ 기본패턴의 응용!

p009-11 **A) Vous êtes encore célibataire?** 　　　당신은 아직 독신입니까?

p009-12 **B) Non, je suis déjà marié(e).** 　　　아니오, 나는 이미 결혼했습니다.

- -

p009-13 **A) Vous êtes libre maintenant?** 　　　당신은 지금 한가합니까?

p009-14 **B) Non, je suis très pressé(e).** 　　　아니오, 나는 매우 바쁩니다.

- **Vous êtes ~.** (당신은 ~입니다.) (être 동사의 활용표를 참고해 주세요.)
- **Vous êtes ~?** 처럼 짧은 평서문은 끝을 올려 읽으면 그대로 의문문이 됩니다.
- **vous** (당신), **encore** (아직), **non** (아니오), **déjà** (이미), **maintenant** (지금/현재), **très** (매우)

Learn foreign language!
French

Part 1.
It's a completely new way to learn foreign language!

| Pattern 010

Je suis ~. [즈 쒸 ~.]
나는 ~합니다. (체형/외모)

❶ 기본패턴의 핵심!

❶ **Je suis** + 형용사. (나는 ~입니다/합니다.)로 '나의 체형/외모'를 표현할 수 있습니다.
❷ 프랑스어 형용사는 수식하는 명사 또는 대명사의 성과 수에 따라 어미가 변화합니다.
(프랑스어 형용사에 대한 문법 설명은 부록편을 참고하십시오.)
❸ **être** 동사의 인칭변화형은 **Je suis, Tu es, Il/Elle est, Nous sommes, Vous êtes, Ils/Elles sont** 등입니다.)

❷ 기본패턴의 연습!

p010-01	Je suis	svelte.	나는 날씬합니다.
p010-02	Je suis	gros(se).	나는 뚱뚱합니다.
p010-03	Je suis	grand(e).	나는 큽니다.
p010-04	Je suis	petit(e).	나는 작습니다.
p010-05	Je suis	brun(e).	나는 갈색머리입니다.
p010-06	Je suis	beau(belle).	나는 잘생겼습니다. (예쁩니다.)
p010-07	Je suis	joli(e).	나는 귀엽습니다.
p010-08	Je suis	chic.	나는 멋집니다.

● 여성은 ( ) 안의 **e** 를 붙여 사용하며, 발음의 변화는 없습니다.
● **mince** (날씬한), **élancé(e)** (호리호리한)으로 말할 수도 있습니다.
● **svelte** (날씬한), **gros(se)** (뚱뚱한), **grand(e)** (큰), **petit(e)** (작은), **brun(e)** (갈색의), **blond(e)** (금발의), **beau(belle)** (잘생긴/예쁜), **joli(e)** (귀여운), **chic** (멋진)

Presenting the **core concepts** you need to **write** and **speak**. It focuses on the **core concepts** you need to **communicate**. *start speaking languages immediately using essential phrases.*

The **basics** of **grammar** and **sentence construction**!

The most useful **phrases** and **expressions**!

두 번째 섹션 : 핵심동사 패턴!

2nd Section 은 **프랑스어**의 양대 **핵심 동사**인,
être 동사와 **avoir** 동사의 패턴을 **정리**했습니다.
(영어의 **be** 동사와 **have** 동사)

P
010

---

 ❸ 기본패턴의 확장!

| p010-09 | ◉ Je suis plus grand(e) que vous. | 나는 당신보다 큽니다. |
| p010-10 | ◉ Je suis aussi grand(e) que vous. | 나는 당신만큼 큽니다. |

● **plus A que B** 는 'B 보다 더 A 하다'라는 뜻입니다.
A 자리에 형용사를 넣고, **B** 자리에 비교대상을 넣으면 됩니다.
● **aussi A que B** 는 'B 만큼 A 하다'라는 뜻입니다. 참고로 **moins A que B** 는 'B 만큼 덜 A 하다'입니다.
● **plus** (더), **aussi** (그렇게/그 정도로), **que** (~보다 : 비교 접속사), **grand** (큰), **vous** (당신/당신들)

---

 ❹ 기본패턴의 응용!

| p010-11 | A) Quelle est votre taille? | 당신은 키가 어떻게 되십니까? |
| p010-12 | B) Je suis aussi grand(e) que vous. | 나는 당신만큼 큽니다. |

- -

| p010-13 | A) Mon pantalon vous va bien? | 내 바지가 당신에게 잘 맞습니까? |
| p010-14 | B) Non, je suis plus petit que vous. | 아니오. 나는 당신보다 작습니다. |

● **quel** (어떤)은 의문형용사입니다. **la taille** (신장/사이즈)의 성에 맞춰 여성형으로 사용했습니다.
(이후의 의문사 파트에서 좀 더 공부하실 수 있습니다.)
● **aller** (가다/어울리다) 동사를 활용한 **~ vous va (bien).** 은 '~이 당신에게 (잘) 맞다/어울리다.'입니다.
● **quel** (어떤 : 의문형용사), **votre** (당신의), **la taille** (신장/사이즈), **mon** (나의),
le pantalon (바지), **vous** (당신에게), **aller** (가다/어울리다), **bien** (잘), **non** (아니다)

Learn foreign language!
French

Part 1. It's a completely new way to learn foreign language! | **Pattern 011**

Je suis ~. [즈 쒸 ~.]
나는 ~합니다. (성격/건강/컨디션)

The basics of **grammar** and **sentence construction!**

 ❶ 기본패턴의 핵심!

❶ **Je suis** + 형용사. (나는 ~입니다/합니다.)로 '나의 성격/건강/컨디션'을 표현할 수 있습니다.
❷ 프랑스어 형용사는 수식하는 명사 또는 대명사의 성과 수에 따라 어미가 변화합니다.
(프랑스어 형용사에 대한 문법 설명은 부록편을 참고하십시오.)
❸ **être** 동사의 인칭변화형은 **Je suis, Tu es, Il/Elle est, Nous sommes, Vous êtes, Ils/Elles sont** 등입니다.

❷ 기본패턴의 연습!

The most useful **phrases** and **expressions!**

p011-01	○	**Je suis**	**aimable.**	나는 다정합니다.
p011-02	○	**Je suis**	**gentil(le).**	나는 친절합니다.
p011-03	○	**Je suis**	**honnête.**	나는 정직합니다.
p011-04	○	**Je suis**	**intelligent(e).**	나는 똑똑합니다.
p011-05	○	**Je suis**	**bien.**	나는 건강합니다.
p011-06	○	**Je suis**	**malade.**	나는 아픕니다.
p011-07	○	**Je suis**	**fatigué(e).**	나는 피곤합니다.
p011-08	○	**Je suis**	**ivre.**	나는 (술에) 취했습니다.

● **Je suis bien.** 은 편안하고 안락한 상태를 두루 표현합니다.
● **aimable** (다정한/상냥한), **gentil(le)** (친절한/사람 좋은), **honnête** (정직한),
intelligent(e) (똑똑한/지적인), **bien** (건강한), **malade** (아픈), **fatigué(e)** (피곤한), **ivre** (술 취한)

Presenting the **core concepts** you need to **write** and **speak**.
It focuses on the **core concepts** you need to **communicate**. *start speaking languages immediately using essential phrases.*

두 번째 섹션 : 핵심동사 패턴!

2nd Section 은 **프랑스어**의 양대 **핵심 동사**인,
être 동사와 **avoir** 동사의 패턴을 **정리**했습니다.
(영어의 **be** 동사와 **have** 동사)

P
011

❸ 기본패턴의 확장!

p011-09 ○ **Je suis en pleine forme aujourd'hui.**　　나는 오늘 매우 좋은 컨디션입니다.

p011-10 ○ **Je ne suis pas fatigué(e).**　　나는 피곤하지 않습니다.

● 상태를 나타내는 전치사 **en** 을 이용해서 '~ 상태이다'라고 말할 수 있습니다.
● 프랑스어의 부정문은 보통 동사의 앞뒤를 부정 부사 **ne ~ pas** 로 감싸줍니다.
Je ne suis pas ~. 는 '나는 ~하지 않다.'입니다.
● **en** (~ 상태의), **plein** (최고조의/강한), **la forme** (건강/컨디션), **aujourd'hui** (오늘),
ne ~ pas (~ 아니다), **fatigué** (피곤한)

❹ 기본패턴의 응용!

p011-11 A) **Ça va?**　　안녕하세요?

p011-12 B) **Oui, je suis en pleine forme aujourd'hui.**　　네, 나는 오늘 매우 좋은 컨디션입니다.

p011-13 A) **Vous êtes encore fatigué(e)?**　　당신은 아직도 피곤합니까?

p011-14 B) **Non, je ne suis pas fatigué(e).**　　아니오, 나는 피곤하지 않습니다.

● **Ça va?** 는 안부를 묻는 초간단 표현입니다. **ça** 는 지시대명사 **cela** 의 단축형이고,
va 는 동사 **aller** (가다/(안부가)~하다)의 3인칭 단수형입니다. 끝을 내려 읽으면 그대로 대답이 됩니다.
'좋아/됐어.'로 영어의 **O.K.** 와 같은 의미입니다.
● **ça** (이/그/저것), **aller** (가다/(안부가) ~하다), **oui** (네), **non** (아니다), **vous** (당신), **encore** (아직/여전히)

Learn foreign language!
French

Part 1. It's a completely new way to learn foreign language! | **Pattern 012**

Je suis ~. [즈 쒸 ~.]
나는 ~합니다. (기분/정서)

 ❶ 기본패턴의 핵심!

❶ **Je suis** + 형용사. (나는 ~합니다/입니다.)로 '나의 기분/정서'를 표현할 수 있습니다.
❷ 프랑스어 형용사는 수식하는 명사 또는 대명사의 성과 수에 따라 어미가 변화합니다.
(프랑스어 형용사에 대한 문법 설명은 부록편을 참고하십시오.)
❸ **être** 동사의인칭변화형은 **Je suis, Tu es, Il/Elle est, Nous sommes, Vous êtes, Ils/Elles sont** 등입니다.)

 ❷ 기본패턴의 연습!

p012-01	Je suis	gai(e).	나는 기쁩니다.
p012-02	Je suis	triste.	나는 슬픕니다.
p012-03	Je suis	seul(e).	나는 외롭습니다.
p012-04	Je suis	déçu(e).	나는 실망스럽습니다.
p012-05	Je suis	ému(e).	나는 감동했습니다.
p012-06	Je suis	content(e).	나는 만족합니다.
p012-07	Je suis	heureux (heureuse).	나는 행복합니다.
p012-08	Je suis	malheureux (malheureuse).	나는 불행합니다.

● 괄호 ( )는 여성형이며, **heureux (heureuse)** (행복한), **malheureux (malheureuse)** (불행한)처럼,
-eux 로 끝나는 형용사의 여성형은 일반적으로 **-euse** 로 변화합니다.
● **gai(e)** (기쁜), **triste** (슬픈), **seul(e)** (외로운), **déçu(e)** (실망한), **ému(e)** (감동한),
content(e) (만족한), **heureux (heureuse)** (행복한), **malheureux (malheureuse)** (불행한)

Presenting the **core concepts** you need to **write** and **speak**.
It focuses on the **core concepts** you need to **communicate**. ■ start speaking languages immediately using essential phrases.

두 번째 섹션 : 핵심동사 패턴!

2nd Section 은 **프랑스어**의 양대 **핵심 동사**인,
être 동사와 avoir 동사의 패턴을 **정리**했습니다.
(영어의 **be** 동사와 **have** 동사)

P012

 ❸ 기본패턴의 확장!

 p012-09
| ○ **Je suis seul(e) sans vous.** | 나는 당신 없이 외롭습니다. |

p012-10
○ **Je suis content(e) de la voiture.** 나는 그 차에 만족합니다.

● 전치사 **sans** 은 '~ 없이'이며 전치사 뒤에는 **vous** (당신)과 같은 강세형 인칭대명사가 옵니다.
강세형 인칭대명사 2인칭 복수(단수로 쓰면 경칭 의미)는 주어 인칭대명사(**vous**)와 형태가 같습니다.
● 전치사 **de** (~에 대해)와 함께 **être content(e) de ~** 는 '~에 만족하다'는 뜻의 숙어 표현입니다.
● **sans** (~ 없이/~하지 않고), **vous** (당신 : 강세형 인칭대명사), **de** (~에 대해), **la voiture** (자동차)

 ❹ 기본패턴의 응용!

p012-11
A) **Tu es content(e) de ta vie?** 너는 너의 삶에 만족하니?

p012-12
B) **Oui, je suis très heureux (heureuse).** 응, 나는 매우 행복해.

p012-13
A) **Vous êtes content(e) de votre emploi?** 당신은 당신의 직장에 만족하십니까?

p012-14
B) **Oui, j'en suis content(e).** 네. 나는 그에 대해 만족합니다.

● **être content de ~**는 '~에 만족하다'입니다.
● 중성대명사 **en** 은 기본적으로 '전치사 **de** + 명사'를 받고, 동사 앞에 위치합니다.
en = de mon emploi (나의 직장에 대해) (대명사는 문법 파트를 참고하십시오.)
● **tu** (너), **ta** (너의), **la vie** (인생/삶), **oui** (네), **très** (매우), **vous** (당신), **votre** (당신/당신들의),
l'emploi (직장/일자리), **j'en = je + en, en** (그것의/그것에서 : 중성대명사)

Learn foreign language!
French

Part 1.   It's a completely new way to learn foreign language! | **Pattern 013**

Je suis ~. [즈쒸 ~.]
나는 ~합니다. (상태/태도)

---

 ❶ 기본패턴의 핵심!

❶ **Je suis** + 형용사.(나는 ~입니다/합니다.)로 '나의 상태/태도'를 표현할 수 있습니다.
❷ 프랑스어 형용사는 수식하는 명사 또는 대명사의 성과 수에 따라 어미가 변화합니다.
(프랑스어 형용사에 대한 문법 설명은 부록편을 참고하십시오.)
❸ **être** 동사의 인칭변화형은 **Je suis, Tu es, Il/Elle est, Nous sommes, Vous êtes, Ils/Elles sont** 등입니다.

 ❷ 기본패턴의 연습!

▶ p013-01	◯	**Je suis** libre.	나는 한가합니다.
▶ p013-02	◯	**Je suis** prêt(e).	나는 준비되어 있습니다.
▶ p013-03	◯	**Je suis** sûr(e).	나는 확신합니다.
▶ p013-04	◯	**Je suis** pauvre.	나는 가난합니다.
▶ p013-05	◯	**Je suis** riche.	나는 부유합니다.
▶ p013-06	◯	**Je suis** pressé(e).	나는 급합니다.
▶ p013-07	◯	**Je suis** d'accord.	나는 찬성합니다.
▶ p013-08	◯	**Je suis** contre.	나는 반대합니다.

● **d'accord** 는 단독으로 사용할 수도 있어서, **D'accord!** (좋습니다/물론입니다!) 하면
영어의 **O.K.** 와 같습니다.
● **libre** (한가한/자유로운), **prêt(e)** (준비된), **sûr(e)** (확신하는), **pauvre** (가난한),
riche (부유한), **pressé(e)** (바쁜/급한), **d'accord** (찬성하는), **contre** (반대하여/반대로)

The **basics** of **grammar** and **sentence construction**!

The most useful **phrases** and **expressions**!

두 번째 섹션 : 핵심동사 패턴!

2nd Section 은 **프랑스어**의 양대 **핵심 동사**인,
être 동사와 **avoir** 동사의 패턴을 **정리**했습니다.
(영어의 **be** 동사와 **have** 동사)

P 013

 ❸ 기본패턴의 확장!

| p013-09 | ○ Je suis en train de lire. | 나는 (책을) 읽는 중입니다. |
| p013-10 | ○ Je suis d'accord avec vous. | 나는 당신에게 찬성합니다. |

● **Je suis en train de ~** 는 '나는 ~ 하는 중이다'입니다.
être en train de + 동사원형의 구조로 현재 진행 상태를 표현합니다.
● **en** (~인 상태), **le train** (형편/추이), **de** (~하는 : 전치사), **lire** (읽다), **avec** (~와 함께/~에 대해),
vous (당신)

 ❹ 기본패턴의 응용!

| p013-11 | A) Qu'est-ce que tu fais? | 너 뭐 하니? |
| p013-12 | B) Je suis en train de travailler. | 나는 공부(일)하는 중이야. |

| p013-13 | A) Qu'est-ce que tu penses du racisme? | 넌 인종차별주의에 대해 어떻게 생각하니? |
| p013-14 | B) Je suis totalement contre le racisme. | 나는 인종차별주의에 전적으로 반대해. |

● **que** (무엇)은 의문대명사입니다. 의문형태소 **est-ce que ~?** (~입니까?)를 붙여
qu'est-ce que~? 가 되었습니다.
● **penser de ~** 는 '~에 대해 생각하다'입니다.
● **de** 뒤에 정관사 **le** 가 오면 반드시 축약형태인 **du** 를 씁니다.
● **qu'est-ce que** (무엇을), **tu** (너), **faire** (하다/만들다), **travailler** (공부/일하다), **penser** (생각하다),
du (de+le : 정관사 축약), **de** (~에 관하여), **le racisme** (인종차별주의), **totalement** (전적으로)

Learn foreign language!
French

Part 1.   It's a completely new way to learn foreign language! | **Pattern 014**

Je suis ~. [즈 쒸 ~.]
나는 ~합니다. (경쟁력/능력)

---

 ❶ 기본패턴의 핵심!

> ❶ **Je suis** + 형용사. (나는 ~입니다/합니다.)로 '나의 경쟁력/능력'을 표현할 수 있습니다.
> ❷ 자기소개, 취업 인터뷰 등에서 꼭 필요한 것이 자신의 장점, 경쟁력의 표현입니다.
> ❸ 최소한 2~3개 정도의 특성을 자신의 문장으로 만드는 것이 좋습니다.
> ❹ 본인의 특성을 콤마와 **et** (그리고)로 연결하면 됩니다.
> ❺ **être** 동사의 인칭변화형 (**Je suis, Tu es, Il/Elle est, Nous sommes, Vous êtes, Ils/Elles sont**)

 ❷ 기본패턴의 연습!

p014-01	○	Je suis	créatif (créative).	나는 창조적입니다.
p014-02	○	Je suis	ambitieux (ambitieuse).	나는 야심이 있습니다.
p014-03	○	Je suis	compétent(e).	나는 능력이 있습니다.
p014-04	○	Je suis	prudent(e).	나는 신중합니다.
p014-05	○	Je suis	persévérant(e).	나는 끈기가 있습니다.
p014-06	○	Je suis	ouvert(e).	나는 개방적입니다.
p014-07	○	Je suis	raisonnable.	나는 합리적입니다.
p014-08	○	Je suis	responsable.	나는 책임감이 있습니다.

> ● 괄호( ) 안은 여성형입니다.
> ● **créatif (créative)** (창조적인), **ambitieux (ambitieuse)** (야심이 있는), **compétent(e)** (능력 있는),
> **prudent(e)** (신중한), **persévérant(e)** (끈기 있는), **ouvert(e)** (개방적인/총명한),
> **raisonnable** (합리적/이성적인), **responsable** (책임감이 있는)

● The **basics** of **grammar** and **sentence construction**!

● The most useful **phrases** and **expressions**!

두 번째 섹션 : 핵심동사 패턴!

2nd Section 은 **프랑스어**의 양대 **핵심 동사**인,
être 동사와 avoir 동사의 패턴을 **정리**했습니다.
(영어의 **be** 동사와 **have** 동사)

P 014

 ❸ 기본패턴의 확장!

p014-09 ● Je suis compétent(e) en informatique.   나는 정보과학 분야에 능력이 있습니다.

p014-10 ● Soyez prudent(e)!   (당신) 신중하세요!

- 전치사 **en** 을 붙여 분야를 표현할 수 있습니다.
- **être** 동사는 특수한 명령형을 갖습니다. **Soyez ~!** (~되세요/하세요!)는 **être** 동사의 2인칭 복수(단수로는 경칭)명령형 형태입니다.
- **Soyez prudent(e)!** (당신 신중하세요!) 괄호는 여성형입니다.
- **en** (~의 분야에서), **l'informatique** (정보과학/컴퓨터), **soyez** (~되세요/하세요)

 ❹ 기본패턴의 응용!

p014-11 A) En quoi êtes-vous compétent(e)?   당신은 어떤 분야에 능력 있습니까?

p014-12 B) Je suis compétent(e) en informatique.   나는 컴퓨터 분야에 능력 있습니다.

p014-13 A) Quelles sont vos qualités?   당신의 장점들은 무엇입니까?

p014-14 B) Je suis persévérant(e) et prudent(e).   나는 끈기 있고 신중합니다.

- **quoi** (무엇)은 의문대명사입니다. 전치사와 함께 사용하여 **en quoi~?** 는 '어떤 것에서 ~?'입니다.
- **quel** (어떤)은 의문형용사이며, **qualités** (장점들)의 성에 맞춰 여성형으로 사용했습니다.
- 의문사가 문장 앞에 오면 주어와 동사가 도치되고 그 표시로 주어와 동사 사이에 - 을 연결합니다.
- **en** (~에게), **quoi** (무엇 : 의문대명사), **vous** (당신), **quelles** (어떤), **sont** (~이다 : être 동사 3인칭 복수형), **vos** (당신의 : 소유형용사 2인칭 복수형), **la qualité** (장점), **et** (그리고)

Learn foreign language!
French

Part 1.
It's a completely new way to learn foreign language!

Pattern 015

Mon ~ est ~. [몽 ~ 에 ~.]
나의 ~는 ~입니다. (이름/가족)

❶ 기본패턴의 핵심!

❶ **mon** (나의)는 소유형용사이며 (영어의 **my**), 다음에 오는 명사의 성과 수에 따라 형태가 변합니다.
❷ **Mon ~ est ~.** (나의 ~는 ~입니다.)로 '나의 이름/가족'을 표현할 수 있습니다.
❸ **mon ~ est** 에서 **mon ~** 은 명사의 성과 수에 따라,
mon ~ (남성), **ma ~** (여성), **mes ~** (남/녀 복수)가 됩니다.

❷ 기본패턴의 연습!

p015-01	○ Mon nom est Jisoo Kim.	나의 성명은 김지수입니다.
p015-02	○ Mon prénom est Jisoo.	나의 이름은 지수입니다.
p015-03	○ Mon nom de famille est Kim.	나의 성은 김입니다.
p015-04	○ Mon surnom est Chouchou.	나의 별명은 슈슈입니다.
p015-05	○ Mon père est professeur.	나의 아버지는 교사입니다.
p015-06	○ Ma mère est infirmière.	나의 어머니는 간호사입니다.
p015-07	○ Mon enfant est actif.	나의 아이는 활동적입니다.
p015-08	○ Mes frères sont étudiants.	나의 형제들은 (대)학생들입니다.

● 복수일 경우, 패턴은 **Mes ~ sont ~.** (나의~들은 ~입니다.)가 됩니다.
● **le nom** (성명), **le prénom** (이름), **le nom de famile** (성씨), **le surnom** (별명), **le père** (아버지),
le professeur (교사), **la mère** (어머니), **l'infirmière** (여자 간호사), **l'enfant** (아이), **actif** (활동적인),
le frère (형/오빠/남동생), **l'étudiant** (학생)

두 번째 섹션 : 핵심동사 패턴!

2nd Section 은 **프랑스어**의 양대 **핵심 동사**인,
être 동사와 **avoir** 동사의 패턴을 **정리**했습니다.
(영어의 **be** 동사와 **have** 동사)

P 015

 ❸ 기본패턴의 확장!

| p015-09 | ◯ **Mon frère aîné est professeur.** | 나의 형은 교수입니다. |
| p015-10 | ◯ **Ma petite sœur est cuisinière.** | 나의 여동생은 요리사입니다. |

● 나의 형제/자매를 말할 때 형/누나는 **mon frère aîné / ma sœur aînée**,
남동생/여동생은 **mon petit frère / ma petite sœur** 라고 합니다.
● 이렇게 소유형용사는 다음에 위치하는 명사의 성과 수에 따라 형태가 변합니다.
(부록편 프랑스어 형용사 변화에 관한 문법 요약을 참고하십시오.)
● **aîné** (더 나이 든), **le professeur** (교수), **petite** (어린/작은), **la sœur** (누나/언니/여동생),
la cuisinière (여자 요리사)

 ❹ 기본패턴의 응용!

| p015-11 | A) **Que fait votre mari?** | 당신의 남편은 무엇을 하십니까? (직업) |
| p015-12 | B) **Mon mari est infirmier.** | 나의 남편은 간호사입니다. |

| p015-13 | A) **Votre enfant va bien?** | 당신의 아이는 잘 지냅니까? |
| p015-14 | B) **Oui, mon enfant est toujours actif.** | 네, 나의 아이는 늘 활동적입니다. |

● **que** (무엇을 : 의문사), **faire** (하다/만들다), **votre** (당신/당신들의), **le mari** (남편),
la femme (부인/여자), **l'infirmier** (남자 간호사), **aller** (가다/(안부가)~하다), **bien** (잘),
oui (네), **toujours** (언제나/늘)

● The focus is on **conversation** and **communication**.

● Start speaking **languages** immediately using **essential phrases**.

Learn foreign language!
French

Mon ~ est ~. [몽 ~ 에 ~.]
나의 ~는 ~입니다. (개인정보)

❶ 기본패턴의 핵심!

❶ **mon** (나의)는 소유형용사입니다. (영어의 **my**)
❷ 소유형용사는 다음에 오는 명사의 성과 수에 따라 형태가 변합니다.
❸ **mon ~ est ~.** 에서 **mon ~** 는 명사의 성과 수에 따라, **mon ~** (남성), **ma ~** (여성),
mes ~ (남/녀 복수)가 됩니다.
❹ **Mon ~ est ~.** (나의 ~는 ~입니다.)로 '나의 개인정보'를 표현할 수 있습니다.

❷ 기본패턴의 연습!

p016-01	○	**Mon groupe sanguin est A+.**	나의 혈액형은 A+입니다.
p016-02	○	**Ma langue maternelle est le coréen.**	나의 모국어는 한국어입니다.
p016-03	○	**Mon numéro de portable est le 011-2345-6789.**	나의 전화번호는 011-2345-6789입니다.
p016-04	○	**Mon numéro de compte est le 01-234-567-89.**	나의 계좌번호는 01-234-567-89입니다.
p016-05	○	**Mon adresse est le 3 Dodamro, Jung-gu, Séoul.**	나의 주소는 서울시 중구 도담로 3번지입니다.
p016-06	○	**Mon lieu de naissance est Séoul.**	나의 출생지는 서울입니다.
p016-07	○	**Ma profession est policier.**	나의 직업은 경찰관입니다.
p016-08	○	**Mon métier est banquier.**	나의 직업은 은행원입니다.

● 혈액형은 **A, B, AB, O** 그리고 **+ (positif), - (négatif)**로 표현합니다.
● 프랑스어로 주소는 번지 > 도로명 > 구 > 도시 순서입니다.
● **le groupe sanguin** (혈액형), **la langue maternelle** (모국어), **le coréen** (한국어), **l'adresse** (주소),
le numéro de portable (전화번호), **le numéro de compte** (계좌번호), **le lieu de naissance** (출생지),
la profession (직업), **le policier** (경찰관), **le métier** (직업), **le banquier** (은행원)

The **basics** of **grammar** and **sentence construction**!

The most useful **phrases** and **expressions**!

두 번째 섹션 : 핵심동사 패턴!

2nd Section 은 **프랑스어**의 양대 **핵심 동사**인,
être 동사와 avoir 동사의 패턴을 **정리**했습니다.
(영어의 **be** 동사와 **have** 동사)

P
016

 ❸ 기본패턴의 확장!

p016-09 **Ma date de naissance est le 11 décembre 1990.** 나의 출생일은 1990.12.11.입니다.

p016-10 **Mon adresse e-mail est kim@mail.com.** 나의 이메일 주소는 kim@mail.com 입니다.

● 프랑스어는 일 > 월 > 년 순서로 말합니다. 생년월일은 '정관사 **le** + 일/월/년'으로 말합니다.
● 이메일 주소의 기호 @ 는 **arobase** 로 읽고, . 는 **point** (마침표/점)으로 읽습니다.
● **la date de naissance** (생년월일), **le décembre** (12월), **l'adresse e-mail** (이메일 주소)

 ❹ 기본패턴의 응용!

p016-11 **A) Quelle est la date de votre anniversaire?** 당신의 생일은 어떻게 됩니까?

p016-12 **B) Ma date de naissance est le 14 mai 1994.** 나의 생년월일은 1994.5.14.입니다.

- -

p016-13 **A) Vous parlez français?** 당신은 프랑스어를 합니까?

p016-14 **B) Ma langue maternelle est le français.** 나의 모국어는 프랑스어입니다.

● **quelle** (어떤)은 의문형용사입니다. (프랑스어 형용사에 대한 문법 설명은 부록편을 참고하십시오.)
● 해당 국가의 언어는 '정관사 **le** + 국가명의 형용사 남성형' 입니다.
parler (언어를 말하다)와 함께 사용하면 보통 관사를 생략합니다.
● **quelle** (어떤), **la date** (날짜), **de** (~의), **votre** (당신/당신들의), **l'anniversaire** (생일/기념일),
vous (당신/당신들), **parler** (언어를 말하다), **le français** (프랑스어), **maternel** (어머니의)

Learn foreign language!
French

Part 1. It's a completely new way to **learn** foreign language! | **Pattern 017**

Mon ~ est ~. [몽 ~ 에 ~.]
나의 ~는 ~입니다. (취미/기호/전공)

❶ 기본패턴의 핵심!

❶ mon (나의)는 소유형용사입니다. (영어의 **my**)
❷ 소유형용사는 다음에 오는 명사의 성과 수에 따라 형태가 변합니다.
❸ **mon ~ est ~.** 에서 **mon** 는 명사의 성과 수에 따라, **mon ~** (남성), **ma ~** (여성), **mes ~** (남/녀 복수)가 됩니다.
❹ **Mon ~ est ~.** (나의 ~는 ~입니다.)로 '나의 취미/기호/전공'을 표현할 수 있습니다.

❷ 기본패턴의 연습!

p017-01	**Mon hobby est la lecture.**	나의 취미는 독서입니다.
p017-02	**Mon passe-temps est la musique.**	나의 취미는 음악입니다.
p017-03	**Ma cuisine préférée est la pizza.**	나의 선호음식은 피자입니다.
p017-04	**Ma couleur préférée est le vert.**	나의 선호색은 초록색입니다.
p017-05	**Mon sport préféré est le football.**	나의 선호스포츠는 축구입니다.
p017-06	**Ma spécialité est le droit.**	나의 전공은 법학입니다.
p017-07	**Ma spécialité est l'économie.**	나의 전공은 경제학입니다.
p017-08	**Ma matière secondaire est la philosophie.**	나의 부전공은 철학입니다.

● **le hobby** 처럼 프랑스어에는 외국어에서 차용한 표현이 많습니다. (**le week-end** 주말)
● 명사 뒤에 형용사 **préféré(e)** (선호하는)을 붙여 특히 좋아하는 것을 표현할 수 있습니다.
● **le hobby** (취미), **la lecture** (독서), **le passe-temps** (취미), **la musique** (음악), **la cuisine** (음식), **préféré(e)** (선호하는), **la pizza** (피자), **la couleur** (색깔), **le vert** (초록색), **le sport** (스포츠), **le football** (축구), **la spécialité** (전공), **le droit** (법학), **la matière secondaire** (부전공), **l'économie** (경제학), **la philosophie** (철학)

● The **basics of grammar** and **sentence construction**!

● The **most useful phrases** and **expressions**!

두 번째 섹션 : 핵심동사 패턴!

2nd Section 은 **프랑스어**의 양대 **핵심 동사**인,
être 동사와 **avoir** 동사의 패턴을 **정리**했습니다.
(영어의 **be** 동사와 **have** 동사)

P 017

---

 ❸ 기본패턴의 확장!

| p017-09 | ⚪ Mon hobby est la collection de timbres. | 나의 취미는 우표수집입니다. |
| p017-10 | ⚪ Mon passe-temps préféré, c'est surfer sur internet. | 나의 선호하는 취미는 인터넷 서핑입니다. |

● **la collection de** ~ (~의 수집)
● **c'est + 동사원형**은 영어의 **it to** 부정사 용법과 같습니다. (그것은 ~하는 것이다)
● **la collection** (수집), **de** (~의), **le timbre** (우표), **le passe-temps** (취미/오락), **préféré(e)** (선호하는),
c'est (그것은 ~이다), **surfer** (서핑하다), **sur** (~ 위에서), **l'internet** (인터넷)

 ❹ 기본패턴의 응용!

| p017-11 | A) Quel est votre hobby? | 당신의 취미는 무엇입니까? |
| p017-12 | B) Mon hobby est le shopping. | 나의 취미는 쇼핑입니다. |

- -

| p017-13 | A) Quelle est votre spécialité? | 당신의 전공은 무엇입니까? |
| p017-14 | B) Ma spécialité est la littérature française. | 나의 전공은 프랑스 문학입니다. |

● **quel(le)** (어떤), **votre** (당신/당신들의), **le shopping** (쇼핑), **la littérature française** (프랑스 문학)

● The focus is on **conversation** and **communication**.

● Start **speaking** languages immediately using **essential phrases**.

Learn foreign language!
French

Part 1. It's a completely new way to learn foreign language! | **Pattern 018**

Ma qualité est ~. [마 깔리떼 에 ~.]
나의 장점은 ~입니다. (장점)

---

 ❶ 기본패턴의 핵심!

❶ **mon** (나의)는 소유형용사입니다. (영어의 **my**)
❷ **Ma qualité est ~.** (나의 장점은 ~입니다.)로 '나의 장점/능력' 등을 표현할 수 있습니다.

 ❷ 기본패턴의 연습!

p018-01	**Ma qualité est la ponctualité.**	나의 장점은 정확성입니다.
p018-02	**Ma qualité est l'adaptabilité.**	나의 장점은 적응성입니다.
p018-03	**Ma qualité est la flexibilité.**	나의 장점은 유연성입니다.
p018-04	**Ma qualité est la capacité d'organisation.**	나의 장점은 조직능력입니다.
p018-05	**Ma qualité est la compétence relationnelle.**	나의 장점은 좋은 대인관계입니다.
p018-06	**Ma qualité est la capacité analytique.**	나의 장점은 분석력입니다.
p018-07	**Ma qualité est la capacité d'empathie.**	나의 장점은 공감능력입니다.
p018-08	**Ma qualité est la bonne gestion du temps.**	나의 장점은 우수한 시간경영입니다.

● **–ité / –tion / -ence / -ance / –ne** 등은 여성명사 어미입니다.
● **la qualité** (장점), **la ponctualité** (정확성), **l'adaptabilité** (적응성), **la flexibilité** (유연성), **la capacité** (능력), **de** (~의), **l'organisation** (조직), **la compétence** (능력), **relationnelle** (관계의), **analytique** (분석적인), **l'empathie** (공감), **bonne** (좋은/우수한), **la gestion** (경영), **du** (de+le : 관사축약), **le temps** (시간)

The **basics** of **grammar** and **sentence construction**!

The most useful **phrases** and **expressions**!

두 번째 섹션 : 핵심동사 패턴!

2nd Section 은 **프랑스어**의 양대 **핵심 동사**인,
être 동사와 avoir 동사의 패턴을 **정리**했습니다.
(영어의 be 동사와 have 동사)

P 018

 ❸ 기본패턴의 확장!

p018-09 ◯ **Ma qualité principale est la ponctualité.**   나의 중요한 장점은 정확성입니다.

p018-10 ◯ **Mon défaut est le perfectionnisme.**   나의 단점은 완벽주의입니다.

- **les meilleures qualités** (최고의 장점들)로 강조하여 말할 수도 있습니다.
- **principale** (주된/중요한), **le défaut** (단점), **le perfectionnisme** (완벽주의)

 ❹ 기본패턴의 응용!

p018-11 **A) Quelle est votre qualité principale?**   당신의 중요한 장점은 무엇입니까?

p018-12 **B) Ma qualité est la ponctualité.**   나의 장점은 정확성입니다.

- -

p018-13 **A) Quelles sont vos qualités principales?**   당신의 중요한 장점들은 무엇입니까?

p018-14 **B) Mes qualités sont la capacité d'organisation et la flexibilité.**
     나의 장점들은 조직능력과 유연성입니다.

- **quel** 은 '어떤' 이라는 의미의 의문형용사입니다. **la qualité** (장점)의 성과 수에 맞춰 사용했습니다.
  (이후의 의문사 파트에서 좀 더 공부하실 수 있습니다.)
- 특징/장점이 복수일 경우, **Mes qualités sont ~.** (나의 장점들은 ~입니다.)가 됩니다.
- **quel** (무엇), **votre** (당신/당신들의), **vos** (당신/당신들의), **et** (그리고)

Learn foreign language!
French

Part 1. It's a completely new way to learn foreign language! | **Pattern 019**

C'est ~. [쎄 ~.]
그것은 ~합니다/입니다. (상황/상태)

*The **basics** of **grammar** and **sentence construction**!*

 ❶ 기본패턴의 핵심!

❶ **ce** 는 대명사/지시형용사 등으로 사용되며, 여기서 **ce** (그것)은 대명사입니다. (영어의 **this/that**)
(**ce** 는 단어 또는 문장 전체를 지칭할 수도 있습니다.)
❷ **C'est ~.** 는 영어의 **It is ~.** 와 같습니다. (**est** 는 **être** 동사의 3인칭 단수 형태입니다.)
❸ **C'est** + 형용사. (그것은 ~합니다/입니다.)로 '상황/상태'를 말할 수 있습니다.

 ❷ 기본패턴의 연습!

*The most useful **phrases** and **expressions**!*

p019-01	○ C'est	parfait.	그것은 완벽합니다.
p019-02	○ C'est	exact.	그것은 정확합니다.
p019-03	○ C'est	clair.	그것은 명확합니다.
p019-04	○ C'est	inutile.	그것은 무의미합니다.
p019-05	○ C'est	gratuit.	그것은 무료입니다.
p019-06	○ C'est	tout.	그것이 전부입니다.
p019-07	○ C'est	rien.	그것은 아무것도 아닙니다.
p019-08	○ C'est	cassé.	그것은 망가졌습니다.

● **in-** 은 '없음/아님'을 나타내는 접두사입니다. **in** (없는) + **utile** (유용한)
● **parfait** (완벽한), **exact** (정확한), **clair** (명확한), **inutile** (쓸데없는/무용한),
gratuit (무료의), **tout** (모두/전부의), **rien** (아무것도 ~ 않다), **cassé** (망가진/고장난)

Presenting the **core concepts** you need to **write** and **speak**.
It focuses on the **core concepts** you need to **communicate**. *start speaking languages immediately using essential phrases.*

두 번째 섹션 : 핵심동사 패턴!

2nd Section 은 **프랑스어**의 양대 **핵심 동사**인,
être 동사와 avoir 동사의 패턴을 **정리**했습니다.
(영어의 be 동사와 have 동사)

P
019

❸ 기본패턴의 확장!

| p019-09 | C'est clair pour moi. | 그것은 나에게 명확합니다. |
| p019-10 | C'est rien du tout. | 그것은 전혀 아무것도 아닙니다. |

● 전치사 뒤에는 강세형 인칭대명사가 옵니다. **pour** (~을 위해/~에게) + 강세형 인칭대명사는
'~를 위해/~에게 있어서'가 됩니다.
● **du tout** (전혀 ~ 아니다)를 붙여 부정을 강조할 수 있습니다.
● **pour** (~에게/~를 위해), **moi** (나 : 강세형 인칭대명사 1인칭 단수), **du tout** (전혀 ~ 아니다)

❹ 기본패턴의 응용!

| p019-11 | A) L'entrée est gratuite? | 입장료는 무료입니까? |
| p019-12 | B) C'est exact. | 틀림없습니다. |

| p019-13 | A) C'est pour qui? | 그것은 누구의 것입니까? |
| p019-14 | B) C'est pour moi. | 그것은 나를 위한(나의) 것입니다. |

● 짧은 문장은 끝을 올려 읽음으로서 의문문을 만들 수 있습니다.
● **l'entrée** (입장/입장료), **gratuit(e)** (무료의), **qui** (누구), **moi** (나 : 강세형 인칭대명사 1인칭 단수)

● The focus is on **conversation** and **communication**.

● Start **speaking languages** immediately using **essential phrases**.

Learn foreign language!
French

Part 1. It's a completely new way to learn foreign language! | **Pattern 020**

C'est ~. [쎄 ~.]
그것은 ~합니다/입니다. (상황/상태)

---

 ❶ 기본패턴의 핵심!

❶ **ce** 는 대명사/지시형용사 등으로 사용되며, 여기서 **ce** (그것)은 대명사입니다. (영어의 **this/that**)
(**ce** 는 단어 또는 문장 전체를 지칭할 수도 있습니다.)
❷ **C'est ~.** 는 영어의 **It is ~.** 와 같습니다. (**est** 는 **être** 동사의 3인칭 단수 형태입니다.)
❸ **C'est** + 형용사. (그것은 ~합니다/입니다.)로 '상황/상태'를 말할 수 있습니다.

---

 ❷ 기본패턴의 연습!

▶ p020-01	○ C'est	possible.	그것은 가능합니다.
▶ p020-02	○ C'est	injuste.	그것은 불공정합니다.
▶ p020-03	○ C'est	certain.	그것은 확실합니다.
▶ p020-04	○ C'est	important.	그것은 중요합니다.
▶ p020-05	○ C'est	intéressant.	그것은 흥미롭습니다.
▶ p020-06	○ C'est	dangereux.	그것은 위험합니다.
▶ p020-07	○ C'est	nouveau.	그것은 새롭습니다.
▶ p020-08	○ C'est	faux.	그것은 틀립니다.

● 부정의 접두사 **in-** (없음/아님) 또는 **im-** (없음/아님)을 붙여 반대어를 만들 수 있습니다.
in (없는) + **juste** (공정한) = **injuste** (불공정한)
● **possible** (가능한), **impossible** (불가능한), **juste** (공정한), **injuste** (불공정한), **certain** (확실한),
incertain (불확실한), **important** (중요한), **intéressant** (흥미로운), **dangereux** (위험한),
nouveau (새로운), **faux** (틀린)

Presenting the **core concepts** you need to **write** and **speak**. It focuses on the **core concepts** you need to **communicate**. ■ *start speaking languages immediately using essential phrases.*

The basics of grammar and sentence construction!

The most useful phrases and expressions!

두 번째 섹션 : 핵심동사 패턴!

2nd Section 은 **프랑스어**의 양대 **핵심 동사**인,
être 동사와 avoir 동사의 패턴을 **정리**했습니다.
(영어의 **be** 동사와 **have** 동사)

P 020

 ③ 기본패턴의 확장!

p020-09 ⦿ Ce n'est pas important.   그것은 중요하지 않습니다.

p020-10 ⦿ C'est inacceptable.   그것은 받아들일 수 없습니다.

● **Ce n'est pas ~** 는 '~하지 않다'는 뜻입니다.
부정 부사 **ne** 와 **est** 가 모음 충돌하여 앞의 **e** 를 지우고 ' 을 붙였습니다.
● 접미사 **-able** (가능한)의 뜻입니다. **in-accept-able** (받아들일 수 없는)
● **ne ~ pas** (~가 아니다), **acceptable** (받아들일 수 있는), **inacceptable** (받아들일 수 없는)

 ④ 기본패턴의 응용!

p020-11 A) Attendez encore!   (당신은) 계속 기다리십시오!

p020-12 B) C'est injuste.   그것은 불공정합니다.

- -

p020-13 A) Que pensez-vous de la peine de mort?   당신은 사형제도에 대해 어떻게 생각하십니까?

p020-14 B) C'est inacceptable.   그것은 받아들일 수 없습니다.

● 명령문은 주어를 빼면 됩니다. **attendez** 는 **attendre** (기다리다)의 2인칭 복수형(단수로는 경칭)입니다.
● **penser de ~** 는 '~에 대해 생각하다'입니다.
● **pensez-vous** 처럼 의문사가 문장 앞에 오면 주어와 동사가 도치되고 그 표시로 주어와 동사 사이에
- 을 연결합니다.
● **attendre** (기다리다), **encore** (여전히/아직도), **que** (무엇), **penser** (생각하다),
la peine de mort (사형제도)

Learn foreign language!
French

Part 1. It's a completely new way to learn foreign language! | **Pattern 021**

C'est ~. [쎄 ~.]
그것은 ~입니다. (정의/사실)

❶ 기본패턴의 핵심!

❶ **ce** 는 대명사/지시형용사 등으로 사용되며, 여기서 **ce** (그것)은 대명사입니다. (영어의 **this/that**)
(**ce** 는 단어 또는 문장 전체를 지정할 수 있습니다.)
❷ **C'est ~.** 는 영어의 **It is ~.** 와 같습니다. (**est** 는 **être** 동사의 3인칭 단수 형태입니다.)
❸ **C'est** + 명사. (그것은 ~입니다.)로 '정의/사실'을 말할 수 있습니다.

❷ 기본패턴의 연습!

p021-01	○	**C'est**	**la vérité.**	그것은 진실입니다.
p021-02	○	**C'est**	**le mensonge.**	그것은 거짓입니다.
p021-03	○	**C'est**	**la règle.**	그것이 규정입니다.
p021-04	○	**C'est**	**la conclusion.**	그것이 결론입니다.
p021-05	○	**C'est**	**la réponse.**	그것이 대답입니다.
p021-06	○	**C'est**	**la solution.**	그것이 해결책입니다.
p021-07	○	**C'est**	**l'amour.**	그것이 사랑입니다.
p021-08	○	**C'est**	**la vie.**	그것이 인생입니다.

● **la vérité** (진실), **le mensonge** (거짓/허위), **la règle** (관례/규정), **la conclusion** (결론),
la réponse (대답), **la solution** (해결책), **l'amour** (사랑), **la vie** (인생)

The basics of **grammar** and **sentence construction**!

The most useful **phrases** and **expressions**!

두 번째 섹션 : 핵심동사 패턴!

2nd Section 은 **프랑스어**의 양대 **핵심 동사**인,
être 동사와 avoir 동사의 패턴을 **정리**했습니다.
(영어의 be 동사와 have 동사)

P 021

---

 ❸ 기본패턴의 확장!

| p021-09 | C'est la pure vérité. | 그것은 엄연한 진실입니다. |

| p021-10 | Ce n'est qu'une question de temps. | 그것은 시간 문제에 불과합니다. |

● 형용사를 첨가하여(정관사 + 형용사 + 명사), 보다 구체적으로 말할 수 있습니다.
● 동사 앞뒤에 **ne ~ que** (오직 ~일 뿐이다)를 넣으면 '~에 불과하다/~일 뿐이다'가 됩니다.
● **pur(e)** (순수한/단순한), **la vérité** (진실), **ne ~ que** (오직 ~일 뿐이다), **une** (하나의 : 부정관사),
la question (문제), **de** (~의), **le temps** (시간)

---

 ❹ 기본패턴의 응용!

| p021-11 | A) C'est la vérité ou un mensonge? | 그것은 사실입니까 또는 거짓입니까? |

| p021-12 | B) C'est la pure vérité. | 그것은 엄연한 진실입니다. |

- -

| p021-13 | A) C'est quoi le problème? | 문제가 무엇입니까? |

| p021-14 | B) Ce n'est qu'une question de temps. | 그것은 시간 문제에 불과합니다. |

● 그것은 시간 문제에 불과합니다. > 시간이 지나면 해결됩니다.
● **quoi** 는 의문대명사입니다. **C'est quoi~?** 는 '~ 무엇입니까?' 의미이며, 단독으로 사용할 수도 있습니다.
Quoi? (뭐라고?)
● **un** (하나의/어떤), **ou** (또는), **quoi** (무엇 : 의문대명사)

Learn foreign language!
French

Part 1. It's a completely new way to learn foreign language! | **Pattern 022**

C'est trop ~. [쎄 트호 ~.]
그것은 너무 ~합니다. (강조)

❶ 기본패턴의 핵심!

❶ **ce** 는 대명사/지시형용사 등으로 사용되며, 여기서 **ce** (그것)은 대명사입니다. (영어의 **this/that**)
(**ce** 는 단어 또는 문장 전체를 지칭할 수 있습니다.)
❷ **C'est trop** + 형용사.는 '그것은 너무 ~ 합니다.'입니다.
❸ **trop** 는 '너무 ~하다'로 '강조'의 뜻을 나타냅니다. (영어의 **too**)

❷ 기본패턴의 연습!

| p022-01 | ◯ C'est trop petit. | 그것은 너무 작습니다. |

| p022-02 | ◯ C'est trop grand. | 그것은 너무 큽니다. |

| p022-03 | ◯ C'est trop tard. | 그것은 너무 늦었습니다. |

| p022-04 | ◯ C'est trop salé. | 그것은 너무 짭니다. |

| p022-05 | ◯ C'est trop cher. | 그것은 너무 비쌉니다. |

| p022-06 | ◯ C'est trop fort. | 그것은 너무 강합니다. (너무 심합니다.) |

| p022-07 | ◯ C'est trop facile. | 그것은 너무 쉽습니다. |

| p022-08 | ◯ C'est trop difficile. | 그것은 너무 어렵습니다. |

● 그것은 너무 강합니다. > 너무 심합니다.
● **petit** (작은), **grand** (큰), **tard** (늦은), **salé** (짠), **cher** (비싼), **fort** (강한/심한), **facile** (쉬운),
difficile (어려운)

두 번째 섹션 : 핵심동사 패턴!

2nd Section 은 **프랑스어**의 양대 **핵심 동사**인,
être 동사와 avoir 동사의 패턴을 **정리**했습니다.
(영어의 **be** 동사와 **have** 동사)

❸ 기본패턴의 확장!

| p022-09 | ○ C'est trop cher pour moi. | 그것은 나에게는 너무 비쌉니다. |
| p022-10 | ○ C'est trop dangereux pour les enfants. | 그것은 아이들에게 너무 위험합니다. |

- 전치사 **pour** (~을 위해/대해서)로 구체적인 대상을 밝힐 수 있습니다.
- 전치사 뒤에는 명사 또는 강세형 인칭대명사가 옵니다.
(**pour moi** 나에게는 / **pour vous** 당신에게는 / **pour toi** 너에게는)
- **pour** (~을 위해/대해서), **moi** (나 : 강세형 인칭대명사 1인칭 단수), **dangereux** (위험한),
l'enfant (아이)

❹ 기본패턴의 응용!

| p022-11 | A) Vous apprenez le russe? | 당신은 러시아어를 배웁니까? |
| p022-12 | B) C'est trop difficile. | 그것은 너무 어렵습니다. |

| p022-13 | A) Nous pouvons escalader avec les enfants? | 우리들이 아이와 함께 등반할 수 있을까요? |
| p022-14 | B) C'est trop dangereux pour les enfants. | 그것은 아이들에게 너무 위험합니다. |

- **vous** (당신), **apprendre** (배우다), **le russe** (러시아어), **difficile** (어려운), **nous** (우리),
pouvoir (할 수 있다), **escalader** (등반하다), **avec** (~와 함께)

Learn foreign language!
French

Part 1.
It's a completely new way to **learn foreign language!**

| Pattern 023

C'est ~ pour moi. [쎄 ~ 뿌흐 무아.]
그것은 나에게 ~합니다. (판단/평가)

---

 ❶ 기본패턴의 핵심!

❶ **ce** 는 대명사/지시형용사 등으로 사용되며, 여기서 **ce** (그것)은 대명사입니다. (영어의 **this/that**)
(**ce** 는 단어 또는 문장 전체를 지칭할 수 있습니다.)
❷ **pour** (~을 위하여/~에게 있어)는 전치사입니다. (영어의 **for**)
❸ **C'est** + 형용사 + **pour moi.** 는 '그것은 나에게 ~합니다.'입니다.

---

 ❷ 기본패턴의 연습!

p023-01	C'est important pour moi.	그것은 나에게 중요합니다.
p023-02	C'est compliqué pour moi.	그것은 나에게 복잡합니다.
p023-03	C'est impossible pour moi.	그것은 나에게 불가능합니다.
p023-04	C'est difficile pour moi.	그것은 나에게 어렵습니다.
p023-05	C'est nécessaire pour moi.	그것은 나에게 필요합니다.
p023-06	C'est inacceptable pour moi.	그것은 나에게 받아들일 수 없습니다.
p023-07	C'est simple pour moi.	그것은 나에게 간단합니다.
p023-08	Ce n'est pas simple pour moi.	그것은 나에게 간단하지 않습니다.

● 부정표현은 동사 앞뒤를 **ne ~ pas** (아니다)로 감싸면 됩니다. **Ce n'est pas ~.**
● **important** (중요한), **compliqué** (복잡한), **impossible** (불가능한), **difficile** (어려운),
necéssaire (필요한), **inacceptable** (받아들일 수 없는), **simple** (간단한), **ne ~ pas** (아니다)

두 번째 섹션 : 핵심동사 패턴!

2nd Section 은 **프랑스어**의 양대 **핵심 동사**인,
être 동사와 **avoir** 동사의 패턴을 **정리**했습니다.
(영어의 be 동사와 **have** 동사)

P 023

 ❸ 기본패턴의 확장!

| p023-09 | **Pour moi, c'est compliqué.** | 나에게 그것은 복잡합니다. |
| p023-10 | **C'est absolument impossible pour moi.** | 그것은 나에게 전적으로 불가능합니다. |

- **pour moi** 의 위치는 문장 앞이나 뒤 모두 가능합니다.
- 부사를 활용하여 강조할 수 있습니다.
  (**absolument** 전적으로, **très** 매우, **tout** 매우/아주, **totalement** 완전히, **vraiment** 정말로 등)
- **compliqué** (복잡한), **absolument** (전적으로), **impossible** (불가능한)

 ❹ 기본패턴의 응용!

| p023-11 | A) **Vous venez chez moi ce soir?** | 당신은 오늘 저녁에 우리 집에 오시나요? |
| p023-12 | B) **C'est sûr pour moi.** | 그것은 나에게 확실합니다. (확실히 갑니다.) |

- -

| p023-13 | A) **Vous comprenez?** | 당신은 이해하셨나요? |
| p023-14 | B) **Non, c'est compliqué pour moi.** | 아니오, 그것은 나에게 복잡합니다. |

- **C'est sûr pour moi.** 그것은 나에게 자명합니다. 〉 당연합니다.
- **vous** (당신), **venir** (오다), **chez moi** (내 집으로), **ce soir** (오늘 저녁), **sûr** (확실한/ 분명한),
  comprendre (이해하다), **non** (아니오)

Learn foreign language!
French

Part 1. It's a completely new way to learn foreign language! | **Pattern 024**

C'est trop ~ pour moi. [쎄 트호 ~ 뿌흐 무아.]
그것은 나에게 너무 ~합니다. (강조)

❶ 기본패턴의 핵심!

❶ **ce** 는 대명사/지시형용사 등으로 사용되며, 여기서 **ce** (그것)은 대명사입니다. (영어의 **this/that**)
(**ce** 는 단어 또는 문장 전체를 지칭할 수 있습니다.)
❷ **pour** (~을 위하여/~에게 있어)는 전치사입니다. (영어의 **for**)
❸ **trop** 는 '너무 ~하다'로 '강조'의 뜻을 나타냅니다. (영어의 **too**)
❹ **C'est trop** + 형용사 + **pour moi.** 는 '그것은 나에게 너무 ~합니다.'입니다.

❷ 기본패턴의 연습!

| p024-01 | C'est trop cher pour moi. | 그것은 나에게 너무 비쌉니다. |

| p024-02 | C'est trop compliqué pour moi. | 그것은 나에게 너무 복잡합니다. |

| p024-03 | C'est trop simple pour moi. | 그것은 나에게 너무 간단합니다. |

| p024-04 | C'est trop haut pour moi. | 그것은 나에게 너무 높습니다. |

| p024-05 | C'est trop loin pour moi. | 그것은 나에게 너무 멉니다. |

| p024-06 | C'est trop peu pour moi. | 그것은 나에게 너무 적습니다. |

| p024-07 | C'est trop difficile pour moi. | 그것은 나에게 너무 어렵습니다. |

| p024-08 | C'est trop facile pour moi. | 그것은 나에게 너무 쉽습니다. |

● **cher** (비싼), **compliqué** (복잡한), **simple** (간단한), **haut** (높은), **loin** (먼),
peu (적은), **difficile** (어려운), **facile** (쉬운)

두 번째 섹션 : 핵심동사 패턴!

2nd Section 은 **프랑스어**의 양대 **핵심 동사**인,
être 동사와 **avoir** 동사의 패턴을 **정리**했습니다.
(영어의 **be** 동사와 **have** 동사)

P 024

---

 ❸ 기본패턴의 확장!

| ▶ p024-09 | ⭕ **C'est trop loin pour marcher.** | 걷기에는 너무 멉니다. |
| ▶ p024-10 | ⭕ **Le problème est trop compliqué pour moi.** | 그 문제는 나에게 너무 복잡합니다. |

- **pour** 뒤에 동사원형을 쓰면 '~하기에는'이 됩니다.
- 대명사 **ce** 를 구체적인 단어로 바꾸면 보다 정확한 표현이 됩니다.
- **loin** (먼), **marcher** (걷다), **le problème** (문제)

---

 ❹ 기본패턴의 응용!

| ▶ p024-11 | A) **Pouvez-vous m'aider?** | 나를 도와주실 수 있습니까? |
| ▶ p024-12 | B) **Le problème est trop difficile pour moi.** | 그 문제는 나에게 너무 어렵습니다. |

- -

| ▶ p024-13 | A) **C'est loin d'ici?** | 여기에서 멉니까? |
| ▶ p024-14 | B) **C'est trop loin pour marcher.** | 걷기에는 너무 멉니다. |

- **pouvoir** (~할 수 있다), **vous** (당신), **me** (나를), **aider** (돕다), **le problème** (문제),
de (~로부터), **ici** (여기)

Learn foreign language!
French

Part 2. It's a completely new way to learn foreign language! | **Pattern 025**

J'ai ~. [줴 ~.]
나는 ~를 가지고 있습니다. (사람/사물)

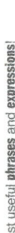

❶ 기본패턴의 핵심!

❶ **avoir** (가지다/소유하다)는 목적어를 필요로 하는 타동사입니다. (영어의 **have**)
❷ **avoir** 동사의 활용법은 부록부 문법 요약부를 참고하십시오.
(**J'ai, Tu as, Il/Elle a, Nous avons, Vous avez, Ils/Elles ont** 입니다.)
❸ **j'ai = je** (나 : 인칭대명사) + **ai** (가지고 있다), 모음축약입니다.

❷ 기본패턴의 연습!

p025-01	J'ai	un frère.	나는 형제가 한 명 있습니다.
p025-02	J'ai	une sœur.	나는 자매가 한 명 있습니다.
p025-03	J'ai	un enfant.	나는 아이가 한 명 있습니다.
p025-04	J'ai	des amis.	나는 친구들이 있습니다.
p025-05	J'ai	une voiture.	나는 자동차 하나를 가지고 있습니다.
p025-06	J'ai	une bicyclette.	나는 자전거 하나를 가지고 있습니다.
p025-07	Je n'ai pas de maison.		나는 집을 가지고 있지 않습니다.
p025-08	Je n'ai pas de frères et sœurs.		나는 형제자매들이 없습니다.

● 부정관사 **un** (하나의/어떤)은 다음에 오는 명사에 따라 어미변화를 합니다. (un/une/des)
● 부정관사는 부정문일 때 **de** 로 바뀝니다. Je n'ai pas de maison. (나는 집을 가지고 있지 않습니다.)
● **un/une/des** (하나의/어떤 : 부정관사), **le frère** (형제/형/동생/오빠), **la sœur** (자매/언니/동생/누나),
l'enfant (아이), **l'ami** (친구), **la voiture** (자동차), **la bicyclette** (자전거), **la maison** (집),
les frères et sœurs (형제자매)

두 번째 섹션 : 핵심동사 패턴!

2nd Section 은 **프랑스어**의 양대 **핵심 동사**인,
être 동사와 avoir 동사의 패턴을 **정리**했습니다.
(영어의 **be** 동사와 **have** 동사)

P 025

---

❸ 기본패턴의 확장!

p025-09 ○ J'ai beaucoup d'amis étrangers. — 나는 많은 외국의 친구들을 가지고 있습니다.

p025-10 ○ J'ai des amis à l'étranger. — 나는 외국에 친구들을 가지고 있습니다.

- **beaucoup de** + 무관사 명사는 '많은/다수의 ~' 입니다.
- 프랑스어 형용사는 꾸며주는 명사의 성과 수에 일치시켜 줍니다. **amis étrangers** (외국의 친구들)
- **beaucoup de** (많은), **étranger** (외국의), **des** (어떤 : 부정관사 복수), **à** (~에), **l'étranger** (외국)

---

 ❹ 기본패턴의 응용!

p025-11 A) Vous avez des frères et sœurs? — 당신은 형제자매가 있습니까?

p025-12 B) Non, je n'ai pas de frères et sœurs. — 아니오. 나는 형제자매가 없습니다.

- -

p025-13 A) Où habitent vos amis? — 당신의 친구들은 어디에 삽니까?

p025-14 B) J'ai des amis à l'étranger. — 나는 외국에 친구들을 가지고 있습니다.

- **vous** (당신), **non** (아니오), **où** (어디), **habiter** (살다), **vos** (당신의/당신들의)

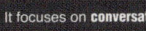

Learn foreign language!
French

Part 2. It's a completely new way to learn foreign language! | **Pattern 026**

J'ai ~. [줴 ~.]
나는 ~를 가지고 있습니다. (시간)

● The **basics** of **grammar** and **sentence construction**!

● The most useful **phrases** and **expressions**!

❶ 기본패턴의 핵심!

❶ **avoir** (가지다/소유하다)는 목적어를 필요로 하는 타동사입니다. (영어의 **have**)
❷ **avoir** 동사의 활용법은 부록부 문법 요약부를 참고하십시오.
(**J'ai, Tu as, Il/Elle a, Nous avons, Vous avez, Ils/Elles ont** 등입니다.)
❸ **j'ai = je** (나 : 인칭대명사) + **ai** (가지다/소유하다)
J'ai + 명사. (나는 ~이 있습니다.)로 다양한 '나의 시간'을 말할 수 있습니다.

❷ 기본패턴의 연습!

p026-01	J'ai	un cours.	나는 강의 하나가 있습니다.
p026-02	J'ai	un exposé.	나는 발표가 있습니다.
p026-03	J'ai	un rendez-vous.	나는 약속 하나가 있습니다.
p026-04	J'ai	un empêchement.	나는 장애상황이 있습니다.
p026-05	J'ai	une réunion.	나는 회의 하나가 있습니다.
p026-06	J'ai	un séminaire.	나는 세미나 하나가 있습니다.
p026-07	J'ai	une conférence.	나는 강연이 하나 있습니다.
p026-08	J'ai	le temps.	나는 시간이 있습니다.

● 부정관사 **un** (하나의/어떤)은 다음에 오는 명사의 성과 수에 따라 변화를 합니다.
● 개인적인 약속일 경우에는 관사를 생략하기도 합니다. **J'ai rendez-vous.** (나는 약속이 있습니다.)
● **l'empêchement** (장애상황/지장)은 약속을 지킬 수 없게 방해하는 예기치 않은 어떤 일들을 말합니다.
● **le cours** (수업), **l'exposé** (발표), **le rendez-vous** (약속), **l'empêchement** (장애상황/지장),
la réunion (회의), **le séminaire** (세미나), **la conférence** (강연/회의), **le temps** (시간)

두 번째 섹션 : 핵심동사 패턴!

2nd Section 은 **프랑스어**의 양대 **핵심 동사**인,
être 동사와 **avoir** 동사의 패턴을 **정리**했습니다.
(영어의 **be** 동사와 **have** 동사)

P 026

---

 ❸ 기본패턴의 확장!

| p026-09 | ◯ **J'ai 23 ans.** | 나는 23세입니다. |

| p026-10 | ◯ **Je n'ai pas le temps.** | 나는 시간이 없습니다. |

● **J'ai ~ ans.** (나는 ~세입니다.)로 나이를 말할 수 있습니다. **l'an** (해/년)은 2세부터는 복수형입니다.
● 부정문은 동사 앞뒤를 부정부사 **ne ~ pas** 로 감싸줍니다.
● **l'an** (해/년), **vingt-trois** (23), **ne ~ pas** (아니다)

---

 ❹ 기본패턴의 응용!

| p026-11 | **A) Quel âge avez-vous?** | 당신은 몇 살이세요? |

| p026-12 | **B) J'ai 23 ans.** | 나는 23세입니다. |

- -

| p026-13 | **A) Quand est-ce que tu viens à Paris?** | 너는 언제 파리에 올 거니? |

| p026-14 | **B) Je n'ai pas le temps.** | 나는 시간이 없어. |

● **quel** (어떤 : 의문형용사)는 다음에 오는 명사에 따라 어미변화를 합니다.
(**quel** (남성단수), **quels** (남성복수), **quelle** (여성단수), **quelles** (여성단수))
● 의문문을 만드는 **est-ce que ~?** (~입니까?) 앞에 의문사를 붙일 수 있습니다.
(**Quand est-ce que ~?** (언제 ~입니까?), **que** 다음은 평서문의 어순입니다.
● **quel** (어떤 : 의문형용사), **l' âge** (나이/연령), **vous** (당신), **quand** (언제), **venir** (오다), **à** (~에)

(우측 세로 텍스트) ● The focus is on **conversation** and **communication**. ● Start speaking **languages** immediately using **essential phrases**.

Learn foreign language!
French

Part 2. It's a completely new way to learn foreign language! | **Pattern 027**

J'ai ~. [줴 ~.]
나는 ~이 있습니다. (감각/생각)

The **basics** of **grammar** and **sentence construction**!

 ① 기본패턴의 핵심!

❶ **avoir** (가지다/소유하다)는 목적어를 필요로 하는 타동사입니다. (영어의 **have**)
❷ **avoir** 동사의 활용법은 부록부 문법 요약부를 참고하십시오.
(**J'ai, Tu as, Il/Elle a, Nous avons, Vous avez, Ils/Elles ont** 등입니다.)
❸ **j'ai = je** (나 : 인칭대명사) + **ai** (가지다/소유하다)
J'ai + 명사. (나는 ~이 있습니다.)로 다양한 '나의 감각/생각'을 말할 수 있습니다.

② 기본패턴의 연습!

The most useful **phrases** and **expressions**!

p027-01	J'ai faim.	나는 배고픔이 있습니다.
p027-02	J'ai soif.	나는 갈증이 있습니다.
p027-03	J'ai froid.	나는 추위가 있습니다.
p027-04	J'ai chaud.	나는 더위가 있습니다.
p027-05	J'ai sommeil.	나는 졸음이 있습니다.
p027-06	J'ai peur.	나는 공포가 있습니다.
p027-07	J'ai honte.	나는 부끄러움이 있습니다.
p027-08	J'ai des doutes.	나는 의심들이 있습니다.

● **J'ai faim.** (나는 배고픔이 있습니다. > 나는 배가 고픕니다.)
● **une faim de loup** 는 '늑대의 배고픔'이란 의미이며, **J'ai une faim de loup.**
(나는 늑대의 배고픔이 있습니다.)로 '몹시 배고픈 상태'를 표현합니다.
● **la faim** (배고픔/허기), **la soif** (목마름/갈증), **le froid** (추위), **le chaud** (더위), **le sommeil** (졸음),
la peur (공포), **la honte** (부끄러움/수치), **des/de la** (어떤 : 부분관사), **le doute** (의심/의혹)

Presenting the **core concepts** you need to **write** and **speak**. It focuses on the **core concepts** you need to **communicate**. *start speaking languages immediately using essential phrases.*

두 번째 섹션 : 핵심동사 패턴!

2nd Section 은 **프랑스어**의 양대 **핵심 동사**인,
être 동사와 **avoir** 동사의 패턴을 **정리**했습니다.
(영어의 **be** 동사와 **have** 동사)

P 027

 ❸ 기본패턴의 확장!

| p027-09 | J'ai peur des rats. | 나는 쥐들에 대해 공포가 있습니다. |
| p027-10 | J'ai envie de voyager. | 나는 여행하는 욕망이 있습니다. (여행가고 싶습니다.) |

● 나는 여행하는 욕망이 있습니다. 〉 여행가고 싶습니다.
● **avoir peur de ~** (~에 대해 공포를 가지다/~를 두려워하다)입니다. **de** + 명사/동사가 올 수 있습니다.
● **des (= de + les)** 는 정관사의 축약형입니다.
● **avoir envie de ~** (~에 대한 욕망을 가지다/~하고싶다)입니다. **de** + 명사/동사가 올 수 있습니다.
● **le rat** (쥐), **l'envie** (욕망/갈망), **de** (~에 대한), **voyager** (여행하다)

 ❹ 기본패턴의 응용!

| p027-11 | A) Vous êtes sûr? | 당신은 확실합니까? |
| p027-12 | B) J'ai des doutes. | 나는 의혹들이 있습니다. |

| p027-13 | A) De quoi avez-vous peur? | 당신은 무엇에 대해 공포가 있습니까? |
| p027-14 | B) J'ai peur des serpents. | 나는 뱀들에 대해 공포가 있습니다. |

● **quoi** 는 의문대명사입니다. 전치사 **de** 와 함께 사용하여 **de quoi ~?** 는 '무엇에 대해서 ~?'의 의미입니다.
● 의문사가 문장 앞에 오면 주어와 동사가 도치되고 그 표시로 주어와 동사 사이에 - 을 연결합니다.
● **vous** (당신!), **sûr** (확실한), **de** (~에 대해), **quoi** (무엇), **le serpent** (뱀)

Learn foreign language!
French

Part 2. It's a completely new way to learn foreign language! | **Pattern 028**

J'ai ~. [쥐 ~.]

나는 ~를 가지고 있습니다. (증상/통증)

---

❶ 기본패턴의 핵심!

❶ **avoir** (가지다/소유하다)는 목적어를 필요로 하는 타동사입니다. (영어의 **have**)
❷ **avoir** 동사의 활용법은 부록부 문법 요약부를 참고하십시오.
(**J'ai, Tu as, Il/Elle a, Nous avons, Vous avez, Ils/Elles ont** 등입니다.)
❸ **J'ai** + 명사. (나는 ~를 가지고 있습니다.)로 '나의 증상/통증'을 말할 수 있습니다.

---

❷ 기본패턴의 연습!

p028-01	◯	J'ai	un rhume.	나는 감기에 걸렸습니다.
p028-02	◯	J'ai	une indigestion.	나는 소화불량이 있습니다.
p028-03	◯	J'ai	une blessure.	나는 상처가 있습니다. (다쳤습니다.)
p028-04	◯	J'ai	la diarrhée.	나는 설사가 납니다.
p028-05	◯	J'ai	de la fièvre.	나는 열이 있습니다.
p028-06	◯	J'ai	mal à la tête.	나는 머리에 통증이 있습니다. (두통이 있습니다.)
p028-07	◯	J'ai	mal au ventre.	나는 배에 통증이 있습니다. (복통이 있습니다.)
p028-08	◯	J'ai	mal aux dents.	나는 이에 통증이 있습니다. (치통이 있습니다.)

● 셀 수 없는 명사 앞에는 부분관사를 붙입니다. **de la fièvre** (약간의 열),
● 전치사 **à** 와 정관사 남성단수와 복수형이 만나면 축약이 일어납니다. **à + le = au / à + les = aux**
● **J'ai mal à** + 정관사 + 신체부위.는 '나는 ~에 통증이 있다(아프다).'입니다.
● **le mal** (병/고통), **à** (~에), **au/aux** (à + le/à + les : 정관사 축약형), **la tête** (머리),
le ventre (배), **la dent** (치아), **la fièvre** (열/발열), **le rhume** (감기), **l'indigestion** (소화불량),
la blessure (상처/부상), **la diarrhée** (설사)

두 번째 섹션 : 핵심동사 패턴!

2nd Section 은 **프랑스어**의 양대 **핵심 동사**인,
être 동사와 **avoir** 동사의 패턴을 **정리**했습니다.
(영어의 **be** 동사와 **have** 동사)

P 028

 ③ 기본패턴의 확장!

| p028-09 | ⦿ J'ai mal ici. | 나는 여기에 통증이 있습니다. |
| p028-10 | ⦿ J'ai le nez bouché. | 나는 코가 막혔습니다. |

- 아픈 곳을 가리키며 **ici** (여기)라고 말할 수 있습니다.
- **avoir** + 신체 부위 + 형용사로 증상을 표현할 수 있습니다.
- **J'ai le nez bouché.** (나는 막힌 코를 가지고 있습니다/코가 막혔습니다.)
- **ici** (여기), **le nez** (코), **bouché** (막힌)

 ④ 기본패턴의 응용!

| p028-11 | A) Où avez-vous mal? | 당신은 어디에 통증이 있습니까? |
| p028-12 | B) J'ai mal au pied droit. | 나는 오른쪽 발에 통증이 있습니다. |

- -

| p028-13 | A) Comment vous sentez-vous? | 건강은 어떻습니까? |
| p028-14 | B) J'ai une indigestion. | 나는 소화불량이 있습니다. |

- 의문사가 문장 앞에 오면 주어와 동사가 도치되고 그 표시로 주어와 동사 사이에 - 을 연결합니다.
- **se sentir** (느낌/기분이 ~하다)는 재귀대명사 **se** 를 동반하는 동사입니다. 재귀대명사는 인칭에 따라 변화합니다. (me / te / se / nous / vous / se) **Vous vous sentez ~.** 당신은 기분이 ~라고 느끼다.)
- **où** (어디), **au** (à + le : 정관사 축약형), **le pied** (발), **droit** (오른쪽의), **gauche** (왼쪽의), **comment** (어떻게), **se sentir** (느낌/기분이 ~하다), **vous** (당신)

Learn foreign language!
French

Part 2.   It's a completely new way to learn foreign language! | **Pattern 029**

J'ai ~. [쉐 ~.]
나는 ~를 가지고 있습니다. (생각/희망)

● The **basics** of **grammar** and **sentence construction**!

🎯 ❶ 기본패턴의 핵심!

❶ avoir (가지다/소유하다)는 목적어를 필요로 하는 타동사입니다. (영어의 **have**)
❷ avoir 동사의 활용법은 부록부 문법 요약부를 참고하십시오.
(J'ai, Tu as, Il/Elle a, Nous avons, Vous avez, Ils/Elles ont 등입니다.)
❸ J'ai + 명사. (나는 ~를 가지고 있습니다.)로 다양한 '나의 생각/희망'을 말할 수 있습니다.

❷ 기본패턴의 연습!

● The most useful **phrases** and **expressions**!

▶ p029-01	○	J'ai	un problème.	나는 문제 하나가 있습니다.
▶ p029-02	○	J'ai	une idée.	나는 아이디어 하나가 있습니다.
▶ p029-03	○	J'ai	un rêve.	나는 꿈 하나가 있습니다.
▶ p029-04	○	J'ai	un projet.	나는 계획 하나가 있습니다.
▶ p029-05	○	J'ai	un souhait.	나는 소원 하나가 있습니다.
▶ p029-06	○	J'ai	une question.	나는 질문 하나가 있습니다.
▶ p029-07	○	J'ai	raison.	나는 이성이 있습니다. (내가 옳습니다.)
▶ p029-08	○	J'ai	tort.	나는 과오가 있습니다. (내가 틀렸습니다.)

● avoir + 무관사 명사(**raison** / **tort**)로 '옳다/그르다'를 표현할 수 있습니다.
● **le problème** (문제), **l'idée** (아이디어), **le rêve** (꿈), **le projet** (계획), **le souhait** (소원),
la question (질문), **la raison** (이성), **le tort** (과오/과실)

두 번째 섹션 : 핵심동사 패턴!

2nd Section 은 **프랑스어**의 양대 **핵심 동사**인,
être 동사와 **avoir** 동사의 패턴을 **정리**했습니다.
(영어의 **be** 동사와 **have** 동사)

P 029

❸ 기본패턴의 확장!

| p029-09 | ○ **J'ai une autre idée.** | 나는 다른 아이디어 하나가 있습니다. |
| p029-10 | ○ **Excusez-moi, j'ai une question.** | 실례합니다, 질문 있습니다. |

- 형용사를 추가하여 표현을 더욱 확장할 수 있습니다.
(bon(ne) (좋은), **nouveau (nouvelle)** (새로운), **petit(e)** (사소한) 등이며 괄호 안은 여성용 형용사)
- **Excusez-moi.** (실례합니다./죄송합니다.) 인사표현입니다.
- **autre** (다른), **s'excuser** (용서/사과하다)

❹ 기본패턴의 응용!

| p029-11 | A) **Qu'est-ce qu'il y a?** | 무슨 일이 있습니까? |
| p029-12 | B) **J'ai un problème.** | 나는 문제가 있습니다. |

| p029-13 | A) **On fait une promenade?** | 우리 산책하러 갈까요? |
| p029-14 | B) **J'ai un autre projet.** | 나는 다른 계획이 있습니다. |

- **Il y a ~.** (거기에 ~이 있습니다.)는 관용구입니다. 앞에 **Qu'est-ce que ~?** 를 붙이면 '무엇이 있습니까?'
입니다. 문맥에 따라 '무슨 일입니까?'라는 안부를 묻는 표현으로 사용할 수 있습니다.
- 일반적인 사람들을 나타내는 인칭대명사 **on** 은 구어체에서는 우리(**nous**)의 의미로 쓰이기도 합니다.
- **on** (사람/사람들), **faire** (하다/만들다), **la promenade** (산책)

Learn foreign language!
French

Part 2. It's a completely new way to learn foreign language! | **Pattern 030**

J'ai ~. [줴 ~.]
나는 ~를 가지고 있습니다. (학위/지식)

❶ 기본패턴의 핵심!

❶ **avoir** (가지다/소유하다)는 목적어를 필요로 하는 타동사입니다. (영어의 **have**)
❷ **avoir** 동사의 활용법은 부록부 문법 요약부를 참고하십시오.
(**J'ai, Tu as, Il/Elle a, Nous avons, Vous avez, Ils/Elles ont** 등입니다.)
❸ **J'ai** + 명사. (나는 ~를 가지고 있습니다.)로 다양한 '나의 학위/지식'을 말할 수 있습니다.

❷ 기본패턴의 연습!

p030-01	J'ai un diplôme de sciences de gestion. — 나는 경영학 분야 학위가 있습니다.
p030-02	J'ai un diplôme de maintenance et support informatique. — 나는 컴퓨터 유지와 지원 분야 학위가 있습니다.
p030-03	J'ai un diplôme de communication médiatique. — 나는 미디어커뮤니케이션 분야 학위가 있습니다.
p030-04	J'ai un diplôme de gestion du marketing. — 나는 마케팅관리 분야 학위가 있습니다.
p030-05	J'ai une bonne connaissance de Microsoft Office. — 나는 MS 운용에 능합니다.
p030-06	J'ai une bonne connaissance d'Adobe Dreamweaver. 나는 AD 운용에 능합니다.
p030-07	J'ai une bonne connaissance de Photoshop. — 나는 Photoshop 운용에 능합니다.
p030-08	J'ai une bonne connaissance d'Illustrator. — 나는 Illustrator 운용에 능합니다.

● **avoir une bonne connaissance de ~** 는 '~에 대한 상당한 지식을 가지고 있다(능통하다)' 의 뜻입니다.
● **le diplôme** (학위), **de** (~의/~에 대한), **la science** (과학/학문), **la gestion** (경영/관리),
la maintenance (유지), **le support** (지원), **la informatique** (정보과학),
la communication médiatique (미디어커뮤니케이션), **du** (**de + le** : 정관사축약),
le marketing (마케팅), **bonne** (좋은/상당한), **la connaissance** (지식/인지)

   Presenting the **core concepts** you need to **write** and **speak**. It focuses on the **core concepts** you need to **communicate**. *start speaking languages immediately using essential phrases.*

두 번째 섹션 : 핵심동사 패턴!

2nd Section 은 **프랑스어**의 양대 **핵심 동사**인,
être 동사와 **avoir** 동사의 패턴을 **정리**했습니다.
(영어의 **be** 동사와 **have** 동사)

P 030

---

 ❸ 기본패턴의 확장!

p030-09	J'ai des diplômes de marketing et de gestion.	나는 마케팅과 경영 분야 복수 학위가 있습니다.
p030-10	J'ai une très bonne connaissance d'Illustrator.	나는 Illustrator 운용에 매우 능합니다.

- 복수전공은 **des diplômes** (학위들)로 말하면 되고, **et** (그리고)로 연결합니다.
- **très** (매우)

---

 ❹ 기본패턴의 응용!

p030-11	A) Quel diplôme avez-vous?	당신은 무슨 학위를 가지고 있습니까?
p030-12	B) J'ai un diplôme de communication médiatique.	나는 미디어커뮤니케이션 분야 학위가 있습니다.

- -

p030-13	A) Avez-vous des connaissances en Photoshop?	당신은 Photoshop 을 사용할 줄 압니까?
p030-14	B) J'ai une bonne connaissance de Photoshop.	나는 Photoshop 운용에 능합니다.

- **quel** (어떤 : 의문형용사)는 다음에 오는 명사에 따라 어미변화를 합니다.
  (**quel** (남성단수), **quels** (남성복수), **quelle** (여성단수), **quelles** (여성복수))
- **avoir des connaissances en ~** 은 '~분야에 지식이 있다'입니다.
- **des** (어떤 : 부정관사), **en** (~에/~의 분야에)

- The focus is on **conversation** and **communication**.
- Start **speaking languages** immediately using **essential phrases**.

Learn foreign language!
French

Part 2. It's a completely new way to learn foreign language! | **Pattern 031**

J'ai ~. [줴 ~.]
나는 ~를 가지고 있습니다. (경험)

● The **basics** of **grammar** and **sentence construction**!

🎯 ❶ 기본패턴의 핵심!

❶ **avoir** (가지다/소유하다)는 목적어를 필요로 하는 타동사입니다. (영어의 **have**)
❷ **avoir** 동사의 활용법은 부록부 문법 요약부를 참고하십시오.
(**J'ai, Tu as, Il/Elle a, Nous avons, Vous avez, Ils/Elles ont** 등입니다.)
❸ **J'ai** + 명사. (나는 ~를 가지고 있습니다.)로 다양한 '나의 경험/능력'을 말할 수 있습니다.

❷ 기본패턴의 연습!

● The most useful **phrases** and **expressions**!

p031-01	▶	**J'ai beaucoup d'expérience avec Java.**	나는 Java 운용에 많은 경험이 있습니다.
p031-02	▶	**J'ai beaucoup d'expérience avec le HTML.**	나는 HTML 운용에 많은 경험이 있습니다.
p031-03	▶	**J'ai beaucoup d'expérience avec le CSS.**	나는 CSS 운용에 많은 경험이 있습니다.
p031-04	▶	**J'ai beaucoup d'expérience avec le SQL.**	나는 SQL 운용에 많은 경험이 있습니다.
p031-05	▶	**J'ai beaucoup d'expérience dans l'étude de marché.**	나는 시장조사에 많은 경험이 있습니다.
p031-06	▶	**J'ai beaucoup d'expérience dans le domaine de la comptabilité.**	나는 회계 분야에 많은 경험이 있습니다.
p031-07	▶	**J'ai beaucoup d'expérience dans le domaine de la gestion financière.**	나는 재정관리 분야에 많은 경험이 있습니다.
p031-08	▶	**J'ai beaucoup d'expérience dans le domaine du développement logiciel.**	나는 소프트웨어개발 분야에 많은 경험이 있습니다.

● **beaucoup de** + 무관사 명사는 '많은/ 다량의'입니다.
● **dans le domaine de ~** 는 '~ 의 분야에서'의 의미입니다.
● **beaucoup de ~** (많은/다량의), **l'expérience** (경험), **avec** (~와 함께/~의 조건에서), **dans** (~안에),
l'étude (연구/조사), **de** (~의), **le marché** (시장), **le domaine** (분야), **la comptabilité** (회계),
la gestion (경영/관리), **financière** (재정의), **du** (de + le : 정관사축약),
le développement (개발/발전), **le logiciel** (소프트웨어)

Presenting the **core concepts** you need to **write** and **speak**. It focuses on the **core concepts** you need to **communicate**. *start speaking languages immediately using essential phrases.*

두 번째 섹션 : 핵심동사 패턴!

2nd Section 은 **프랑스어**의 양대 **핵심 동사**인,
être 동사와 **avoir** 동사의 패턴을 **정리**했습니다.
(영어의 **be** 동사와 **have** 동사)

P
031

 ❸ 기본패턴의 확장!

 p031-09 ○ **Je n'ai pas d'expérience en gestion de la clientèle.** 나는 고객관리에 관한 경험이 없습니다.

 p031-10 ○ **J'ai peu d'expérience dans ce domaine.**   나는 이 분야에 대한 경험이 적습니다.

- **peu de** + 무관사명사는 '조금/적게'의 뜻입니다.
- **en** (~에/~의 분야에), **de** (~의), **la clientèle** (고객), **peu** (조금/적게), **ce** (이/그/저 : 지시형용사)

 ❹ 기본패턴의 응용!

 p031-11 A) **Dans quel domaine avez-vous le plus d'expérience?** 당신은 어떤 분야에 가장 경험이 많습니까?

p031-12 B) **J'ai beaucoup d'expérience dans le domaine du contrôle.** 나는 제어 분야에 많은 경험이 있습니다.

- -

p031-13 A) **Avez-vous de l'expérience avec C#?**   당신은 C# 운용에 경험이 있습니까?

p031-14 B) **J'ai beaucoup d'expérience avec C#.**   나는 C# 운용에 많은 경험이 있습니다.

- **quel** (어떤 : 의문형용사)는 다음에 오는 명사에 따라 어미변화를 합니다.
(**quel** (남성단수), **quels** (남성복수), **quelle** (여성단수), **quelles** (여성복수))
- **le plus** (가장), **le contrôle** (제어)

The focus is on **conversation** and **communication**.

Start speaking languages immediately using **essential phrases**.

Learn foreign language!
French

Part 2. It's a completely new way to learn foreign language! | **Pattern 032**

Je n'ai pas ~. [즈 네 빠 ~.]
나는 ~를 가지고 있지 않습니다. (무소유)

 ❶ 기본패턴의 핵심!

❶ **avoir** (가지다/소유하다)는 목적어를 필요로 하는 타동사입니다. (영어의 **have**)
❷ **avoir** 동사의 활용법은 부록부 문법 요약부를 참고하십시오.
(**J'ai, Tu as, Il/Elle a, Nous avons, Vous avez, Ils/Elles ont** 등입니다.)
❸ **Je n'ai pas** + 명사. (나는 ~를 가지고 있지 않습니다.)로 '무소유'를 표현할 수 있습니다.

 ❷ 기본패턴의 연습!

p032-01	Je n'ai pas de chance.	나는 운이 없습니다.
p032-02	Je n'ai pas de monnaie.	나는 잔돈이 없습니다.
p032-03	Je n'ai pas de patience.	나는 참을성이 없습니다.
p032-04	Je n'ai pas de crainte.	나는 두려움이 없습니다.
p032-05	Je n'ai pas d'argent.	나는 돈이 없습니다.
p032-06	Je n'ai pas d'appétit.	나는 식욕이 없습니다.
p032-07	Je n'ai pas d'idée.	나는 아이디어가 없습니다.
p032-08	Je n'ai pas le temps.	나는 시간이 없습니다.

● 부정문에서 직접목적보어 앞에 붙는 부정관사(**un/une/des**)와 부분관사(**du/de la**)는 모두 **de** 로변합니다. 단, 정관사(**le/la/les**)는 변하지 않습니다.
● **de** 이후에 모음이나 무성 **h** 가 오면 축약이 일어납니다. (**d'argent** (돈), **d'appétit** (식욕) 등)
● **la chance** (행운), **la monnaie** (잔돈/동전), **la patience** (인내/참을성), **la crainte** (공포), **l'argent** (돈), **l'appétit** (식욕), **l'idée** (아이디어), **le temps** (시간)

두 번째 섹션 : 핵심동사 패턴!

2nd Section 은 **프랑스어**의 양대 **핵심 동사**인,
être 동사와 **avoir** 동사의 패턴을 **정리**했습니다.
(영어의 **be** 동사와 **have** 동사)

P
032

 ❸ 기본패턴의 확장!

  Je n'ai pas le temps de prendre mon déjeuner. 나는 나의 점심을 먹을 시간이 없습니다.

  Je n'ai pas d'argent sur moi. 나는 지금 가진 돈이 없습니다.

- **Je n'ai pas le temps de** + 동사원형.은 '나는 ~할 시간이 없다.'입니다.
- '식사하다'는 **prendre mon déjeuner** 처럼 소유형용사를 붙여 말합니다.
- **sur moi** 는 '지금 현재 나에게' 라는 관용적 표현입니다.
- **de** (~을 위한), **prendre** (잡다/먹다/마시다), **mon** (나의), **le déjeuner** (점심식사),
sur (~위에), **moi** (나 : 강세형 인칭대명사)

 ❹ 기본패턴의 응용!

A) **Voulez-vous quelque chose à manger?** 뭐 좀 드시겠습니까?

B) **Je n'ai pas d'appétit.** 나는 식욕이 없습니다.

A) **Avez-vous de la monnaie?** 당신은 잔돈을 가지고 있습니까?

B) **Je n'ai pas d'argent sur moi.** 나는 지금 가진 돈이 없습니다.

- **quelque chose à** + 동사원형은 '~할 어떤 것'입니다. (영어의 **something to ~**)
- **vouloir** (원하다), **quelque chose** (어떤 것), **à** (~해야 할), **manger** (먹다), **la monnaie** (잔돈)

Learn foreign language!
French

Avez-vous ~? [아베-부 ~?]
당신은 ~를 가지고 있습니까?

The **basics** of **grammar** and **sentence construction**!

❶ 기본패턴의 핵심!

❶ avoir (가지다/소유하다)는 목적어를 필요로 하는 타동사입니다. (영어의 **have**)
❷ avoir 동사의 활용법은 부록부 문법 요약부를 참고하십시오.
(J'ai, Tu as, Il/Elle a, Nous avons, Vous avez, Ils/Elles ont 등입니다.)
❸ **Avez-vous** + 명사? (당신은 ~를 가지고 있습니까?)를 활용한 일상에서 가장 자주 사용하는 질문 8가지를 소개합니다.

❷ 기본패턴의 연습!

The most useful **phrases** and **expressions**!

p033-01	Avez-vous un rendez-vous?	당신은 약속이 있습니까?
p033-02	Avez-vous un autre modèle?	당신은 다른 모델(디자인)이 있습니까?
p033-03	Avez-vous le CD de Céline Dion?	당신은 셀린느 디옹 CD가 있습니까?
p033-04	Avez-vous de la monnaie?	당신은 잔돈을 가지고 있습니까?
p033-05	Avez-vous de l'expérience?	당신은 경험이 있습니까?
p033-06	Avez-vous du temps?	당신은 잠깐 시간이 있습니까?
p033-07	Avez-vous des questions?	당신은 질문들이 있습니까?
p033-08	Avez-vous des problèmes?	당신은 문제들이 있습니까?

● '가지고 있습니까?'는 우리말로 '있습니까?'로 해석할 때 더 자연스러울 수 있습니다.
● 주어와 동사가 도치되면 - 을 붙여 표시합니다.
● 부분관사를 붙인 **du temps** 을 쓰면 잠깐 짬을 낼 수 있는지를 묻는 표현이 됩니다.
● **le rendez-vous** (약속), **autre** (다른), **le modèle** (모델/디자인), **la monnaie** (잔돈),
l'expérience (경험), **du** (약간의 : 부분관사), **le temps** (시간), **des** (약간의 : 부정관사 복수),
la question (질문), **le problème** (문제)

두 번째 섹션 : 핵심동사 패턴!

2nd Section 은 **프랑스어**의 양대 **핵심 동사**인,
être 동사와 **avoir** 동사의 패턴을 **정리**했습니다.
(영어의 **be** 동사와 **have** 동사)

P
033

 ❸ 기본패턴의 확장!

| p033-09 | ○ **Vous avez l'heure?** | 당신은 시각을 가지고 있습니까? (몇 시입니까?) |

| p033-10 | ○ **Avez-vous des problèmes avec ça?** | 당신은 그것에 대해 문제들이 있습니까? |

- **l'heure** (시간/(시계의 시/시각)을 이용하면 시간을 묻는 표현이 됩니다.
- 짧은 문장은 평서문으로 끝을 올려 읽으면 의문문이 됩니다.
- **ça** 는 지시대명사 **cela** (이것/저것/그것)의 단축형으로 회화에서 많이 쓰입니다.
- **avec** (~와 함께), **ça** (이것/저것/그것 : 지시대명사)

 ❹ 기본패턴의 응용!

| p033-11 | A) **Vous avez l'heure?** | 몇 시입니까? |

| p033-12 | B) **Il est 8 heures.** | 8시입니다. |

- -

| p033-13 | A) **Avez-vous des problèmes avec ça?** | 당신은 그것에 대해 문제들이 있습니까? |

| p033-14 | B) **Oui, ça ne marche plus.** | 네, 그것이 더 이상 작동하지 않습니다. |

- **Il est ~ heure(s).** 는 '~시입니다.'이고, 이때 **il** 은 시간/날씨 등을 표현할 때 쓰는 비인칭 주어입니다.
- 부정부사 **pas** 위치에 **plus** 를 쓰면 **ne ~ plus** (더 이상 ~ 아니다)입니다.
- **être** (~이다), **huit** (8), **oui** (네), **marcher** (걷다/작동하다), **ne ~ plus** (더 이상 ~ 아니다)

*The focus is on **conversation** and **communication**.*

*Start **speaking** languages immediately using **essential** phrases.*

3rd
Section

pattern

French

3rd Section

Pattern French

세 번째 섹션 : 중요동사 패턴!

3rd Section 은 대표적인 **중요동사**를 테마별로 **정리**했습니다.
이번 섹션에서 가장 **중요한 점**은
프랑스어 동사는 인칭에 따라 **어미**가 **변화**한다는 것입니다.

3rd Section
중요동사 섹션 :

3rd Section 은 대표적인 중요동사를 테마별로 정리했습니다.
이번 섹션에서 가장 중요한 점은 프랑스어 동사는 인칭에 따라 어미가 변화한다는 것입니다.
(규칙동사와 불규칙동사에 대한 문법설명은 부록편을 참고하여 주십시오!)

사용빈도가 높은 베스트 동사 패턴을 우선적으로 정리하였습니다.
학습자 여러분께서는 먼저 필요한 동사부터 체크하고, 선별하여 학습하시면 됩니다.

Part 01. '행위'를 표현하는 동사 모음입니다!

❶ **aller** (가다), **venir** (오다), **partir** (떠나다),
voyager (여행하다), **habiter** (거주하다), **rester** (머물다)
❷ **faire** (하다), **travailler** (일하다), **jouer** (놀다),
donner (주다), **recevoir** (받다)

Part 02. '감각'을 표현하는 동사 모음입니다!

❶ **regarder** (보다), **écouter** (듣다), **manger** (먹다)
❷ **boire** (마시다), **sentir** (냄새 맡다)

Part 03. '학습'을 표현하는 동사 모음입니다!

❶ **lire** (읽다), **écrire** (쓰다), **apprendre** (배우다), **étudier** (공부하다)
❷ **dire** (이야기하다), **parler** (말하다), **expliquer** (설명하다),
savoir (알다), **enseigner** (가르치다), **comprendre** (이해하다)

Part 04. '계획'을 표현하는 동사 모음입니다!

❶ **préparer** (준비하다), **avoir besoin de ~** (필요하다),
chercher (찾다), **essayer** (시도하다)
❷ **recommander** (추천하다), **prendre** (취하다), **utiliser** (사용하다),
prévoir (~할 계획이다), **proposer** (제안하다), **accepter** (동의하다)

Part 05. '생각'을 표현하는 동사 모음입니다!

❶ **adorer** (좋아하다), **détester** (싫어하다),
espérer (희망하다), **promettre** (약속하다)
❷ **demander** (청하다), **souhaiter** (기원하다),
remercier (감사하다), **penser** (생각하다),
trouver (생각하다), **croire** (생각하다/믿다)

Learn foreign language!
French

Part 1.   It's a completely new way to learn foreign language! | **Pattern 034**

Je vais. [즈 베.]
나는 갑니다.

---

❶ 기본패턴의 핵심!

❶ **Je vais ~.** 는 '나는 ~ 갑니다.'입니다.
❷ **aller** (가다)는 규칙변화동사이며, 인칭변화형을 활용하여 다양한 주어의 문장을 만들 수 있습니다.
(**Je vais, Tu vas, Il/Elle va, Nous allons, Vous allez, Ils/Elles vont** 등입니다.)
❸ **aller** + 동사원형은 '동사하러 가다'와 '동사할 것이다'(근접미래)의 두 가지 뜻이 있습니다.
(**aller travailler** 일하러 가다/일할 것이다, **aller acheter** 사러 가다/살 것이다)

❷ 기본패턴의 연습!

p034-01	○	**Je vais**	**seul(e).**	나는 혼자서 갑니다.
p034-02	○	**Je vais**	**maintenant.**	나는 지금 갑니다.
p034-03	○	**Je vais**	**travailler.**	나는 일하러 갑니다. (일할 것입니다.)
p034-04	○	**Je vais**	**partir.**	나는 떠날 것입니다.
p034-05	○	**Je vais**	**essayer.**	나는 시도할 것입니다.
p034-06	○	**Je vais**	**à la maison.**	나는 집으로 갑니다.
p034-07	○	**Je vais**	**à Paris.**	나는 파리에 갑니다.
p034-08	○	**Je vais**	**à pied.**	나는 걸어서 갑니다.

● '~하러 가다'와 '~할 것이다' 를 동시에 의미할 수도 있습니다.
Je vais travailler. (나는 일하러 갑니다./나는 일할 것입니다.)
● **à pied** 는 '발로', 즉 '걸어서' 라는 의미입니다. 관사는 붙이지 않습니다.
● **seul(e)** (혼자서), **maintenant** (지금), **travailler** (일하다), **partir** (떠나다),
essayer (시도하다/시험하다), **à** (~에/~으로), **la maison** (집), **le pied** (발)

세 번째 섹션 : 중요동사 패턴!

3rd Section 은 대표적인 **중요동사**를 테마별로 **정리**했습니다.
이번 섹션에서 가장 **중요한 점**은
프랑스어 동사는 **인칭에 따라 어미**가 **변화**한다는 것입니다.

P 034

 ❸ 기본패턴의 확장!

| p034-09 | **Je vais au lit.** | 나는 침대로 갑니다. |
| p034-10 | **Je vais très bien.** | 나는 매우 잘 지냅니다. |

- **au** 는 전치사 **à** + 정관사 **le** 의 축약형입니다.
(**au marché** 시장으로, **au théâtre** 극장으로, **au cinéma** 영화관으로)
- **aller** 동사는 안부를 묻고 답할 때에도 사용합니다.
- **au** (~으로), **le lit** (침대), **très** (매우), **bien** (잘/만족스럽게)

 ❹ 기본패턴의 응용!

| p034-11 | **A) Où vas-tu?** | 너 어디 가니? |
| p034-12 | **B) Je vais au cinéma.** | 나는 영화관으로 가. |

- -

| p034-13 | **A) Comment allez-vous?** | 당신 어떻게 지내세요? (안녕하세요?) |
| p034-14 | **B) Je vais très bien, merci.** | 나는 매우 잘 지냅니다. 감사합니다. |

- 의문사가 앞에 오면 주어와 동사는 도치가 되고, 도치의 표시로 - 을 붙입니다.
- **Comment allez-vous?** 는 가장 보편적인 인사말입니다. 친한 사이에는 **Comment vas-tu?** 로 묻습니다.
- **où** (어디로), **tu** (너), **le cinéma** (영화관), **comment** (어떻게), **vous** (당신), **merci** (감사합니다)

- The focus is on **conversation** and **communication**.
- Start speaking languages immediately using **essential phrases**.

Learn foreign language!
French

Part 1. It's a completely new way to **learn foreign language!** | **Pattern 035**

Je viens. [즈 비엉.]
나는 옵니다.

Fre

 ❶ 기본패턴의 핵심!

❶ **Je viens ~**. 는 '나는 옵니다.'입니다. 청자의 입장에서는 '갑니다'로 해석하기도 합니다.
❷ **venir** (오다)는 불규칙변화동사이며, 인칭변화형을 활용하여 다양한 주어의 문장을 만들 수 있습니다.
(**Je viens, Tu viens, Il/Elle vient, Nous venons, Vous venez, Ils/Elles viennent** 등입니다.)
❸ **venir de ~** 는 '~ 출신이다/~에서 오다'이며, ~ 부분에 장소/나라/도시명을 넣으면 됩니다.

 ❷ 기본패턴의 연습!

p035-01	○ **Je viens** **aujourd'hui.**	나는 오늘 옵니다.
p035-02	○ **Je viens** **tout de suite.**	나는 곧 옵니다. (곧 가겠습니다.)
p035-03	○ **Je viens** **plus tard.**	나는 나중에 옵니다.
p035-04	○ **Je viens** **avec vous.**	나는 당신과 함께 옵니다.
p035-05	○ **Je viens** **de l'école.**	나는 학교에서 옵니다.
p035-06	○ **Je viens** **de Corée.**	나는 한국에서 왔습니다.
p035-07	○ **Je viens** **de Séoul.**	나는 서울에서 왔습니다.
p035-08	○ **Je ne viens pas.**	나는 오지 않습니다.

● **tout de suite** (즉시/곧), **plus tard** (나중에/후에)는 숙어 표현입니다.
● **venir de** + 나라/도시명으로 출신지를 말할 수 있습니다.
● 부정문은 동사 앞과 뒤에 각각 부정부사 **ne ~ pas** (~아니다)를 붙입니다.
● **aujourd'hui** (오늘), **tout** (매우/아주), **la suite** (연속), **plus** (더), **tard** (늦은), **avec** (~와 함께), **vous** (당신), **l'école** (학교), **de** (~로부터), **la Corée** (한국), **ne ~ pas** (~아니다)

세 번째 섹션 : 중요동사 패턴!

3rd Section 은 대표적인 **중요동사**를 테마별로 **정리**했습니다.
이번 섹션에서 가장 **중요한 점**은
프랑스어 동사는 **인칭에 따라 어미**가 **변화**한다는 것입니다.

P 035

 ❸ 기본패턴의 확장!

 p035-09 **Je viens du Canada.**　　　　　　　　나는 캐나다에서 왔습니다.

p035-10 **Je viens de sortir.**　　　　　　　　나는 (방금) 나왔습니다. (나는 방금 외출했습니다.)

- 프랑스어의 국가명은 성 구별을 합니다. 보통 **-e** 로 끝나는 국가는 여성, 그 외에는 남성입니다.
- **du** 는 전치사 **de** + 정관사 **le** 의 축약형입니다.
(**du Japon** 일본에서, **du bureau** 사무실에서, **du cinéma** 영화관에서)
- **venir de** + 동사원형은 '방금 전에 완료된 일'에 대한 표현입니다. (근접과거)
- **le Canada** (캐나다), **sortir** (나가다/외출하다)

 ❹ 기본패턴의 응용!

 p035-11 **A) D'où venez-vous?**　　　　　　　　당신은 어디에서 왔습니까?

p035-12 **B) Je viens de Corée.**　　　　　　　　나는 한국에서 왔습니다.

- -

p035-13 **A) Où es-tu?**　　　　　　　　너 어디 있니?

p035-14 **B) Je viens de sortir.**　　　　　　　　나는 (방금) 나왔어. (나는 방금 외출했어.)

- **d'où** 는 **de** (~로부터) + **où** (어디)가 축약된 형태입니다.
- 의문사가 앞에 오면 주어와 동사는 도치가 되고, 도치의 표시로 - 을 붙입니다.
- **d'où** (어디로부터), **vous** (당신), **où** (어디), **tu** (너)

Learn foreign language!
French

Part 1. It's a completely new way to **learn foreign language!** | **Pattern 036**

Je pars. [즈 빠흐]
나는 떠납니다.

The basics of grammar and sentence construction!

🎯 **① 기본패턴의 핵심!**

❶ **Je pars ~.** 는 '나는 ~ 떠납니다.'입니다.
❷ **partir** (떠나다/출발하다)는 불규칙변화동사이며,
인칭변화형을 활용하여 다양한 주어의 문장을 만들 수 있습니다.
(**Je pars, Tu pars, Il/Elle part, Nous partons, Vous partez, Ils/Elles partent** 등입니다.)
❸ **partir pour** + 지명은 '~를 향해 떠나다'이고, **partir pour** + 동사원형은 '~를 하기 위해 떠나다'입니다.

 ② 기본패턴의 연습!

The most useful phrases and expressions!

▶ p036-01	○	Je pars	demain.	나는 내일 떠납니다.
▶ p036-02	○	Je pars	à 8 heures.	나는 8시에 떠납니다.
▶ p036-03	○	Je pars	pour Paris.	나는 파리로 떠납니다.
▶ p036-04	○	Je pars	pour étudier.	나는 공부하기 위해 떠납니다.
▶ p036-05	○	Je pars	en train.	나는 기차를 타고 떠납니다.
▶ p036-06	○	Je pars	en avion.	나는 비행기를 타고 떠납니다.
▶ p036-07	○	Je pars	en vacances.	나는 휴가를 떠납니다.
▶ p036-08	○	Je pars	d'Incheon.	나는 인천에서 떠납니다.

● **en** + 교통수단으로 '~을 타다'를 표현할 수 있습니다. **en train** (버스로), **en avion** (비행기로)
● 전치사 **de** (~로부터)와 함께 출발지를 표현할 수 있습니다.
● **demain** (내일), **à** (~시에), **huit** (8), **l'heure** (시간), **pour** (~를 향해/~를 하기 위해),
étudier (공부하다), **en** (~에/으로), **le train** (기차), **l'avion** (비행기), **les vacances** (휴가), **de** (~로부터)

세 번째 섹션 : 중요동사 패턴!

3rd Section 은 **대표적**인 **중요동사**를 **테마별**로 **정리**했습니다.
이번 섹션에서 가장 **중요한 점**은
프랑스어 동사는 **인칭에 따라 어미**가 **변화**한다는 것입니다.

P
036

---

❸ 기본패턴의 확장!

| p036-09 | ⦿ **Je ne pars pas aujourd'hui.** | 나는 오늘 떠나지 않습니다. |

| p036-10 | ⦿ **Je pars en vacances pour une semaine.** | 나는 일주일간 휴가를 떠납니다. |

● 부정문은 동사의 앞과 뒤에 각각 부정부사 **ne ~ pas** (~아니다)를 감싸줍니다.
● **pour une semaine** (일주일 예정으로)의 전치사 **pour** 는 '~예정으로'로 기간을 나타냅니다.
● **ne ~ pas** (~아니다), **aujourd'hui** (오늘), **pour** (~예정으로 (기간)), **une** (어떤/하나의),
la semaine (주/1주간)

---

❹ 기본패턴의 응용!

| p036-11 | A) **Quand partez-vous?** | 당신은 언제 떠나십니까? |

| p036-12 | B) **Je pars demain.** | 나는 내일 떠납니다. |

- -

| p036-13 | A) **Pourquoi partez-vous?** | 당신은 왜 떠나십니까? |

| p036-14 | B) **Je pars pour étudier.** | 나는 공부를 하기 위해 떠납니다. |

● 의문사가 앞에 오면 주어와 동사는 도치가 되고, 도치의 표시로 - 을 붙입니다.
● **quand** (언제), **vous** (당신), **pourquoi** (왜)

● The focus is on **conversation** and **communication.**

● Start **speaking** languages immediately using **essential phrases.**

Learn foreign language!
French

Part 1.
It's a completely new way to learn foreign language!

| **Pattern 037**

Je voyage.
나는 여행합니다.
[즈 부아이야즈.]

🎯 ❶ 기본패턴의 핵심!

❶ **Je voyage ~.** 는 '나는 ~ 여행합니다/갑니다.'입니다.
❷ **voyager** (여행하다/여행가다)는 규칙변화동사입니다만,
1인칭 복수형(**nous**)에서 **-e** 가 추가되는 부분 변칙에 유의하십시오.
❸ **voyager** 동사의 인칭변화형을 활용하여 다양한 주어의 문장을 만들 수 있습니다.
(**Je voyage, Tu voyages, Il/Elle voyage, Nous voyageons, Vous voyagez, Ils/Elles voyagent** 등입니다.)
❹ **voyage en/au/à ~** 로 '~로 여행가다'(목적지/수단)을 나타낼 수 있습니다.

 ❷ 기본패턴의 연습!

p037-01	⬤ Je voyage souvent.	나는 자주 여행합니다.
p037-02	⬤ Je voyage seul(e).	나는 혼자서 여행합니다.
p037-03	⬤ Je voyage demain.	나는 내일 여행갑니다.
p037-04	⬤ Je voyage en France.	나는 프랑스로 여행갑니다.
p037-05	⬤ Je voyage au Japon.	나는 일본으로 여행갑니다.
p037-06	⬤ Je voyage à l'étranger.	나는 외국으로 여행갑니다.
p037-07	⬤ Je voyage en train.	나는 기차를 타고 여행갑니다.
p037-08	⬤ Je voyage en voiture.	나는 자동차를 타고 여행갑니다.

● 프랑스어의 국가명은 성 구별을 합니다. 보통 **-e** 로 끝나는 국가는 여성, 그 외에는 남성입니다.
여성국가명 앞에는 **en** 을 남성 국가명 앞에는 **au** 를 붙입니다. **en France** (프랑스로), **au Japon** (일본으로)
● **en** + 교통수단은 '~을 타다'입니다. (**en bus** (버스로), **en avion** (비행기로))
● **souvent** (자주), **seul(e)** (혼자서), **demain** (내일), **en** (~로/에서), **la France** (프랑스), **au** (~로/에서),
à (~에), **le Japon** (일본), **l'étranger** (외국), **le train** (기차), **la voiture** (자동차)

세 번째 섹션 : 중요동사 패턴!

3rd Section 은 **대표적**인 **중요동사**를 **테마별**로 **정리**했습니다.
이번 섹션에서 가장 **중요한 점**은
프랑스어 동사는 **인칭에 따라** 어미가 **변화**한다는 것입니다.

P 037

 ❸ 기본패턴의 확장!

 Je voyage sac à dos. 나는 배낭 여행을 합니다.

 Je voyage avec mon ami(e). 나는 나의 (여자) 친구와 함께 여행합니다.

- **le sac à dos** (배낭)은 **le sac** (가방/배낭) + **à** (~에) + **le dos** (등)의 합성어입니다.
- **voyager sac à dos** (배낭 여행을 하다)에 관사는 붙이지 않습니다.
- 소유형용사는 명사의 성수에 따라 변화합니다. **mon** (나의 : 남성) / **ma** (여성) / **mes** (남/녀 복수)
- **le sac à dos** (배낭), **avec** (~와 함께), **mon** (나의), **l'ami(e)** (친구(여자친구))

  ❹ 기본패턴의 응용!

 A) **Où allez-vous la semaine prochaine?** 당신은 다음 주에 어디로 갑니까?

B) **Je voyage en France.** 나는 프랑스로 여행갑니다.

A) **Vous voyagez seul(e)?** 당신은 혼자서 여행합니까?

B) **Je voyage avec mon ami(e).** 나는 나의 (여자) 친구와 함께 여행합니다.

- 의문부사 **où** (어디로)가 문장 앞에 오면 주어와 동사는 도치가 되고, 도치의 표시로 - 을 붙입니다.
  (다양한 의문사 표현은 의문사 파트를 참고하세요.)
- **aller** (가다), **la semaine** (주/주간), **prochaine** (다음의)

Learn foreign language!
French

Part 1. It's a completely new way to **learn foreign language!** | **Pattern 038**

J'habite. [자비뜨]
나는 거주합니다.

The basics of grammar and sentence construction!

 ❶ 기본패턴의 핵심!

❶ **J'habite ~.** 는 '나는 ~ 거주합니다.'입니다.
❷ **habiter** (거주하다)는 규칙변화동사이며,
인칭변화형을 활용하여 다양한 주어의 문장을 만들 수 있습니다.
(**J'habite, Tu habites, Il/Elle habite, Nous habitons, Vous habitez, Ils/Elles habitent** 등입니다.)
❸ **habiter à / dans / en ~** 등으로 뒤에 오는 장소들에 따라 '~에 살다'를 표현할 수 있습니다.

 ❷ 기본패턴의 연습!

The most useful phrases and expressions!

p038-01	○ **J'habite** ici.	나는 여기에 거주합니다.
p038-02	○ **J'habite** seul(e).	나는 혼자 거주합니다.
p038-03	○ **J'habite** à Paris.	나는 파리에 거주합니다.
p038-04	○ **J'habite** près d'ici.	나는 여기 근처에 거주합니다.
p038-05	○ **J'habite** dans un appartement.	나는 아파트에 거주합니다.
p038-06	○ **J'habite** en ville.	나는 도시에 거주합니다.
p038-07	○ **J'habite** à la campagne.	나는 시골에 거주합니다.
p038-08	○ **J'habite** chez Madame Dubois.	나는 뒤부아 부인 댁에 거주합니다.

● **près de ~** (~로부터 가까이에), **loin de ~** (~로부터 멀리)입니다.
● 전치사 **chez** + 사람은 '그 사람의 집'을 의미합니다.
● **ici** (여기), **seul(e)** (혼자), **à** (~에), **près** (가까이), **de** (~로부터), **dans** (~ 안에), **un** (어떤/하나의),
l'appartement (아파트), **en** (~에), **la ville** (도시), **la campagne** (시골), **chez** (~의 집에),
la madame (부인)

세 번째 섹션 : 중요동사 패턴!

3rd Section 은 **대표적**인 **중요동사**를 **테마별**로 **정리**했습니다.
이번 섹션에서 가장 **중요한 점**은
프랑스어 동사는 인칭에 따라 어미가 **변화**한다는 것입니다.

P 038

 ❸ 기본패턴의 확장!

p038-09 ○ **J'habite ici depuis 3 ans.** 나는 3년 전부터 여기에 거주합니다.

p038-10 ○ **J'habite en banlieue de Séoul avec mon mari.** 나는 남편과 서울 근교에 거주합니다.

- **depuis** (~이래로)를 이용하여 거주 기간을 표현할 수 있습니다. (영어의 **since**)
- 소유형용사는 명사의 성수에 따라 변화합니다. **mon** (나의 : 남성) / **ma** (여성) / **mes** (남/녀 복수)
- **depuis** (~이래로), **trois** (3), **l'an** (해/년), **la banlieue** (근교/교외), **de** (~의), **avec** (~와 함께), **ma** (나의), **le mari** (남편), **la femme** (여자/아내)

 ❹ 기본패턴의 응용!

p038-11 **A) Où habitez-vous?** 당신은 어디에 살고 있습니까?

p038-12 **B) J'habite chez Madame Dubois.** 나는 뒤부아 부인 댁에 거주합니다.

p038-13 **A) Vous habitez avec quelqu'un?** 당신은 어떤 사람과 함께 거주합니까?

p038-14 **B) Non, j'habite seul(e).** 아니오, 나는 혼자 거주합니다.

- 의문사가 문장 앞에 오면 주어와 동사는 도치가 되고, 도치의 표시로 - 을 붙입니다.
- **où** (어디), **quelqu'un** (어떤 사람/누군가), **non** (아니오)

The focus is on conversation and communication.

Start speaking languages immediately using essential phrases.

Learn foreign language!
French

Part 1. *It's a completely new way to learn foreign language!* | **Pattern 039**

Je reste. [즈 헤스뜨]
나는 머뭅니다.

Fre

❶ 기본패턴의 핵심!

❶ **Je reste ~.** 는 '나는 ~ 머뭅니다.'입니다.
❷ **rester** (머물다)는 규칙변화동사이며, 인칭변화형을 활용하여 다양한 주어의 문장을 만들 수 있습니다.
(**Je reste, Tu restes, Il/Elle reste, Nous restons, Vous restez, Ils/Elles restent** 등입니다.)
❸ **rester à ~** (~에 머물다), **rester chez ~** (~집에 머물다),
rester jusqu'à ~ (~까지 머물다) 등이 대표적인 숙어표현입니다.

❷ 기본패턴의 연습!

p039-01	○ **Je reste** ici.	나는 여기에 머뭅니다.
p039-02	○ **Je reste** à Dijon.	나는 디종에 머뭅니다.
p039-03	○ **Je reste** chez moi.	나는 내 집에 머뭅니다. (집에 있습니다.)
p039-04	○ **Je reste** une semaine.	나는 일주일간 머뭅니다.
p039-05	○ **Je reste** quelque temps.	나는 한동안 머뭅니다.
p039-06	○ **Je reste** jusqu'à demain.	나는 내일까지 머뭅니다.
p039-07	○ **Je reste** debout.	나는 계속 서있습니다.
p039-08	○ **Je reste** célibataire.	나는 (여전히) 독신에 머뭅니다. (독신입니다.)

● **chez** + 사람은 '그 사람의 집'을 말합니다. 인칭대명사가 올 경우 강세형을 사용합니다.
(강세형 인칭대명사는 **moi, toi, lui, elle, nous, vous, eux, elles** 등입니다.)
● **Je reste debout.** (나는 계속 서있습니다.) 그 상태에 계속 머물러 있다는 의미로도 사용합니다.
● **ici** (여기), **à** (~에), **chez** (~집에), **moi** (나 : 강세형), **une** (어떤/하나의),
la semaine (주/주간), **quelque** (약간의), **le temps** (시간), **jusqu'à ~** (~까지),
demain (내일), **debout** (서있는), **célibataire** (독신의)

세 번째 섹션 : 중요동사 패턴!

3rd Section 은 대표적인 **중요동사**를 **테마별**로 **정리**했습니다.
이번 섹션에서 가장 **중요한 점**은
프랑스어 동사는 인칭에 따라 어미가 **변화**한다는 것입니다.

P 039

---

 ❸ **기본패턴의 확장!**

| ▶ p039-09 | ○ **Je ne reste plus.** | 나는 더 이상 머물지 않습니다. |
| ▶ p039-10 | ○ **Je reste encore un ou deux jours.** | 나는 하루, 이틀 더 머뭅니다. |

- **ne ~ plus** 는 '더 이상 ~아니다'입니다.
- **ne ~ plus** (더 이상 ~아니다), **encore** (더/게다가), **un** (1), **ou** (또는), **deux** (2), **le jour** (날/일)

---

 ❹ **기본패턴의 응용!**

| ▶ p039-11 | A) **Combien de temps restez-vous à Paris?** | 당신은 파리에 얼마나 머뭅니까? |
| ▶ p039-12 | B) **Je reste encore un ou deux jours.** | 나는 하루, 이틀 더 머뭅니다. |

- -

| ▶ p039-13 | A) **Pourquoi restes-tu à la maison?** | 너는 왜 집에 머물고 있니? |
| ▶ p039-14 | B) **Je reste chez moi parce qu'il pleut.** | 비가 오기 때문에 나는 집에 있어. |

- **combien de temps ~?** 은 '얼마동안 ~?'입니다.
- 의문사가 문장 앞에 오면 주어와 동사는 도치되고 - 표시를 합니다. **Pourquoi restes-tu à la maison?**
- **Il pleut.** (비가 오다.) **il** 은 기후/날씨/시간 등을 뜻하는 '비인칭주어'입니다.
- **combien** (얼마나), **le temps** (시간), **vous** (당신), **tu** (너), **pourquoi** (왜), **la maison** (집), **parce que** (왜냐하면 ~이기 때문에), **pleuvoir** (비가 오다)

Learn foreign language!
French

Part 1. It's a completely new way to learn foreign language! | **Pattern 040**

Je fais. [즈 페.]
나는 만듭니다/합니다.

Fre

---

 ❶ 기본패턴의 핵심!

❶ **Je fais ~.** 는 '나는 ~ 만듭니다/합니다.'입니다.
❷ **faire** (만들다/하다)는 불규칙변화동사이며,
인칭변화형을 활용하여 다양한 주어의 문장을 만들 수 있습니다.
(**Je fais, Tu fais, Il/Elle fait, Nous faisons, Vous faites, Ils/Elles font** 등입니다.)

❷ 기본패턴의 연습!

p040-01	**Je fais**	**le café.**	나는 커피를 만듭니다.
p040-02	**Je fais**	**des crêpes.**	나는 크레프들을 만듭니다.
p040-03	**Je fais**	**une pause.**	나는 휴식을 만듭니다. (쉽니다.)
p040-04	**Je fais**	**fortune.**	나는 재산을 만듭니다. (돈을 법니다.)
p040-05	**Je fais**	**une erreur.**	나는 실수를 합니다.
p040-06	**Je fais**	**du yoga.**	나는 요가를 합니다.
p040-07	**Je fais**	**tout.**	나는 모든 것을 합니다.
p040-08	**Je fais**	**rien.**	나는 아무것도 하지 않습니다.

● **faire de** + 운동/악기는 '운동하다/악기를 연주하다'입니다. 비슷한 표현으로는
jouer (놀다) **à** + 운동/악기/게임/놀이가 있습니다. (**jouer** (놀다)를 다룬 패턴 042를 참고하십시오.)
● 전치사 **de** 는 정관사 **le/les** 와 만나면 각각 **du/des** 로 축약합니다. (**de + le = du / de + les = des**)
● **le café** (커피), **des** (어떤/약간의), **la crêpe** (크레프), **la pause** (휴식), **la fortune** (재산),
une (어떤/하나의), **l'erreur** (실수/결점), **le yoga** (요가), **tout** (모든 것), **rien** (아무것도 (아니다))

P 040

세 번째 섹션 : 중요동사 패턴!

3rd Section 은 대표적인 **중요동사**를 **테마별**로 **정리**했습니다.
이번 섹션에서 가장 **중요한 점**은
프랑스어 동사는 **인칭**에 따라 **어미**가 **변화**한다는 것입니다.

---

 ❸ 기본패턴의 확장!

| p040-09 | Je fais une proposition. | 나는 제안 하나를 합니다. |
| p040-10 | Je fais les courses. | 나는 장을 봅니다. |

- **faire les courses** (장을 보다)는 숙어 표현입니다.
- **la proposition** (제안), **les courses** (구입/쇼핑)

---

 ❹ 기본패턴의 응용!

| p040-11 | A) Qu'est-ce que vous faites maintenant? | 당신은 지금 무엇을 합니까? |
| p040-12 | B) Je fais des crêpes. | 나는 크레프들을 만듭니다. |

- -

| p040-13 | A) Quel sport pratiquez-vous? | 당신은 어떤 운동을 합니까? |
| p040-14 | B) Je fais du yoga. | 나는 요가를 합니다. |

- **quel** (어떤 : 의문형용사)는 다음에 오는 명사에 따라 어미변화를 합니다.
(**quel** (남성단수), **quels** (남성복수), **quelle** (여성단수), **quelles** (여성복수))
- **qu'est-ce que** (무엇), **vous** (당신), **maintenant** (지금), **quel** (어떤), **le sport** (운동/스포츠),
pratiquer (실행하다/실천하다)

● The focus is on **conversation** and **communication**.

● Start **speaking languages** immediately using **essential phrases**.

Learn foreign language!
French

Part 1. It's a completely new way to learn foreign language! | **Pattern 041**

Je travaille. [즈 트하바이으]
나는 일합니다.

Fre

---

❶ 기본패턴의 핵심!

❶ **Je travaille ~.** 는 '나는 ~ 일합니다/공부합니다.'입니다.
❷ **travailler** (일하다/하다/공부하다)는 다양한 의미의 동사입니다.
자신이 학생이라면 **Je travaille à la maison.** 는 '나는 집에서 공부합니다.'가 됩니다.
❸ **travailler** 동사는 규칙변화동사이며, 인칭변화형을 활용하여 다양한 주어의 문장을 만들 수 있습니다.
(**Je travaille, Tu travailles, Il/Elle travaille, Nous travaillons, Vous travaillez, Ils/Elles travaillent**)

❷ 기본패턴의 연습!

p041-01	Je travaille	dur.	나는 열심히 일합니다.
p041-02	Je travaille	à la maison.	나는 집에서 일합니다.
p041-03	Je travaille	à plein-temps.	나는 전일제로 근무합니다.
p041-04	Je travaille	à mi-temps.	나는 반일제로 근무합니다.
p041-05	Je travaille	dans un magasin.	나는 상점에서 일합니다.
p041-06	Je travaille	à l'école.	나는 학교에 근무합니다.
p041-07	Je travaille	au musée.	나는 박물관에서 일합니다.
p041-08	Je travaille	chez Air France.	나는 에어 프랑스에 근무합니다.

● '~에서 일하다/근무하다'에는 다양한 전치사가 사용될 수 있습니다.
(**dans un magasin** 상점에서, **à l'école** 학교에서, **chez ~** 는 회사에서일 때 사용합니다.)
● 전치사 **à** 는 정관사 **le/les** 와 만나면 각각 **au/aux** 로 축약합니다. (**à + le = au** / **à + les = aux**)
● **dur** (열심히), **à** (~에), **la maison** (집), **à plein-temps** (하루 종일), **à mi-temps** (반나절),
dans (~안에), **un** (하나의), **le magasin** (상점/가게), **l'école** (학교), **le musée** (박물관), **chez** (~ 회사에)

Presenting the **core concepts** you need to **write** and **speak**. *Start speaking languages immediately using essential phrases.*
It focuses on the **core concepts** you need to **communicate**.

세 번째 섹션 : 중요동사 패턴!

3rd Section 은 **대표적**인 **중요동사**를 **테마별**로 **정리**했습니다.
이번 섹션에서 가장 **중요한 점**은
프랑스어 동사는 인칭에 따라 어미가 **변화**한다는 것입니다.

P 041

 ❸ 기본패턴의 확장!

| p041-09 | | Je travaille de 9 heures à 17 heures. | 나는 9시부터 17시까지 일합니다. |

| p041-10 | | Je travaille pour ma famille. | 나는 가족을 위해 일합니다. |

- 전치사 **de ~ à** 는 '~로부터 ~까지'입니다. (영어의 **from ~ to**)
- 소유형용사는 명사의 성수에 따라 변화합니다. **mon** (나의 : 남성) / **ma** (여성) / **mes** (남/녀 복수)
- **de** (~로부터), **neuf** (9), **l'heure** (시간), **à** (~까지), **dix-sept** (17), **pour** (~를 위해), **ma** (나의), **la famille** (가족/가정)

 ❹ 기본패턴의 응용!

| p041-11 | A) Où travaillez-vous? | 당신은 어디에서 일합니까? |
| p041-12 | B) Je travaille à Séoul mais j'habite à Ilsan. | 나는 서울에서 일하지만, 일산에서 삽니다. |

| p041-13 | A) Pourquoi travailles-tu trop? | 너는 왜 많이 일하니? |
| p041-14 | B) Je travaille pour ma famille. | 나는 가족을 위해 일합니다. |

- 의문사가 앞에 오면 주어와 동사는 도치가 되고, 도치의 표시로 - 을 붙입니다.
- **où** (어디), **vous** (당신), **mais** (그러나), **habiter** (거주하다), **pourquoi** (왜), **tu** (너), **trop** (지나치게/과도하게)

The focus is on **conversation** and **communication**. · Start **speaking languages** immediately using **essential phrases**.

Learn foreign language!
French

Je joue. [즈주.]
나는 놉니다/합니다.

❶ 기본패턴의 핵심!

❶ **Je joue ~.** 는 '나는 ~ 놉니다/합니다.'입니다.
❷ **jouer** 은 (놀다/하다/경기하다/연주하다) 등 다양한 의미로 사용됩니다.
❸ **jouer** 동사는 규칙변화동사이며, 인칭변화형을 활용하여 다양한 주어의 문장을 만들 수 있습니다.
(**Je joue, Tu joues, Il/Elle joue, Nous jouons, Vous jouez, Ils/Elles jouent** 등입니다.)
❹ **jouer à** + 운동/놀이 (운동/놀이를 하다), **jouer de** + 악기 (악기를 연주하다)입니다.

❷ 기본패턴의 연습!

p042-01	**Je joue**	**au football.**	나는 축구를 합니다.
p042-02	**Je joue**	**à la console.**	나는 콘솔게임을 합니다.
p042-03	**Je joue**	**du piano.**	나는 피아노를 연주합니다.
p042-04	**Je joue**	**de la guitare.**	나는 기타를 연주합니다.
p042-05	**Je joue**	**aux jeux vidéo.**	나는 컴퓨터 게임들을 합니다.
p042-06	**Je joue**	**aux jeux mobile.**	나는 핸드폰 게임들을 합니다.
p042-07	**Je joue**	**aux cartes.**	나는 카드 게임들을 합니다.
p042-08	**Je joue**	**franc-jeu.**	나는 페어 플레이합니다.

● 전치사 **à** 는 정관사 **le/les** 와 만나면 각각 **au/aux** 로 축약합니다. (**à + le = au / à + les = aux**)
● 전치사 **de** 는 정관사 **le/les** 와 만나면 각각 **du/des** 로 축약합니다. (**de + le = du / de + les = des**)
● **le football** (축구), **la console** (콘솔게임), **le piano** (피아노), **la guitare** (기타), **le(s) jeu(x)** (놀이(들)),
vidéo (비디오의/영상의), **de** (~의), **mobile** (핸드폰의/이동하는), **la carte** (카드),
le franc-jeu (페어 플레이)

The basics of grammar and sentence construction!

The most useful phrases and expressions!

세 번째 섹션 : 중요동사 패턴!

3rd Section 은 **대표적**인 **중요동사**를 **테마별**로 **정리**했습니다.
이번 섹션에서 가장 **중요한 점**은
프랑스어 동사는 인칭에 따라 어미가 **변화**한다는 것입니다.

P 042

 ❸ 기본패턴의 확장!

p042-09 ○ **Je joue du violon pendant mon temps libre.** 나는 나의 여가 시간 동안에 바이올린을 연주합니다.

p042-10 ○ **Je joue un rôle important dans mon équipe.** 나는 나의 팀에서 중요한 역할을 합니다.

● 전치사 **pendant** + 명사는 '~동안' 입니다.
● **jouer un rôle** 는 '어떤 역할을 하다'입니다.
● 소유형용사는 명사의 성수에 따라 변화합니다. **mon** (나의 : 남성) / **ma** (여성) / **mes** (남/녀 복수)
● **le violon** (바이올린), **pendant** (~동안), **mon** (나의), **le temps** (시간), **libre** (한가한/자유로운),
un (어떤/하나의), **le rôle** (역할), **important** (중요한), **dans** (~안에), **l'équipe** (팀/조)

 ❹ 기본패턴의 응용!

p042-11 **A) Vous jouez franc-jeu?** 당신은 공정하게 경기합니까?

p042-12 **B) Oui, bien sûr, je joue franc-jeu.** 네, 물론입니다. 나는 페어 플레이합니다.

- -

p042-13 **A) Vous jouez d'un instrument?** 당신은 악기를 연주합니까?

p042-14 **B) Je joue du violon pendant mon temps libre.** 나는 나의 여가 시간 동안에 바이올린을 연주합니다.

● **bien** (매우/무척)과 **sûr** (확실한/틀림없는)을 함께 써서 '물론이다/틀림없다'입니다.
● **vous** (당신), **oui** (네), **bien** (매우/무척), **sûr** (확실한/틀림없는), **un** (어떤/하나의),
l'instrument (악기/도구)

Learn foreign language!
French

Je donne. [즈 돈느.]
나는 줍니다.

Fre

 ❶ 기본패턴의 핵심!

❶ **Je donne ~.** 는 '나는 ~ 줍니다.'입니다.
❷ **donner** 은 대표적인 '수여동사'입니다. (~에게 ~을 주다)
❸ **donner** (주다)는 규칙변화동사이며, 인칭변화형을 활용하여 다양한 주어의 문장을 만들 수 있습니다.
(**Je donne, Tu donnes, Il/Elle donne, Nous donnons, Vous donnez, Ils/Elles donnent** 등입니다.)

 ❷ 기본패턴의 연습!

p043-01	○	**Je donne** un cadeau.	나는 선물을 줍니다.
p043-02	○	**Je donne** avec plaisir.	나는 즐거움과 함께 줍니다. (기꺼이 줍니다.)
p043-03	○	**Je donne** un conseil.	나는 조언을 드립니다.
p043-04	○	**Je donne** mon numéro (de téléphone).	나는 나의 (전화)번호를 주겠습니다.
p043-05	○	**Je donne** une autre chance.	나는 하나의 다른 기회를 주겠습니다.
p043-06	○	**Je donne** un exemple.	나는 하나의 예를 들겠습니다.
p043-07	○	**Je donne** une fête.	나는 파티를 엽니다.
p043-08	○	**Je donne** un cours.	나는 강의를 합니다.

● **avec** (~와 함께/더불어) + **le plaisir** (기쁨)으로, 그래서 **avec plaisir** 는 '기꺼이 /흔쾌히'가 됩니다.
● 소유형용사는 명사의 성수에 따라 변화합니다. **mon** (나의 : 남성) / **ma** (여성) / **mes** (남/녀 복수)
● **un/une** (어떤/하나의), **le cadeau** (선물), **avec plaisir** (기꺼이/흔쾌히), **le conseil** (충고/조언),
mon (나의), **le numéro** (번호), **le téléphone** (전화), **autre** (다른), **la chance** (기회/찬스),
l'exemple (예/모범), **la fête** (파티), **le cours** (수업/강의)

The basics of grammar and sentence construction!

The most useful phrases and expressions!

세 번째 섹션 : 중요동사 패턴!

3rd Section 은 **대표적**인 **중요동사**를 **테마별**로 **정리**했습니다.
이번 섹션에서 가장 **중요한 점**은
프랑스어 동사는 **인칭에 따라 어미**가 **변화**한다는 것입니다.

P 043

---

 ❸ 기본패턴의 확장!

p043-09 ⦿ **Je donne un cadeau à mon ami.**　　　나는 나의 남자 친구에게 선물을 하나 줍니다.

p043-10 ⦿ **Je donne le cours en français.**　　　나는 프랑스어로 수업을 합니다.

● 전치사 **à** 는 '~에게' 입니다. 간접목적보어를 이용해 '~에게 줍니다'를 표현할 수도 있습니다.
간접목적보어의 위치는 동사의 바로 앞입니다. **Je vous donne un conseil.** (나는 당신에게 조언을 드립니다.)
(간접목적보어는 문법편을 참고하시기 바랍니다.)
● **en français** 는 '프랑스어로'입니다.
● **à** (~에게), **l'ami** (남자 친구), **en** (~으로), **le français** (프랑스어)

---

 ❹ 기본패턴의 응용!

p043-11 A) **Je ne comprends pas bien.**　　　나는 잘 이해하지 못하겠습니다.

p043-12 B) **Je donne un exemple.**　　　나는 하나의 예를 들겠습니다.

- -

p043-13 A) **En quelle langue donnez-vous votre cours?**　　　당신은 어떤 언어로 당신의 수업을 합니까?

p043-14 B) **Je donne le cours en anglais.**　　　나는 영어로 수업을 합니다.

● 부정문은 동사의 앞뒤를 부정부사 **ne ~ pas** (~아니다)로 감싸줍니다.
● **en quelle langue** (어떤 언어로)
● **quel** (의문형용사: 어떤)은 다음에 오는 명사에 따라 어미변화를 합니다.
(**quel** (남성단수), **quels** (남성복수), **quelle** (여성단수), **quelles** (여성복수))
● **ne ~ pas** (~ 아니다), **comprendre** (이해하다), **quelle** (어떤 : 의문형용사), **la langue** (언어),
votre (당신의), **l'anglais** (영어)

Learn foreign language!
French

Part 1.

It's a completely new way to learn foreign language!

| **Pattern 044**

Je reçois. [즈 흐쑤아.]
나는 받습니다.

❶ 기본패턴의 핵심!

❶ **Je reçois ~.** 는 '나는 ~ 받습니다.'입니다.
❷ **recevoir** (받다/얻다)는 다양한 의미로 해석됩니다.
❸ **recevoir** 동사는 불규칙동사이며, 인칭변화형을 활용하여 다양한 주어의 문장을 만들 수 있습니다.
(Je reçois, Tu reçois, Il/Elle reçoit, Nous recevons, Vous recevez, Ils/Elles reçoivent 등입니다.)

❷ 기본패턴의 연습!

p044-01	**Je reçois** des lettres.	나는 편지들을 받습니다.
p044-02	**Je reçois** des cadeaux.	나는 선물들을 받습니다.
p044-03	**Je reçois** un salaire.	나는 급여를 받습니다.
p044-04	**Je reçois** un coup de fil.	나는 전화를 받습니다.
p044-05	**Je reçois** la pluie.	나는 비를 맞습니다.
p044-06	**Je reçois** les visiteurs.	나는 방문객들을 맞이합니다.
p044-07	**Je reçois** des blessures.	나는 상처를 입습니다.
p044-08	**Je reçois** des soins.	나는 치료를 받습니다.

● **le cadeau** (선물)처럼 **–eau** 로 끝나는 명사의 복수형은 **x** 를 붙입니다.
(**les cadeaux** (선물들), **les manteaux** (외투들), **les bateaux** (배들))
● **un coup de fil** (전화 한 통)은 **un coup** (도구 등의 사용) + **de** (~의) + **fil** (전화선))의 합성어입니다.
● **un/une/des** (어떤/하나의/약간의), **la lettre** (편지), **le cadeau** (선물), **le salaire** (급여),
le coup de fil (전화/통화), **la pluie** (비), **le visiteur** (방문객/손님), **la blessure** (상처/부상), **le soin** (치료)

세 번째 섹션 : 중요동사 패턴!

3rd Section 은 대표적인 **중요동사**를 **테마별**로 **정리**했습니다.
이번 섹션에서 가장 **중요한 점**은
프랑스어 동사는 **인칭에 따라 어미**가 **변화**한다는 것입니다.

P 044

---

 ❸ 기본패턴의 확장!

| p044-09 | ◯ **Je reçois des cadeaux d'anniversaire.** | 나는 생일 선물들을 받습니다. |
| p044-10 | ◯ **Je reçois un salaire mensuel.** | 나는 월급을 받습니다. |

- **le cadeau d'anniversaire** (생일 선물), **le cadeau de Noël** (크리스마스 선물)
- **le salaire** 뒤에 형용사를 붙여 다양한 급여 방식을 표현할 수 있습니다.
(**le salaire mensuel** (월급), **le salaire horaire** (시급), **le salaire annuel** (연봉))
- **un/des** (하나의/약간의), **de** (~의), **l'anniversaire** (생일), **mensuel** (월 1회의/ 매월 지불의)

---

 ❹ 기본패턴의 응용!

| p044-11 | **A) Qu'est-ce que tu fais à Noël?** | 너는 크리스마스에 무엇을 하니? |
| p044-12 | **B) Je reçois des cadeaux.** | 나는 선물들을 받아. |

- -

| p044-13 | **A) Vous recevez des lettres?** | 당신은 편지들을 받습니까? |
| p044-14 | **B) Oui, je reçois souvent des lettres de ma copine.** | 네, 나는 나의 여자 친구로부터 자주 편지를 받습니다. |

- 소유형용사는 명사의 성수에 따라 변화합니다. **mon** (나의 : 남성) / **ma** (여성) / **mes** (남/녀 복수)
- 동사를 꾸며주는 부사의 위치는 보통 동사 바로 뒤에 씁니다.
Je reçois souvent des lettres. (나는 편지들을 자주 받습니다.)
- **qu'est-ce que** (무엇), **tu** (너), **faire** (~하다), **à** (~때에), **le Noël** (크리스마스), **oui** (네),
souvent (자주), **de** (~로부터), **ma** (나의), **la copine** (여자 친구/애인)

Learn foreign language!
French

Part 2. It's a completely new way to learn foreign language! | **Pattern 045**

Je regarde. [즈 흐갸흐드.]
나는 봅니다.

❶ 기본패턴의 핵심!

❶ **Je regarde ~.** 는 '나는 ~ 봅니다.'입니다.
❷ **regarder** 는 '보다/보고 있다' 또는 '생각하다/고려하다' 등 다양한 의미로 사용됩니다.
❸ **regarder** (보다)는 규칙동사이며, 동사의 인칭변화형을 활용하여 다양한 문장을 만들 수 있습니다.
(**Je regarde, Tu regardes, Il/Elle regarde, Nous regardons, Vous regardez, Ils/Elles regardent**)

❷ 기본패턴의 연습!

p045-01	**Je regarde** un garçon.	나는 한 소년을 봅니다.
p045-02	**Je regarde** la télévision.	나는 TV 를 봅니다.
p045-03	**Je regarde** des séries à la télé.	나는 TV 로 연속극들을 봅니다.
p045-04	**Je regarde** maintenant un film.	나는 지금 영화를 보고 있습니다.
p045-05	**Je regarde** un match de football.	나는 축구 경기를 봅니다.
p045-06	**Je regarde** par la fenêtre.	나는 창문으로 내다봅니다.
p045-07	**Je regarde** un détail.	나는 세부사항을 봅니다. (고려합니다.)
p045-08	**Je regarde** en avant.	나는 앞을 봅니다. (미래를 봅니다.)

● **la télévision** 은 흔히 줄임말로 **la télé** 로 사용합니다. **à la télé** 는 **TV** 로/**TV** 에서' 입니다.
● **le garçon** (소년), **la télévision** (**TV**), **un/des** (하나의/약간의), **la série** (연속극), **maintenant** (지금),
le film (영화), **les matchs** (경기/게임), **le football** (축구), **de** (~의), **par** (~를 통해서),
la fenêtre (창문), **le détail** (세세/세부), **en** (~로), **avant** (~앞의/~전의), **arrière** (뒤의/후방의)

세 번째 섹션 : 중요동사 패턴!

3rd Section 은 **대표적**인 **중요동사**를 **테마별**로 **정리**했습니다.
이번 섹션에서 가장 **중요한 점**은
프랑스어 동사는 **인칭에 따라 어미**가 **변화**한다는 것입니다.

P
045

❸ 기본패턴의 확장!

p045-09 **Je ne regarde jamais la télévision.**   나는 결코 TV 를 안 봅니다.

p045-10 **Je regarde ce garçon avec envie.**   나는 그 소년을 부럽게 봅니다. (여깁니다.)

- 나는 그 소년을 나의 아들로 봅니다. 〉 나는 그 소년을 나의 아들로 여깁니다.
- **ne ~ jamais** 는 '결코 ~ 아니다'라는 강한 부정 표현입니다.
- **avec** (~을 가지고) + 무관사명사는 부사구를 만듭니다. **avec envie** (부러움/선망) 〉 부럽게
- **ne ~ jamais** (결코 ~ 아니다), **ce** (이/그/저 : 지시형용사)

❹ 기본패턴의 응용!

p045-11 **A) Qu'est-ce que tu regardes à la télé?**   너는 TV 에서 무엇을 보고 있니?

p045-12 **B) Je regarde un match de football.**   나는 축구 경기를 보고 있어.

p045-13 **A) Comment regardez-vous ce garçon?**   당신은 저 소년을 어떻게 보십니까?

p045-14 **B) Je regarde ce garçon avec envie.**   나는 그 소년을 부럽게 봅니다. (여깁니다.)

- 의문형에서 인칭대명사와 동사가 도치되는 경우 - 로 연결하여 표시합니다.
- **qu'est-ce que** (무엇), **tu** (너), **vous** (당신), **comment** (어떻게)

Learn foreign language!
French

Part 2.   It's a completely new way to **learn** foreign language! | **Pattern 046**

J'écoute. [제꾸뜨.]
나는 듣습니다.

❶ 기본패턴의 핵심!

❶ J'écoute ~. 는 '나는 ~ 듣습니다.'입니다.
❷ écouter (듣다)는 규칙동사이며, 인칭변화형을 활용하여 다양한 주어의 문장을 만들 수 있습니다.
(J'écoute, Tu écoutes, Il/Elle écoute, Nous écoutons, Vous écoutez, Ils/Elles écoutent 등입니다.)
❸ écouter 는 '듣다/듣고 있다' 또는 '듣고 있으니까 말해라' 등의 의미입니다.

❷ 기본패턴의 연습!

p046-01	J'écoute de la musique.	나는 음악을 듣습니다.
p046-02	J'écoute la radio tous les soirs.	나는 매일 저녁 라디오를 듣습니다.
p046-03	J'écoute plutôt du rock.	나는 오히려 록음악을 듣습니다.
p046-04	J'écoute toujours de la pop.	나는 항상 팝을 듣습니다.
p046-05	J'écoute quelquefois des chansons françaises.	나는 때때로 프랑스 노래들을 듣습니다.
p046-06	J'écoute votre voix.	나는 당신의 목소리를 듣습니다.
p046-07	J'écoute le professeur.	나는 선생님(의 말씀)을 듣습니다. (수업을 듣습니다.)
p046-08	J'écoute votre histoire.	나는 당신의 이야기를 듣고 있습니다. (듣겠습니다.)

● 셀 수 없는 명사 앞에는 부분관사를 붙입니다. 부분관사의 남녀 단수형은 각각 du / de la 입니다.
● **de la/du** (약간의), **la musique** (음악), **la radio** (라디오), **tous** (모든), **le/les** (정관사),
le soir (저녁), **plutôt** (오히려), **le rock** (록음악), **toujours** (항상), **la pop** (팝음악),
quelquefois (때때로), **des** (약간의), **la chanson** (노래), **français** (프랑스의),
votre (당신의), **la voix** (목소리), **le professeur** (선생님), **l'histoire** (이야기/역사)

세 번째 섹션 : 중요동사 패턴!

3rd Section 은 **대표적**인 **중요동사**를 **테마별**로 **정리**했습니다.
이번 섹션에서 가장 **중요한 점**은
프랑스어 동사는 인칭에 따라 어미가 **변화**한다는 것입니다.

P 046

---

 ❸ 기본패턴의 확장!

| p046-09 | ⦿ Je n'écoute jamais le professeur. | 나는 결코 선생님 말씀을 듣지 않습니다. |
| p046-10 | ⦿ J'écoute de la musique avec Media Player. | 나는 미디어 플레이어로 음악을 듣습니다. |

● **ne ~ jamais** (결코 ~ 아니다), **avec** (~으로/함께)

 ❹ 기본패턴의 응용!

| p046-11 | A) Vous écoutez du jazz? | 당신은 재즈를 듣습니까? |
| p046-12 | B) J'écoute plutôt du rock. | 나는 오히려 록음악을 듣습니다. |

- -

| p046-13 | A) Comment écoutez-vous la musique? | 당신은 어떻게 음악을 듣습니까? |
| p046-14 | B) J'écoute de la musique avec Media Player. | 나는 미디어 플레이어로 음악을 듣습니다. |

● **vous** (당신), **le Jazz** (재즈), **comment** (어떻게)

Part 2. It's a completely new way to learn foreign language! | **Pattern 047**

Je mange. [즈 망즈.]
나는 먹습니다.

❶ 기본패턴의 핵심!

❶ **Je mange ~.** 는 '나는 ~ 먹습니다.'입니다.
❷ **manger** (먹다)는 규칙동사입니다만, 1인칭 복수형(**nous**)에서 **-e** 가 추가되는 부분 변칙입니다.
❸ **manger** 동사의 인칭변화형을 활용하여 다양한 주어의 문장을 만들 수 있습니다.
(**Je mange, Tu manges, Il/Elle mange, Nous mangeons, Vous mangez, Ils/Elles mangent** 등입니다.)

❷ 기본패턴의 연습!

p047-01	○	**Je mange du riz.**	나는 밥을 먹습니다.
p047-02	○	**Je mange de la viande.**	나는 고기를 먹습니다.
p047-03	○	**Je mange des nouilles.**	나는 면류를 먹습니다.
p047-04	○	**Je mange du pain et du fromage.**	나는 빵과 치즈를 먹습니다.
p047-05	○	**Je mange de tout.**	나는 모두 먹습니다. (가리지 않고 먹습니다.)
p047-06	○	**Je mange trop.**	나는 너무 많이 먹습니다.
p047-07	○	**Je mange au resto U.**	나는 학생식당에서 먹습니다.
p047-08	○	**Je mange à la maison.**	나는 집에서 먹습니다.

● 셀 수 없는 명사 앞에는 부분관사를 붙입니다. 부분관사의 남녀 단수형은 각각 **du / de la** 입니다.
복수형은 부정관사 **des** 를 사용합니다. '약간의~'라는 양의 의미가 있습니다.
● **du/de la** (약간의), **le riz** (쌀/밥), **la viande** (고기), **des** (약간의), **les nouilles** (국수/면),
le pain (빵), **et** (그리고), **le fromage** (치즈), **de tout** (모두/전부), **trop** (지나치게/너무),
au (= **à** + **le** ~에서 : 정관사 축약), **le resto U** (대학 학생식당), **à** (~에서), **la maison** (집)

The basics of grammar and sentence construction!

The most useful phrases and expressions!

세 번째 섹션 : 중요동사 패턴!

3rd Section 은 대표적인 **중요동사**를 **테마별**로 **정리**했습니다.
이번 섹션에서 가장 **중요한 점**은
프랑스어 동사는 인칭에 따라 어미가 변화한다는 것입니다.

P
047

---

❸ 기본패턴의 확장!

| p047-09 | **Je ne mange ni porc ni poulet.** | 나는 돼지고기도 닭고기도 먹지 않습니다. |
| p047-10 | **Je mange avec des baguettes.** | 나는 젓가락으로 먹습니다. |

- ● **ne ~ ni ~ ni** 는 '~도 ~도 아니다'입니다. **ni** 뒤에 관사는 붙이지 않습니다.
- ● **ne ~ ni ~ ni** (~도 ~도 아니다), **le porc** (돼지고기), **le poulet** (닭고기), **avec** (~으로/함께), **les baguettes** (젓가락)

---

❹ 기본패턴의 응용!

| p047-11 | **A) Vous mangez avec des baguettes?** | 당신은 젓가락으로 먹습니까? |
| p047-12 | **B) Je mange avec une fourchette et un couteau.** | 나는 포크와 나이프로 먹습니다. |

- -

| p047-13 | **A) Où déjeunes-tu?** | 넌 어디에서 점심을 먹니? |
| p047-14 | **B) Je mange au resto U.** | 나는 학생식당에서 먹어. |

- ● 의문사가 앞에 오면 주어와 동사는 도치가 되고, 도치의 표시로 - 을 붙입니다.
- ● **un/une** (하나의/어떤), **la fourchette** (포크), **le couteau** (나이프), **où** (어디), **déjeuner** (점심식사하다), **tu** (너)

Learn foreign language!
French

Part 2. <small>It's a completely new way to learn foreign language!</small> | **Pattern 048**

Je bois. [즈 부아.]
나는 마십니다.

The basics of **grammar** and **sentence construction**!

The most useful **phrases** and **expressions**!

❶ 기본패턴의 핵심!

❶ Je bois ~. 는 '나는 ~ 마십니다.'입니다.
❷ boire (마시다)는 불규칙동사이며, 인칭변화형을 활용하여 다양한 주어의 문장을 만들 수 있습니다.
(Je bois, Tu bois, Il/Elle boit, Nous buvons, Vous buvez, Ils/Elles boivent 등입니다.)

❷ 기본패턴의 연습!

▶ p048-01	○ Je bois	du café.	나는 커피를 마십니다.
▶ p048-02	○ Je bois	de la bière.	나는 맥주를 마십니다.
▶ p048-03	○ Je bois	de l'eau.	나는 물을 마십니다.
▶ p048-04	○ Je bois	un verre.	나는 (술) 한 잔을 마십니다. (술 한 잔 합니다.)
▶ p048-05	○ Je bois	du vin tous les jours.	나는 매일 와인을 마십니다.
▶ p048-06	○ Je bois	rarement du champagne.	나는 드물게 샴페인을 마십니다.
▶ p048-07	○ Je bois	du café avec sucre.	나는 커피를 설탕과 함께 마십니다.
▶ p048-08	○ Je bois	du café sans lait.	나는 커피를 우유 없이 마십니다.

● 셀 수 없는 명사 앞에는 부분관사를 붙입니다. 부분관사의 남녀 단수형은 각각 **du / de la** 입니다.
● **un verre** 는 유리로 만든 컵/잔입니다. **aller boire un verre** 는 '(술)한 잔 하러 가다'입니다.
● **le café** (커피), **la bière** (맥주), **l'eau** (물), **un** (하나의), **le verre** (잔/컵), **le vin** (와인),
tous (모든), **le jour** (날), **rarement** (드물게), **le champagne** (샴페인), **avec** (~와 함께),
le sucre (설탕), **sans** (~없이), **le lait** (우유)

세 번째 섹션 : 중요동사 패턴!

3rd Section 은 **대표적인 중요동사**를 **테마별**로 **정리**했습니다.
이번 섹션에서 가장 **중요한 점**은
프랑스어 동사는 **인칭에 따라 어미**가 **변화**한다는 것입니다.

P 048

---

 ❸ 기본패턴의 확장!

  p048-09 ○ **Je ne bois pas d'alcool.** 나는 술을 마시지 않습니다.

p048-10 ○ **Je bois mais je ne fume plus.** 나는 (술은) 마시지만 (담배는) 더 이상 피우지 않습니다.

● 부정문은 동사의 앞과 뒤를 각각 부정부사 **ne ~ pas** 로 감싸줍니다.
● 부분관사(**du/de la**)는 부정문인 경우 **de** 로 바뀝니다. (관사에 대한 문법사항은 문법편을 참고하십시오.)
d'alcool 은 **de + alcool** 의 축약형입니다.
● **l'alcool** (알콜/술), **mais** (그러나), **ne ~ pas** (더 이상 ~아니다), **fumer** (흡연하다),
ne ~ plus (더 이상 ~ 하지 않다)

---

  ❹ 기본패턴의 응용!

p048-11 **A) Vous buvez du café avec sucre?** 당신은 커피를 설탕을 넣어서 마십니까?

p048-12 **B) Non, je bois du café sans sucre.** 아니오, 나는 커피를 설탕 없이 마십니다.

- -

p048-13 **A) Qu'est-ce que tu bois?** 너는 무엇을 마시니?

p048-14 **B) Je bois du café tous les jours.** 나는 매일 커피를 마셔.

● **vous** (당신), **non** (아니오), **qu'est-ce que** (무엇), **tu** (너)

Learn foreign language!
French

Part 2. It's a completely new way to learn foreign language! | **Pattern 049**

Je sens. [즈 썽.]
나는 냄새 맡습니다.

The **basics** of **grammar** and **sentence construction**!

The most useful **phrases** and **expressions**!

❶ 기본패턴의 핵심!

❶ **Je sens ~.** 는 '나는 ~ 냄새 맡습니다.'입니다.
❷ **sentir** (냄새 맡다)는 '냄새가 난다'라는 뜻으로 해석할 수도 있습니다.
❸ **sentir** (냄새 맡다)는 불규칙동사이며, 인칭변화형을 활용하여 다양한 주어의 문장을 만들 수 있습니다.
(**Je sens, Tu sens, Il/Elle sent, Nous sentons, Vous sentez, Ils/Elles sent** 등입니다.)

❷ 기본패턴의 연습!

p049-01	○	**Je sens**	**une odeur.**	나는 냄새를 맡습니다.
p049-02	○	**Je sens**	**une fleur.**	나는 꽃 냄새를 맡습니다.
p049-03	○	**Je sens**	**de la fumée.**	나는 연기 냄새를 맡습니다.
p049-04	○	**Je sens**	**du gaz.**	나는 가스 냄새를 맡습니다.
p049-05	○	**Je sens**	**une odeur de cigarette.**	나는 담배 냄새를 맡습니다.
p049-06	○	**Je sens**	**une bonne odeur.**	나는 좋은 냄새를 맡습니다.
p049-07	○	**Je sens**	**un parfum doux.**	나는 달콤한 향기를 맡습니다.
p049-08	○	**Je sens**	**votre parfum.**	나는 당신의 향기를 맡습니다.

● **l'odeur** 는 중성적인 의미의 '냄새'이고, **le parfum** 은 '향기'입니다.
● 셀 수 없는 명사 앞에는 부분관사를 사용합니다. **du** (남성단수) / **de la** (여성단수)
● 소유형용사는 명사의 성수에 따라 변화합니다. **votre** (당신의: 남성) / **votre** (여성) / **vos** (남/녀 복수)
● **l'odeur** (냄새), **une** (하나의/어떤), **la fleur** (꽃), **la fumée** (연기), **le gaz** (가스), **de** (~의),
la cigarette (담배), **bonne** (좋은), **le parfum** (향기/향수), **doux** (달콤한), **votre** (당신의)

세 번째 섹션 : 중요동사 패턴!

3rd Section 은 대표적인 **중요동사**를 **테마별**로 **정리**했습니다.
이번 섹션에서 가장 **중요한 점**은
프랑스어 동사는 인칭에 따라 어미가 변화한다는 것입니다.

P 049

 ❸ 기본패턴의 확장!

| p049-09 | Je ne sens plus rien. | 나는 더 이상 아무 냄새도 맡지 못합니다. |
| p049-10 | Je sens des fruits. | 나는 과일들의 냄새를 맡습니다. |

● **ne ~ plus rien** (더 이상 아무것도 ~ 아니다), **des** (약간의), **les fruits** (과일들)

❹ 기본패턴의 응용!

| p049-11 | A) Qu'est-ce que tu sens? | 너 무엇을 냄새 맡니? |
| p049-12 | B) Je ne sens plus rien. | 나는 더 이상 아무 냄새도 맡지 못해. |

- -

| p049-13 | A) Qu'est-ce que tu fais avec des fruits? | 너 과일들 가지고 뭐 하니? |
| p049-14 | B) Je sens des fruits. | 나는 과일들의 냄새를 맡고 있어. |

● **qu'est-ce que** (무엇), **tu** (너), **faire** (하다), **avec** (~으로)

Learn foreign language!
French

Part 3.
It's a completely new way to **learn foreign language!**

| **Pattern 050**

Je lis. [즈 리.]
나는 읽습니다.

Fre

---

 ❶ 기본패턴의 핵심!

❶ **Je lis ~.** 는 '나는 ~ 읽습니다.'입니다.
❷ **lire** (읽다)는 불규칙변화동사이며, 인칭변화형을 활용하여 다양한 주어의 문장을 만들 수 있습니다.
(**Je lis, Tu lis, Il/Elle lit, Nous lisons, Vous lisez, Ils/Elles lisent** 등입니다.)

 ❷ 기본패턴의 연습!

p050-01	○ **Je lis**	**un livre.**	나는 책을 읽습니다. (독서를 합니다.)
p050-02	○ **Je lis**	**beaucoup.**	나는 많이 읽습니다. (다독합니다.)
p050-03	○ **Je lis**	**tout.**	나는 모든 것을 읽습니다.
p050-04	○ **Je lis**	**rien.**	나는 아무것도 읽지 않습니다.
p050-05	○ **Je lis**	**des B.D.**	나는 만화책들을 읽습니다.
p050-06	○ **Je lis**	**le journal.**	나는 신문을 읽습니다.
p050-07	○ **Je lis**	**souvent des romans policiers.**	나는 자주 추리소설들을 읽습니다.
p050-08	○ **Je lis**	**vos sentiments.**	나는 당신의 감정을 읽습니다.

● **B.D.** 는 **les bandes déssinées** (만화)의 약칭입니다.
● 소유형용사는 명사의 성수에 따라 변화합니다. (**votre** (당신의: 남/녀), **vos** (당신(들)의)
● **un/des** (하나의/약간의), **le livre** (책), **beaucoup** (많은), **tout** (모두), **rien** (아무것도 (아니다)),
la B.D. (만화책), **le journal** (신문/일기), **souvent** (자주), **le roman** (소설), **policier** (경찰의/탐정물의),
vos (당신(들)의), **le sentiment** (감정/기분/느낌)

The **basics** of **grammar** and **sentence construction!**

The most useful **phrases** and **expressions!**

세 번째 섹션 : 중요동사 패턴!

3rd Section 은 **대표적**인 **중요동사**를 **테마별**로 **정리**했습니다.
이번 섹션에서 가장 **중요한 점**은
프랑스어 동사는 **인칭에 따라 어미**가 **변화**한다는 것입니다.

P 050

 ❸ 기본패턴의 확장!

p050-09 ◉ **Je lis un livre sur l'univers.** 나는 우주에 관한 책 하나를 읽습니다.

p050-10 ◉ **Je lis des livres la nuit.** 나는 밤에 책들을 읽습니다.

- **un livre sur ~** (~에 관한 책)
- **sur** (~에 대해), **l'univers** (우주), **la nuit** (밤)

 ❹ 기본패턴의 응용!

p050-11 **A) Quel genre de livre lisez-vous ces jours-ci?** 당신은 요즘 어떤 종류의 책을 읽습니까?

p050-12 **B) Je lis un livre sur la langue.** 나는 언어에 관한 책을 읽습니다.

- -

p050-13 **A) Qu'est-ce que vous lisez maintenant?** 당신은 지금 무엇을 읽고 있습니까?

p050-14 **B) Je lis un magazine.** 나는 잡지 하나를 읽습니다.

- **quel** (어떤 : 의문형용사)는 다음에 오는 명사에 따라 어미변화를 합니다.
(**quel** (남성단수), **quels** (남성복수), **quelle** (여성단수), **quelles** (여성복수))
- **ces jours-ci** (요즘)은 **ces** (이/그/저 : 지시대명사) + **jours** (날들) + **ci** (이것의/최근의)의 숙어표현입니다.
- **quel** (어떤), **le genre** (종류/장르), **ces jours-ci** (요즘), **la langue** (언어), **qu'est-ce que** (무엇),
maintenant (지금/현재), **un** (하나의/어떤), **le magazine** (잡지)

● The focus is on **conversation** and **communication.**

● Start **speaking languages** immediately using **essential phrases.**

Learn foreign language!
French

Part 3. It's a completely new way to learn foreign language! | **Pattern 051**

J'écris. [제크히.]
나는 씁니다.

 ❶ 기본패턴의 핵심!

❶ **J'écris ~.** 는 '나는 ~ 씁니다.'입니다.
❷ **écrire** (쓰다/작성하다)는 불규칙동사이며, 동사의 인칭변화형을 활용하여
다양한 주어의 문장을 만들 수 있습니다.
(**J'écris, Tu écris, Il/Elle écrit, Nous écrivons, Vous écrivez, Ils/Elles écrivent** 등입니다.)

 ❷ 기본패턴의 연습!

p051-01	J'écris	un article.	나는 기사 하나를 씁니다.
p051-02	J'écris	un e-mail.	나는 이메일 하나를 씁니다.
p051-03	J'écris	des SMS.	나는 SMS 를 씁니다.
p051-04	J'écris	une phrase.	나는 문장 하나를 씁니다.
p051-05	J'écris	mon journal (intime).	나는 일기를 씁니다.
p051-06	J'écris	avec un stylo.	나는 만년필로 씁니다.
p051-07	J'écris	en français.	나는 프랑스어로 씁니다.
p051-08	J'écris	une lettre à mes parents.	나는 나의 부모님께 편지 하나를 씁니다.

● 소유형용사는 명사의 성수에 따라 변화합니다. **mon** (나의: 남성) / **ma** (여성) / **mes** (남/녀 복수)
● '일기'는 **le journal intime** (내면의/사적인 일기)라고도 합니다.
● **un/des** (하나의/약간의), **l'article** (기사), **l'e-mail** (이메일), **le SMS** (문자 : Short Message System),
la phrase (문장), **mon** (나의), **le journal** (일기), **avec** (~으로/~함께), **le stylo** (만년필),
en (~으로), **le français** (프랑스어), **la lettre** (편지), **à** (~에게), **les parents** (부모)

The basics of **grammar** and **sentence construction**!

The most useful **phrases** and **expressions**!

세 번째 섹션 : 중요동사 패턴!

3rd Section 은 **대표적**인 **중요동사**를 **테마별**로 **정리**했습니다.
이번 섹션에서 가장 **중요한 점**은
프랑스어 동사는 **인칭에 따라 어미**가 **변화**한다는 것입니다.

P 051

 ❸ 기본패턴의 확장!

p051-09 ○ **J'écris un compte-rendu une fois par mois.**   나는 한 달에 한 번 보고서를 작성합니다.

p051-10 ○ **J'écris des poèmes pendant mon temps libre.**   나는 나의 여가시간에 시들을 씁니다.

- **une fois** (한 번) + **par mois** (달에) = 한 달에 한 번
- **le compte-rendu** (보고서), **le poème** (시), **pendant** (~동안에), **le temps** (시간), **libre** (한가한/자유로운)

 ❹ 기본패턴의 응용!

p051-11 **A) Qu'est-ce que vous écrivez alors?**   그런데 당신은 무엇을 쓰고 있습니까?

p051-12 **B) J'écris un e-mail en anglais.**   나는 영어로 이메일을 쓰고 있습니다.

p051-13 **A) À quelle fréquence écrivez-vous un compte-rendu?** 당신은 보고서를 얼마나 자주 씁니까?

p051-14 **B) J'écris un compte-rendu une fois par mois.**   나는 한 달에 한 번 보고서를 작성합니다.

- 문미의 **alors** (그런데/그래서)는, 마치 '있잖아/근데'처럼 친근함을 표시하는 표현입니다.
- **À quelle** (어떤) + **la fréquence** (빈도) = 어떤 빈도로 (얼마나 자주)
- **en anglais** (영어로)
- **qu'est-ce que** (무엇), **l'anglais** (영어), **à** (~로/~정도로)

Learn foreign language!
French

Part 3. It's a completely new way to **learn** foreign language! | **Pattern 052**

J'apprends. [자프헝.]
나는 배웁니다.

---

 ❶ 기본패턴의 핵심!

❶ **J'apprends ~.** 는 '나는 ~ 배웁니다.'입니다.
❷ **apprendre** (배우다)는 불규칙변화동사이며, 인칭변화형을 활용하여 다양한 주어의 문장을 만들 수 있습니다.
(**J'apprends, Tu apprends, Il/Elle apprend,
Nous apprenons, Vous apprenez, Ils/Elles apprennent** 등입니다.)

 ❷ 기본패턴의 연습!

p052-01	J'apprends le français.	나는 프랑스어를 배웁니다.
p052-02	J'apprends les langues étrangères.	나는 외국어들을 배웁니다.
p052-03	J'apprends sérieusement le français.	나는 프랑스어를 열심히 배웁니다.
p052-04	J'apprends rapidement la langue.	나는 언어를 빨리 배웁니다.
p052-05	J'apprends actuellement les mathématiques.	나는 지금 수학을 배웁니다.
p052-06	J'apprends toujours l'histoire.	나는 항상 역사를 배웁니다.
p052-07	J'apprends le snowboard ces jours-ci.	나는 요즘 스노우보드를 배웁니다.
p052-08	J'apprends le français à l'Alliance Française.	나는 프랑스어를 알리앙스 프랑세즈에서 배웁니다.

● **ces jours-ci** (요즘)은 **ces** (이/그/저 : 지시대명사) + **jours** (날들) + **ci** (최근의)의 숙어표현입니다.
● **le français** (프랑스어), **la langue** (언어), **étrangère** (외국의), **sérieusement** (열심히/성실하게),
rapidement (빨리), **actuellement** (지금/현재), **les mathématiques** (수학), **toujours** (항상),
l'histoire (역사), **le snowboard** (스노우보드), **ces jours-ci** (요즘), **à** (~에서)

pattern

세 번째 섹션 : 중요동사 패턴!

3rd Section 은 **대표적**인 **중요동사**를 테마별로 **정리**했습니다.
이번 섹션에서 가장 **중요한 점**은
프랑스어 동사는 **인칭에 따라 어미**가 **변화**한다는 것입니다.

P
052

---

 ❸ 기본패턴의 확장!

 p052-09 ○ **J'apprends le français depuis 2 ans.** 나는 2년 전부터 프랑스어를 배우고 있습니다.

 p052-10 ○ **J'apprends le français par les podcasts.** 나는 팟캐스트들을 통해서 프랑스어를 배웁니다.

● **depuis** (~이래로), **deux** (2), **l'an** (해/년), **par** (~를 통해서), **le podcast** (팟캐스트)

---

 ❹ 기본패턴의 응용!

 p052-11 **A) Tu apprends quelque chose de nouveau?** 너 뭐 새로운 것을 배우니?

p052-12 **B) J'apprends le snowboard ces jours-ci.** 나는 요즘 스노우보드를 배우고 있어.

- -

 p052-13 **A) Comment apprenez-vous le français?** 당신은 어떻게 프랑스어를 배웁니까?

p052-14 **B) J'apprends le français par les podcasts.** 나는 팟캐스트들을 통해서 프랑스어를 배웁니다.

● **quelque chose de nouveau** (뭔가 새로운 것). **quelque chose** (어떤 것)을 형용사가 수식할 때는
전치사 **de** 가 형용사 앞에 붙습니다.
● 의문사가 앞에 오면 주어와 동사는 도치가 되고, 도치의 표시로 - 을 붙입니다.
● **tu** (너), **quelque chose** (어떤 것), **nouveau** (새로운), **comment** (어떻게)

Part 3. It's a completely new way to **learn** foreign language! | **Pattern 053**

J'étudie. [제뛰디.]
나는 공부합니다.

---

❶ 기본패턴의 핵심!

❶ **J'étudie ~.** 는 '나는 ~ 공부합니다.'입니다.
❷ **étudier** (공부하다)는 규칙동사이며, 인칭변화형을 활용하여 다양한 주어의 문장을 만들 수 있습니다.
(**J'étudie, Tu étudies, Il/Elle étudie, Nous étudions, Vous étudiez, Ils/Elles étudient** 등입니다.)

❷ 기본패턴의 연습!

▶ p053-01	○	**J'étudie**	**l'économie.**	나는 경제학을 공부합니다.
▶ p053-02	○	**J'étudie**	**le droit à l'étranger.**	나는 외국에서 법학을 공부합니다.
▶ p053-03	○	**J'étudie**	**la mode à Paris.**	나는 파리에서 패션을 공부합니다.
▶ p053-04	○	**J'étudie**	**la lingustique à l'université.**	나는 대학에서 언어학을 공부합니다.
▶ p053-05	○	**J'étudie**	**le français à l'institut.**	나는 학원에서 프랑스어를 공부합니다.
▶ p053-06	○	**J'étudie**	**la gestion depuis 2 ans.**	나는 2년째 경영학을 공부합니다.
▶ p053-07	○	**J'étudie**	**le marketing comme spécialité.**	나는 전공으로 마케팅을 공부합니다.
▶ p053-08	○	**J'étudie l'espagnol comme matière secondaire.**		나는 부전공으로 스페인어를 공부합니다.

● **à l'université** 대학에서, **à l'école** 학교에서
● **l'économie** (경제학), **le droit** (법학), **à** (~에서), **l'étranger** (외국), **la mode** (패션),
la lingustique (언어학), **l'université** (대학), **le français** (프랑스어), **l'institut** (학원/연구소),
la gestion (경영학), **depuis** (~한 이래), **deux** (2), **l'an** (해/년), **le marketing** (마케팅),
comme (~로서), **la spécialité** (전공), **l'espagnol** (스페인어), **la matière secondaire** (부전공)

The basics of grammar and sentence construction!

The most useful phrases and expressions!

세 번째 섹션 : 중요동사 패턴!

3rd Section 은 **대표적**인 **중요동사**를 **테마별**로 **정리**했습니다.
이번 섹션에서 가장 **중요한 점**은
프랑스어 동사는 **인칭에 따라 어미가 변화**한다는 것입니다.

P
053

 ❸ 기본패턴의 확장!

p053-09 ◉ **J'étudie la cuisine au Cordon Bleu Paris l'année prochaine.**
나는 내년에 파리 코르동 블루에서 요리를 공부합니다.

p053-10 ◉ **J'étudie actuellement la gestion de la culture à l'Université Paris 8.**
나는 현재 Paris 8 대학에서 문화경영학을 공부하고 있습니다.

- 전치사 **à** 는 정관사 **le** 와 만나면 **au** 로 축약합니다. (**à** + **le Cordon Bleu** = **au Cordon Bleu**)
- **le Cordon Bleu** 는 프랑스의 요리학교입니다. **le cordon** (리본/끈) + **bleu** (파란)
- **l'année prochaine** (내년), **la semaine prochaine** (다음 주), **le mois prochain** (다음 달)
- **la cuisine** (요리), **l'année** (해/년), **prochain(e)** (다음의), **actuellement** (현재/지금), **de** (~의),
la culture (문화), **huit** (8)

 ❹ 기본패턴의 응용!

p053-11 **A) Qu'est-ce que vous étudiez comme spécialité?** 당신은 전공으로 무엇을 공부합니까?

p053-12 **B) J'étudie la linguistique comme spécialité.** 나는 전공으로 언어학을 공부합니다.

p053-13 **A) Où étudiez-vous l'informatique?** 당신은 정보학을 어디에서 공부합니까?

p053-14 **B) J'étudie l'informatique à l'Université Paris 6.** 나는 파리 6 대학에서 정보학을 공부합니다.

- 의문사가 앞에 오면 주어와 동사는 도치가 되고, 도치의 표시로 - 을 붙입니다.
- **qu'est-ce que** (무엇), **vous** (당신), **où** (어디), **l'informatique** (정보학), **six** (6)

The focus is on **conversation** and communication.

Start speaking languages immediately using **essential phrases**.

With this book you will **learn languages** with thousands **of customizable phrases**.

Learn foreign language!
French

Part 3. It's a completely new way to learn foreign language! | **Pattern 054**

Je dis. [즈 디.]
나는 말합니다.

❶ 기본패턴의 핵심!

❶ **Je dis ~.** 는 '나는 ~을 말합니다.'입니다.
❷ **dire** (말하다/이야기하다)는 불규칙동사이며,
인칭변화형을 활용하여 다양한 주어의 문장을 만들 수 있습니다.
(**Je dis, Tu dis, Il/Elle dit, Nous disons, Vous dites, Ils/Elles disent** 등입니다.)

❷ 기본패턴의 연습!

p054-01	Je dis	tout.	나는 모든 것을 말합니다.
p054-02	Je dis	rien.	나는 아무것도 말하지 않습니다.
p054-03	Je dis	la vérité.	나는 진실을 말합니다.
p054-04	Je dis	bonjour.	나는 안녕이라고 말합니다. (인사합니다.)
p054-05	Je dis	oui.	나는 네라고 말합니다. (좋다고 합니다.)
p054-06	Je dis	des blagues.	나는 농담을 말합니다. (농담을 합니다.)
p054-07	Je dis	franchement.	나는 솔직하게 말합니다.
p054-08	Je dis	ma pensée.	나는 내 생각을 말합니다.

● **dire bonjour** 는 '안녕이라고 말하다'(인사하다)입니다.
● 소유형용사는 명사의 성수에 따라 변화합니다. **mon** (나의 : 남성) / **ma** (여성) / **mes** (남/녀 복수)
● **tout** (모든 것), **rien** (아무것도 (아니다)), **la vérité** (진실), **bonjour** (안녕하세요), **oui** (네),
la blague (농담/장난), **franchement** (솔직하게), **ma** (나의), **la pensée** (생각)

세 번째 섹션 : 중요동사 패턴!

3rd Section 은 대표적인 **중요동사**를 **테마별**로 **정리**했습니다.
이번 섹션에서 가장 **중요한 점**은
프랑스어 동사는 인칭에 따라 어미가 **변화**한다는 것입니다.

P
054

 ③ 기본패턴의 확장!

| p054-09 | ○ **Je ne dis plus un mot.** | 나는 더 이상 한마디도 말하지 않습니다. |
| p054-10 | ○ **Je dis ce que je pense.** | 나는 내가 생각하는 것을 말합니다. |

● ne ~ plus 는 '더 이상 ~ 하지 않다'입니다.
● 지시대명사 **ce** 는 관계대명사 **que** 의 선행사가 될 수 있습니다. **ce que ~** 는 '~하는 것'으로 해석합니다.
ce que je pense (내가 생각하는 것), **ce que je dis** (내가 말하는 것)
● **un** (하나의/어떤), **le mot** (말/단어), **ce** (이것/저것/그것 : 지시대명사), **penser** (생각하다)

  ④ 기본패턴의 응용!

| p054-11 | A) **Qu'est-ce que vous dites?** | 당신은 무엇을 말합니까? |
| p054-12 | B) **Je dis ce que je pense.** | 나는 내가 생각하는 것을 말합니다. |

| p054-13 | A) **Qu'est-ce que ça veut dire?** | 그것은 무엇을 말합니까? (무슨 뜻입니까?) |
| p054-14 | B) **Je ne dis plus un mot.** | 나는 더 이상 한마디도 말하지 않겠습니다. |

● **Qu'est-ce que ça veut dire?** 를 직역하면 '그것은 무엇을 말하기를 원합니까?'
즉, '무슨 뜻입니까?' 라는 의미입니다.
● **qu'est-ce que** (무엇), **vous** (당신), **ça** (그것 : 지시대명사 (구어체)), **vouloir** (원하다/바라다)

Learn foreign language!
French

Part 3. It's a completely new way to learn foreign language! | Pattern 055

Je parle. [즈 빠흘르.]
나는 말합니다.

The **basics** of **grammar** and **sentence construction**!

❶ 기본패턴의 핵심!

❶ **Je parle ~.** 는 '나는 ~ 말합니다.'입니다.
❷ **parler** (말하다)는 규칙동사이며, 인칭변화형을 활용하여 다양한 주어의 문장을 만들 수 있습니다.
(**Je parle, Tu parles, Il/Elle parle, Nous parlons, Vous parlez, Ils/Elles parlent** 등입니다.)
❸ **parler de ~** (~에 대해 말하다), **parler à ~** (~에게 말하다)입니다.

❷ 기본패턴의 연습!

The most useful **phrases** and **expressions**!

p055-01	**Je parle**	**vite.**	나는 빠르게 말합니다.
p055-02	**Je parle**	**(le) coréen.**	나는 한국어를 말합니다.
p055-03	**Je parle**	**couramment l'anglais.**	나는 영어를 유창하게 말합니다.
p055-04	**Je parle**	**un peu le français.**	나는 프랑스어를 약간 말합니다.
p055-05	**Je parle**	**3 langues.**	나는 3개 언어를 말합니다.
p055-06	**Je parle**	**en français.**	나는 프랑스어로 말합니다.
p055-07	**Je parle**	**de l'amour.**	나는 사랑에 대해 말합니다.
p055-08	**Je parle**	**à mes parents.**	나는 나의 부모님께 말합니다.

● **parler** 뒤에서는 언어에 붙는 관사를 생략하기도 합니다. **Je parle coréen.** (나는 한국어를 말합니다.)
● 소유형용사는 명사의 성수에 따라 변화합니다. **mon** (나의 : 남성) / **ma** (여성) / **mes** (남/녀 복수)
● **vite** (빠른), **le coréen** (한국어), **couramment** (유창하게), **l'anglais** (영어), **un peu** (약간/조금),
le français (프랑스어), **trois** (3), **la langue** (언어), **en** (~으로), **de** (~에 대해), **l'amour** (사랑),
à (~에게), **mes** (나의), **les parents** (부모)

세 번째 섹션 : 중요동사 패턴!

3rd Section 은 대표적인 **중요동사**를 **테마별**로 **정리**했습니다.
이번 섹션에서 가장 **중요한 점**은
프랑스어 동사는 **인칭**에 따라 **어미**가 **변화**한다는 것입니다.

P 055

---

 ❸ 기본패턴의 확장!

| p055-09 | **Je parle au professeur en français.** | 나는 선생님에게 프랑스어로 말합니다. |
| p055-10 | **Je parle du temps avec mon voisin.** | 나는 이웃과 함께 날씨에 대해 말합니다. |

- 전치사 **à** (~에게)는 정관사 **le** 와 만나면 **au** 로 축약합니다. (**à + le professeur = au professeur**)
- **en français** (프랑스어로), **en anglais** (영어로)
- 전치사 **de** (~에 대해)는 정관사 **le** 와 만나면 **du** 로 축약합니다. (**de + le temps = du temps**)
- **le professeur** (교사), **le temps** (날씨), **avec** (~와 함께), **mon** (나의), **le voisin** (이웃)

---

 ❹ 기본패턴의 응용!

| p055-11 | A) **Combien de langues parlez-vous?** | 당신은 몇 개 언어를 말합니까? |
| p055-12 | B) **Je parle 3 langues.** | 나는 3개 언어를 말합니다. |

- -

| p055-13 | A) **De quoi parles-tu avec tes amis?** | 너는 너의 친구들과 무엇에 대해 말하니? |
| p055-14 | B) **Je parle de l'avenir avec mes amis.** | 나는 나의 친구들과 장래에 대해 말합니다. |

- **Combien de** + 무관사명사 ~?는 '얼마나 많이/얼마만큼~?'입니다.
- 의문사가 앞에 오면 주어와 동사는 도치가 되고, 도치의 표시로 - 을 붙입니다.
- 소유형용사는 명사의 성수에 따라 변화합니다. **ton** (너의 : 남성) / **ta** (여성) / **tes** (남/녀 복수)
- **combien de** (얼마나 많이), **de quoi** (무엇에 대해), **l'ami** (친구), **l'avenir** (장래)

Learn foreign language!
French

Part 3. It's a completely new way to learn foreign language! | **Pattern 056**

J'explique.
[젝스쁠리끄.]
나는 설명합니다.

The **basics** of **grammar** and **sentence construction**!

❶ 기본패턴의 핵심!

❶ J'explique ~. 는 '나는 ~ 설명합니다.'입니다.
❷ expliquer (설명하다)는 규칙동사이며,
인칭변화형을 활용하여 다양한 주어의 문장을 만들 수 있습니다.
(J'explique, Tu expliques, Il/Elle explique, Nous expliquons, Vous expliquez, Ils/Elles expliquent)

 ❷ 기본패턴의 연습!

p056-01	J'explique le sujet.	나는 그 주제를 설명합니다.
p056-02	J'explique les règles.	나는 그 법칙들을 설명합니다.
p056-03	J'explique le texte.	나는 그 텍스트를 설명합니다.
p056-04	J'explique mes projets.	나는 나의 계획들을 설명합니다.
p056-05	J'explique mon retard.	나는 나의 지각(의 이유)을 설명합니다.
p056-06	J'explique en détail.	나는 자세하게 설명합니다.
p056-07	J'explique brièvement.	나는 간단하게 설명합니다.
p056-08	J'explique plus tard.	나는 나중에 설명하겠습니다.

● 소유형용사는 명사의 성수에 따라 변화합니다. **mon** (나의 : 남성) / **ma** (여성) / **mes** (남/녀 복수)
● **en détail** 는 '세세하게/상세하게', **plus tard** 는 '나중에'의 의미입니다.
● **le sujet** (주제), **la règle** (법칙), **le texte** (텍스트), **le projet** (계획), **le retard** (지각),
le détail (상세/세목), **brièvement** (간단하게/간략하게), **plus** (더), **tard** (늦게)

세 번째 섹션 : 중요동사 패턴!

3rd Section 은 **대표적**인 **중요동사**를 **테마별**로 **정리**했습니다.
이번 섹션에서 가장 **중요한 점**은
프랑스어 동사는 **인칭에 따라 어미**가 **변화**한다는 것입니다.

P 056

---

 ❸ 기본패턴의 확장!

| p056-09 | ⬤ J'explique en mots simples. | 나는 간단한 단어들로 설명합니다. |
| p056-10 | ⬤ J'explique par des exemples. | 나는 예시들을 들어 설명합니다. |

● **en mots simples** (단순한 말들로/간단한 단어들로)
● **en** (~으로), **le mot** (단어/말), **simple** (간단한), **par** (~을 통해서), **l'exemple** (예/예시)

 ❹ 기본패턴의 응용!

| p056-11 | A) Expliquez-vous clairement la situation? | 그 상황을 정확하게 설명해 주시겠습니까? |
| p056-12 | B) J'explique en détail. | 나는 자세하게 설명하겠습니다. |

- -

| p056-13 | A) Qu'est-ce qu'il y a? | 무슨 일입니까? |
| p056-14 | B) J'explique plus tard. | 나는 나중에 설명하겠습니다. |

● 의문문에서 주어와 동사가 도치되면 주어와 동사 사이에 - 을 붙입니다.
● **Il y a ~.** (거기에 ~이 있습니다.)는 관용구입니다. 앞에 **Qu'est-ce que ~?** (무엇 ~?)을 붙이면
'무엇이 있습니까?'입니다. 문맥에 따라 '무슨 일입니까?'라는 상황을 묻는 표현으로 사용할 수 있습니다.
● **vous** (당신), **clairement** (정확하게/분명하게), **la situation** (상황)

Learn foreign language!
French

Part 3. It's a completely new way to learn foreign language! | **Pattern 057**

J'enseigne. [정쎈니으.]
나는 가르칩니다.

The basics of **grammar** and **sentence construction!**

 ❶ 기본패턴의 핵심!

> ❶ **J'enseigne ~.** 는 '나는 ~ 가르칩니다.'입니다.
> ❷ **enseigner** (가르치다)는 규칙동사이며, 인칭변화형을 활용하여 다양한 문장을 만들 수 있습니다.
> (**J'enseigne, Tu enseignes, Il/Elle enseigne, Nous enseignons, Vous enseignez, Ils/Elles enseignent**)

 ❷ 기본패턴의 연습!

The most useful **phrases** and **expressions!**

p057-01	**J'enseigne le droit.**	나는 법을 가르칩니다.
p057-02	**J'enseigne le français.**	나는 프랑스어를 가르칩니다.
p057-03	**J'enseigne la philosophie.**	나는 철학을 가르칩니다.
p057-04	**J'enseigne les mathématiques.**	나는 수학을 가르칩니다.
p057-05	**J'enseigne à l'université.**	나는 대학에서 가르칩니다.
p057-06	**J'enseigne avec l'internet.**	나는 인터넷으로 가르칩니다.
p057-07	**J'enseigne l'histoire au lycée.**	나는 고등학교에서 역사를 가르칩니다.
p057-08	**J'enseigne l'importance de la paix.**	나는 평화의 중요성을 가르칩니다.

● **à l'université** (대학에서), **au lycée** (고등학교에서)
● 전치사 **à** 는 정관사 **le** 와 만나면 **au** 로 축약합니다. (**à + le lycée** (고등학교) = **au lycée**)
● **le droit** (법), **le français** (프랑스어), **la philosophie** (철학), **les mathématiques** (수학),
à (~에서), **l'université** (대학), **avec** (~로/함께), **l'internet** (인터넷), **l'histoire** (역사),
le lycée (고등학교), **l'importance** (중요성), **de** (~의), **la paix** (평화)

세 번째 섹션 : 중요동사 패턴!

3rd Section 은 **대표적**인 **중요동사**를 **테마별**로 **정리**했습니다.
이번 섹션에서 가장 **중요한 점**은
프랑스어 동사는 **인칭**에 따라 **어미**가 **변화**한다는 것입니다.

P
057

---

 ❸ 기본패턴의 확장!

p057-09 ◯ **J'enseigne l'anglais aux étudiants depuis 10 ans.** 나는 학생들에게 10년 전부터 영어를 가르칩니다.

p057-10 ◯ **J'enseigne actuellement la physique à l'université.** 나는 현재 대학에서 물리를 가르칩니다.

- 전치사 **à** 는 정관사 **les** 와 만나면 **aux** 로 축약합니다. (à + les étudiants (학생들) = aux étudiants)
- **l'anglais** (영어), **depuis** (~이래로), **dix** (10), **an** (해/년), **actuellement** (현재/지금), **la physique** (물리)

 ❹ 기본패턴의 응용!

p057-11 **A) Qu'est-ce que vous faites?** 당신은 무엇을 합니까? (직업)

p057-12 **B) J'enseigne l'histoire au lycée.** 나는 고등학교에서 역사를 가르칩니다.

- -

p057-13 **A) Vous enseignez depuis longtemps?** 당신은 오래 전부터 가르쳤습니까?

p057-14 **B) J'enseigne aux étudiants depuis 10 ans.** 나는 학생들을 10년 전부터 가르치고 있습니다.

- **Qu'est-ce que vous faites?** (당신은 무엇을 합니까?)는 직업을 물어보는 질문으로도 사용합니다.
- **qu'est-ce que** (무엇), **vous** (당신), **faire** (하다), **longtemps** (오래/오랫동안)

The focus is on **conversation** and **communication**.

Start **speaking languages** immediately using **essential phrases**.

Learn foreign language!
French

Part 3. It's a completely new way to learn foreign language! | **Pattern 058**

Je connais. [즈 꼬네.]
나는 알고 있습니다.

Fre

 ❶ 기본패턴의 핵심!

❶ **Je connais ~.** 는 '나는 ~ 알고 있습니다.'입니다.
❷ **connaître** (알고 있다)는 불규칙동사이며, 인칭변화형을 활용하여
다양한 주어의 문장을 만들 수 있습니다. 3인칭 단수의 철자에 유의하십시오.
(**Je connais, Tu connais, Il/Elle connaît, Nous connaissons, Vous connaissez, Ils/Elles connaissent**)

 ❷ 기본패턴의 연습!

p058-01	Je connais cette personne.	나는 그 사람을 압니다.
p058-02	Je connais ces gens.	나는 그 사람들을 압니다.
p058-03	Je connais Paris.	나는 파리를 압니다.
p058-04	Je connais le français.	나는 프랑스어를 압니다.
p058-05	Je connais le quartier.	나는 그 동네를 압니다.
p058-06	Je connais déjà la question.	나는 그 문제를 이미 알고 있습니다.
p058-07	Je connais bien mon métier.	나는 내 직업을 잘 알고 있습니다. (정통합니다.)
p058-08	Je connais le succès.	나는 성공을 압니다. (성공을 경험합니다.)

● 지시형용사는 명사의 성수에 따라 변화합니다.
ce (이/그/저 : 남성단수), **cette** (여성단수), **ces** (남/녀 복수)
● 소유형용사는 명사의 성수에 따라 변화합니다. **mon** (나의 : 남성) / **ma** (여성) / **mes** (남/녀 복수)
● **la personne** (사람), **les gens** (사람들), **le français** (프랑스어), **le quartier** (동네/구역), **déjà** (이미),
la question (문제), **bien** (잘), **mon** (나의), **le métier** (직업), **un** (하나의/어떤), **le succès** (성공)

세 번째 섹션 : 중요동사 패턴!

3rd Section 은 **대표적**인 **중요동사**를 **테마별**로 **정리**했습니다.
이번 섹션에서 가장 **중요한 점**은
프랑스어 동사는 **인칭에 따라 어미**가 **변화**한다는 것입니다.

P 058

---

❸ 기본패턴의 확장!

| p058-09 | Je ne connais aucun d'eux. | 나는 그들 중 아무도 모릅니다. |
| p058-10 | Je connais Emma depuis longtemps. | 나는 엠마를 오래 전부터 알고 있습니다. |

● **aucun** (아무도 ~ 아니다)는 부정부사 **ne** 와 함께 사용하는 부정대명사입니다.
● **d'eux** (그들 중에서)의 **eux** 는 강세형 인칭대명사 3인칭 복수형입니다. 전치사 뒤에는 강세형을
사용합니다. (**moi** (나) / **toi** (너) / **lui** (그) / **elle** (그녀) / **nous** (우리들) / **vous** (당신들) /
eux (그들) / **elles** (그녀들))
● **de** (~에서), **depuis** (~한 이래로), **longtemps** (오랫동안)

---

❹ 기본패턴의 응용!

| p058-11 | A) Vous connaissez ces gens? | 당신은 저 사람들을 압니까? |
| p058-12 | B) Non, je ne connais aucun d'eux. | 아니오, 나는 그들 중 아무도 모릅니다. |

| p058-13 | A) Que pensez-vous de votre métier? | 당신은 당신의 직업에 대해 어떻게 생각하십니까? |
| p058-14 | B) Je connais bien mon métier. | 나는 나의 직업을 잘 알고 있습니다. (정통합니다.) |

● 의문사가 문장 앞에 오면 주어와 동사가 도치되고 주어와 동사 사이에 - 을 붙입니다.
● **penser de ~** (~에 대해 생각하다)
● **vous** (당신), **non** (아니오), **que** (무엇), **penser** (생각하다), **votre** (당신의)

Learn foreign language!
French

Part 3. It's a completely new way to **learn** foreign language! | **Pattern 059**

Je comprends. [즈 꽁프헝.]
나는 이해합니다.

● The **basics of grammar** and **sentence construction!**

❶ 기본패턴의 핵심!

❶ **Je comprends ~.** 는 '나는 ~ 이해합니다.'입니다.
❷ **comprendre** (이해하다)는 불규칙동사이며,
인칭변화형을 활용하여 다양한 주어의 문장을 만들 수 있습니다.
(Je comprends, Tu comprends, Il/Elle comprend,
Nous comprenons, Vous comprenez, Ils/Elles comprennent 등입니다.)

❷ 기본패턴의 연습!

● The most useful **phrases** and **expressions!**

p059-01	Je comprends	tout.	나는 모든 것을 이해합니다.
p059-02	Je comprends	rien.	나는 아무것도 이해하지 못합니다.
p059-03	Je comprends	mieux.	나는 더 잘 이해합니다.
p059-04	Je comprends	le français.	나는 프랑스어를 이해합니다.
p059-05	Je comprends	la situation.	나는 상황을 이해합니다.
p059-06	Je comprends	vite.	나는 빠르게 이해합니다. (이해가 빠릅니다.)
p059-07	Je comprends	vaguement.	나는 막연하게 이해합니다.
p059-08	Je comprends	votre point de vue.	나는 당신의 관점을 이해합니다.

● **mieux** (더 잘/더 나은)은 **bien** (잘)의 우등비교급입니다.
● **le point de vue** (관점)
● 소유형용사는 명사의 성수에 따라 변화합니다. (**votre** (당신의 : 남/녀), **vos** (당신(들)의 : 남/녀))
● **tout** (전부/모두), **rien** (아무것도 (아니다)), **mieux** (더 잘/더 나은), **le français** (프랑스어),
la situation (상황), **vite** (빨리), **vaguement** (막연하게/모호하게), **votre** (당신의),
le point (지점/논점), **de** (~의), **la vue** (관점/시점)

세 번째 섹션 : 중요동사 패턴!

3rd Section 은 **대표적**인 **중요동사**를 **테마별**로 **정리**했습니다.
이번 섹션에서 가장 **중요한 점**은
프랑스어 동사는 인칭에 따라 어미가 **변화**한다는 것입니다.

P 059

 ❸ 기본패턴의 확장!

 p059-09 ⚪ **Je ne comprends pas trop.** 나는 잘 이해하지 못합니다.

 p059-10 ⚪ **Je ne comprends pas ce que vous dites.** 나는 당신이 말하는 것을 이해하지 못합니다.

- 부정문은 동사의 앞과 뒤를 각각 부정부사 **ne ~ pas** 로 감싸줍니다.
- 부사 **trop** (매우/몹시)가 부정문에서 사용되면 '별로~아니다'입니다.
- 지시대명사 **ce** 는 관계대명사 **que** 의 선행사가 될 수 있습니다. **ce que ~** 는 '~하는 것'으로 해석합니다.
ce que vous dites (당신이 말하는 것), **ce que vous voulez** (당신이 원하는 것)
- **ce** (이것/저것/그것 : 지시대명사), **vous** (당신), **dire** (말하다)

 ❹ 기본패턴의 응용!

 p059-11 **A) Vous me comprenez?** 당신은 나를 이해합니까?

 p059-12 **B) Oui, je comprends votre point de vue.** 네, 나는 당신의 관점을 이해합니다.

 p059-13 **A) Vous comprenez mieux maintenant?** 당신은 이제 더 잘 이해하십니까?

 p059-14 **B) Oui, je comprends tout.** 네, 나는 모든 것을 이해합니다.

- 직접목적보어 **me** (나를)의 위치는 동사 앞입니다.
(**me** (나를), **te** (너를), **le** (그를), **la** (그녀를), **nous** (우리들을), **vous** (당신(들)을), **les** (그(녀)들을))
- **oui** (네), **maintenant** (지금/이제)

Learn foreign language!
French

Part 3. It's a completely new way to learn foreign language! | **Pattern 060**

Vous comprenez? [부 꽁프흐네?]

당신은 이해합니까?

The basics of **grammar** and **sentence construction**!

 ❶ 기본패턴의 핵심!

❶ **Vous comprenez ~?** 는 '당신은 ~을 이해합니까?'입니다.
❷ **comprendre** (이해하다)는 불규칙동사이며, 인칭변화형을 활용하여 다양한 문장을 만들 수 있습니다.
(**Je comprends, Tu comprends, Il/Elle comprend, Nous comprenons, Vous comprenez,
Ils/Elles comprennent** 등입니다.)
❸ 주어와 동사를 도치하여 **Comprenez-vous ~?** 로 물을 수 있습니다. 주어와 동사를 도치하면 - 을 표시합니다.

 ❷ 기본패턴의 연습!

p060-01	**Vous comprenez**	tout?	당신은 모든 것을 이해합니까?
p060-02	**Vous comprenez**	le français?	당신은 프랑스어를 이해합니까?
p060-03	**Vous comprenez**	la phrase?	당신은 그 문장을 이해합니까?
p060-04	**Vous comprenez**	la situation?	당신은 상황을 이해합니까?
p060-05	**Vous comprenez**	la signification?	당신은 그 의미를 이해합니까?
p060-06	**Vous comprenez**	le point de vue?	당신은 그 관점을 이해합니까?
p060-07	**Vous comprenez**	la différence?	당신은 그 차이점을 이해합니까?
p060-08	**Vous comprenez**	mieux maintenant?	당신은 이제 더 잘 이해합니까?

● **le point de vue** 는 '관점/시점'입니다.
● **mieux** (더 잘/더 나은)은 **bien** (잘)의 우등비교급입니다.
● **tout** (모두), **le français** (프랑스어), **la phrase** (문장), **la situation** (상황), **la signification** (의미),
le point (지점/논점), **de** (~의), **la vue** (시점/관점), **la différence** (차이/구별), **mieux** (더 잘),
maintenant (지금/이제)

The most useful **phrases** and **expressions**!

세 번째 섹션 : 중요동사 패턴!

3rd Section 은 대표적인 **중요동사**를 **테마별**로 **정리**했습니다.
이번 섹션에서 가장 **중요한 점**은
프랑스어 동사는 인칭에 따라 어미가 변화한다는 것입니다.

P 060

 ❸ 기본패턴의 확장!

p060-09 ○ **Vous comprenez bien la politique?**　　당신은 정치를 잘 이해합니까?

p060-10 ○ **Vous comprenez ce que je dis?**　　당신은 내가 말하는 것을 이해합니까?

● 지시대명사 **ce** 는 관계대명사 **que** 의 선행사가 될 수 있습니다. **ce que ~** 는 '~하는 것'으로 해석합니다.
ce que je dis (내가 말하는 것), **ce que vous voulez** (당신이 원하는 것)
● **bien** (잘/충분히), **la politique** (정치/정치학), **ce** (이것/저것/그것 : 지시대명사), **dire** (말하다)

 ❹ 기본패턴의 응용!

p060-11 **A) Vous comprenez la signification?**　　당신은 그 의미를 이해합니까?

p060-12 **B) Oui, je comprends mieux maintenant.**　　네, 나는 이제 더 잘 이해합니다.

p060-13 **A) Vous comprenez ce que je dis?**　　당신은 내가 말하는 것을 이해합니까?

p060-14 **B) Non, je ne comprends pas encore.**　　아니오, 나는 아직 이해하지 못합니다.

● **oui** (네), **non** (아니오), **encore** (아직)

Learn foreign language!
French

Part 4. It's a completely new way to **learn** foreign language! | **Pattern 061**

Je prépare. [즈 프헤빠흐.]
나는 준비합니다.

● The **basics** of **grammar** and **sentence construction**!

 ❶ 기본패턴의 핵심!

❶ **Je prépare ~.** 는 '나는 ~ 준비합니다.'입니다.
❷ **préparer** (준비하다)는 규칙동사이며, 인칭변화형을 활용하여 다양한 주어의 문장을 만들 수 있습니다.
(**Je prépare, Tu prépares, Il/Elle prépare, Nous préparons, Vous préparez, Ils/Elles préparent**)

❷ 기본패턴의 연습!

● The most useful **phrases** and **expressions**!

p061-01	**Je prépare un projet.**	나는 프로젝트 하나를 준비합니다.
p061-02	**Je prépare un examen.**	나는 시험 하나를 준비합니다.
p061-03	**Je prépare un éxposé.**	나는 발표를 준비합니다.
p061-04	**Je prépare une réunion.**	나는 회의를 준비합니다.
p061-05	**Je prépare le dîner.**	나는 저녁식사를 준비합니다.
p061-06	**Je prépare un voyage sac à dos.**	나는 배낭 여행을 준비합니다.
p061-07	**Je prépare mes vacances d'été.**	나는 나의 여름방학을 준비합니다.
p061-08	**Je prépare un entretien d'embauche.**	나는 면접 인터뷰를 준비합니다.

● 소유형용사는 명사의 성수에 따라 변화합니다. **mon** (나의: 남성) / **ma** (여성) / **mes** (남/녀 복수)
● **le sac à dos** = **le sac** (가방) + **à** (~에) + **le dos** (등)
● **un/une** (하나의/어떤), **le projet** (프로젝트), **l'examen** (시험), **l'éxposé** (발표), **la réunion** (회의),
le dîner (저녁식사), **le voyage** (여행), **le sac à dos** (배낭), **les vacances** (휴가/방학), **de** (~의),
l'été (여름), **l'entretien** (인터뷰), **l'embauche** (고용/채용)

세 번째 섹션 : 중요동사 패턴!

3rd Section 은 **대표적**인 **중요동사**를 **테마별**로 **정리**했습니다.
이번 섹션에서 가장 **중요한 점**은
프랑스어 동사는 **인칭에 따라 어미**가 **변화**한다는 것입니다.

P 061

❸ 기본패턴의 확장!

p061-09 ○ **Je prépare une fête avec mes collègues.**   나는 나의 동료들과 파티를 준비합니다.

p061-10 ○ **Je prépare mon mémoire de fin d'études.**   나는 졸업 논문을 준비합니다.

- **la fin d'études = la fin** (끝) + **de** (~의) + **les études** (학업) = '졸업'입니다.
- 남성명사 **le mémoire** 는 '학술논문/보고서'지만, 여성명사 **la mémoire** 는 '기억/기억력'입니다.
- **la fête** (파티/잔치), **avec** (~와 함께), **le collègue** (동료), **le mémoire** (학술논문/보고서), **la fin** (끝/종말), **l'étude** (공부/연구)

❹ 기본패턴의 응용!

p061-11 **A) Qu'est-ce que vous faites ce soir?**   당신은 오늘 저녁 무엇을 합니까?

p061-12 **B) Je prépare une fête avec mes collègues.**   나는 나의 동료들과 파티를 준비합니다.

- -

p061-13 **A) Qu'est-ce que tu fais pendant les vacances d'été?** 너는 여름방학 동안 무엇을 할 거니?

p061-14 **B) Je prépare un voyage sac à dos en Europe.**   나는 유럽 배낭 여행을 준비하고 있어.

- '지시형용사 **ce** (이/그/저) + 때를 나타내는 명사'는 가까운 그 때를 표현합니다. 지시형용사는 명사의 성수에 따라 변화합니다. **ce soir** (오늘 저녁), **cette semaine** (이번 주), **ce mois** (이번 달), **cette année** (금년)
- 대륙명 앞에는 전치사 **en** 을 붙입니다.
en Europe (유럽에서), **en Afrique** (아프리카에서), **en Asie** (아시아에서)
- **qu'est-ce que** (무엇), **vous** (당신), **faire** (하다), **le soir** (저녁), **pendant** (~동안에), **en** (~에)

Learn foreign language!
French

Part 4. It's a completely new way to **learn** foreign language! | **Pattern 062**

J'ai besoin de ~. [쉐 브주앙 드 ~.]
나는 ~ 필요합니다.

---

 ❶ 기본패턴의 핵심!

❶ **J'ai besoin de** + 명사. 는 '나는 ~을 필요로 합니다.'입니다.
avoir (~을 가지다) + **le besoin** (필요) + **de** (~의/~하는) 구조입니다.
❷ **avoir** (~을 가지다) 동사는 불규칙동사이며, 인칭변화형을 활용하여 다양한 문장을 만들 수 있습니다.
(**J'ai, Tu as, Il/Elle a, Nous avons, Vous avez, Ils/Elles ont** 등입니다.)
❸ **J'ai besoin de** + 동사원형.은 '나는 ~하는 것이 필요하다.'입니다.

 ❷ 기본패턴의 연습!

p062-01	**J'ai besoin d'aide.**	나는 도움을 필요로 합니다.
p062-02	**J'ai besoin de repos.**	나는 휴식을 필요로 합니다.
p062-03	**J'ai besoin de temps.**	나는 시간을 필요로 합니다.
p062-04	**J'ai besoin de vous.**	나는 당신을 필요로 합니다.
p062-05	**J'ai besoin de votre avis.**	나는 당신의 의견을 필요로 합니다.
p062-06	**J'ai besoin de votre coopération.**	나는 당신의 협력을 필요로 합니다.
p062-07	**J'ai besoin d'un emploi.**	나는 일자리를 필요로 합니다.
p062-08	**J'ai besoin de plus d'argent.**	나는 더 많은 돈을 필요로 합니다.

● 전치사 뒤에는 인칭대명사 강세형을 사용합니다. (**moi** (나) / **toi** (너) / **lui** (그) / **elle** (그녀) /
nous (우리들) / **vous** (당신들) / **eux** (그들) / **elles** (그녀들))
● **plus de** + 무관사명사.는 '더 많은 ~'입니다.
● **l'aide** (도움), **le repos** (휴식), **le temps** (시간), **votre** (당신의), **l'avis** (의견/견해), **un** (하나의/어떤),
la coopération (협업/협력), **l'emploi** (일자리/직장), **plus** (더 많은), **l'argent** (돈)

세 번째 섹션 : 중요동사 패턴!

3rd Section 은 대표적인 **중요동사**를 테마별로 **정리**했습니다. 이번 섹션에서 가장 **중요한 점**은 **프랑스어 동사**는 **인칭에 따라 어미**가 **변화**한다는 것입니다.

P 062

 ❸ 기본패턴의 확장!

p062-09 ◉ **J'ai besoin de temps pour réfléchir.**   나는 숙고할 시간을 필요로 합니다.

p062-10 ◉ **J'ai besoin de travailler pour vivre.**   나는 살기 위해 일을 할 필요가 있습니다.

- **le temps pour** + 동사원형 (~ 할 시간)
- **J'ai besoin de** + 동사원형은 '나는 ~하는 것이 필요하다.'입니다.
- **pour** + 동사원형은 '~을 하기 위하여'입니다.
- **pour** (~를 위하여), **réfléchir** (숙고하다), **travailler** (일하다/공부하다), **vivre** (살다/생활하다)

 ❹ 기본패턴의 응용!

p062-11 **A) Quelle est votre décision?**   당신의 결정은 어떻습니까?

p062-12 **B) J'ai besoin d'un peu de temps pour réfléchir.** 나는 숙고할 약간의 시간을 필요로 합니다.

- -

p062-13 **A) Tout va bien?**   모든 것이 잘 가고 있습니까?

p062-14 **B) J'ai besoin de votre coopération.**   나는 당신의 협력을 필요로 합니다.

- **quel** (어떤 : 의문형용사)는 다음에 오는 명사에 따라 어미변화를 합니다.
(**quel** (남성단수), **quels** (남성복수), **quelle** (여성단수), **quelles** (여성복수))
- **un peu de** + 무관사명사는 '약간의 ~'입니다.
- **aller** (가다) 동사는 안부를 묻는 표현으로도 사용합니다. **Comment allez-vous?** (안녕하세요?)
- **Tout va bien?** 모든 것이 잘 가고 있습니까? > 잘 진행되고 있습니까?
- **la décision** (결정), **tout** (모든 것), **aller** (가다), **bien** (잘)

The focus is on **conversation** *and* **communication**.

Start speaking languages immediately using **essential phrases**.

Learn foreign language!
French

Je cherche. [즈 쉐흐슈.]
나는 찾습니다.

 *Fre*

---

 ❶ 기본패턴의 핵심!

❶ **Je cherche ~.** 는 '나는 ~ 찾습니다.'입니다.
❷ **chercher** (찾다)는 규칙동사이며, 인칭변화형을 활용하여 다양한 주어의 문장을 만들 수 있습니다.
(**Je cherche, Tu cherches, Il/Elle cherche, Nous cherchons,**
Vous cherchez, Ils/Elles cherchent 등입니다.)

---

 ❷ 기본패턴의 연습!

p063-01	**Je cherche un travail.**	나는 일자리를 찾고 있습니다.
p063-02	**Je cherche un travail à mi-temps.**	나는 파트타임직을 찾고 있습니다.
p063-03	**Je cherche un travail de nuit.**	나는 야간직을 찾고 있습니다.
p063-04	**Je cherche un travail à l'heure.**	나는 시간제 일자리를 찾고 있습니다.
p063-05	**Je cherche quelqu'un.**	나는 누군가를 찾고 있습니다.
p063-06	**Je cherche cette adresse.**	나는 이 주소를 찾고 있습니다.
p063-07	**Je cherche des souvenirs français.**	나는 프랑스산 기념품을 찾고 있습니다.
p063-08	**Je cherche un logement à Paris.**	나는 파리에서 숙소를 찾고 있습니다.

● **un/des** (어떤/약간의), **le travail** (직업/일), **à** (~단위로/~에), **le mi-temps** (파트타임/반나절 근무),
la nuit (밤), **l'heure** (시간), **quelqu'un** (어떤 사람/누군가), **cette** (이/그/저 : 지시형용사),
l'adresse (주소), **le souvenir** (기념품), **français** (프랑스의), **le logement** (주택/숙소)

세 번째 섹션 : 중요동사 패턴!

3rd Section 은 대표적인 **중요동사**를 **테마별**로 **정리**했습니다.
이번 섹션에서 가장 **중요한 점**은
프랑스어 동사는 인칭에 따라 어미가 **변화**한다는 것입니다.

P 063

 ❸ 기본패턴의 확장!

 ◯ **Je cherche un cadeau pour ma copine.** 나는 나의 여친을 위해 선물 하나를 찾고 있습니다.

 ◯ **Je cherche quelqu'un pour parler sur Skype.** 나는 스카이프로 이야기하려고 누군가를 찾습니다.

- **pour** + 명사는 '~를 위하여'입니다.
- 소유형용사는 명사의 성수에 따라 변화합니다. **mon** (나의 : 남성) / **ma** (여성) / **mes** (남/녀 복수)
- **pour** + 동사원형은 '~을 하기 위하여'입니다.
- **le cadeau** (선물), **ma** (나의), **la copine** (여자친구), **parler** (말하다), **sur** (~를 통해)

 ❹ 기본패턴의 응용!

 A) Quel type de travail cherchez-vous? 당신은 어떤 종류의 일자리를 찾고 있습니까?

 B) Je cherche un travail de nuit. 나는 야간직을 찾고 있습니다.

 A) Qu'est-ce que vous cherchez dans ce magasin? 당신은 이 상점에서 무엇을 찾고 있습니까?

 B) Je cherche un cadeau pour ma copine. 나는 나의 여친을 위해 선물 하나를 찾고 있습니다.

- **quel** (어떤 : 의문형용사)는 다음에 오는 명사에 따라 어미변화를 합니다.
(**quel** (남성단수), **quels** (남성복수), **quelle** (여성단수), **quelles** (여성복수))
- **quel type de ~** (어떤 종류의 ~)
- 지시형용사는 명사의 성수에 따라 변화합니다. **ce** (이/그/저 : 남성단수), **cette** (여성단수), **ces** (남/녀 복수)
- **qu'est-ce que** (무엇), **vous** (당신), **dans** (~안에), **le magasin** (상점)

It focuses on conversation with fluency and confidence. With this book you will **learn languages** with thousands **of customizable phrases**. **157**

Learn foreign language!
French

Part 4.   It's a completely new way to learn foreign language! | **Pattern 064**

J'essaie. [제쎄.]
나는 시도합니다.

Fre

 ❶ 기본패턴의 핵심!

❶ J'essaie ~. 는 '나는 ~ 시도합니다.'입니다.
❷ essayer (시도하다/~하려고 하다)는 규칙동사이며, 인칭변화형을 활용하여 다양한 주어의 문장을 만들 수 있습니다. 단, 동사원형의 **y** 가 인칭에 따라 **i** 로 바뀌는 부분 변칙에 유의하시기 바랍니다. (J'essaie, Tu essaies, Il/Elle essaie, Nous essayons, Vous essayez, Ils/Elles essaient 등입니다.)
❸ **essayer de** + 동사원형 (동사하는 것을 시도하다)

 ❷ 기본패턴의 연습!

p064-01	J'essaie	une robe.	나는 원피스를 입어봅니다.
p064-02	J'essaie	ma nouvelle voiture.	나는 나의 새 차를 타봅니다.
p064-03	J'essaie	de réfléchir.	나는 숙고를 시도합니다.
p064-04	J'essaie	de bien dormir.	나는 잘 자려고 시도합니다.
p064-05	J'essaie	d'être heureux (heureuse).	나는 행복하려고 시도합니다.
p064-06	J'essaie	d'arrêter de fumer.	나는 금연을 시도합니다.
p064-07	J'essaie	d'apprendre le français.	나는 프랑스어를 배우려고 시도합니다.
p064-08	J'essaie	d'économiser de l'argent.	나는 돈을 저축하려고 시도합니다.

● 소유형용사는 명사의 성수에 따라 변화합니다. **mon** (나의 : 남성) / **ma** (여성) / **mes** (남/녀 복수)
● **arrêter de** + 동사원형은 '~하는 것을 중단하다'입니다.
● **une** (하나의/어떤), **la robe** (원피스), **nouvelle** (새로운), **la voiture** (자동차), **réfléchir** (숙고하다), **bien** (잘), **dormir** (자다), **être** (~이다), **heureux** (행복한), **fumer** (흡연하다), **apprendre** (배우다), **le français** (프랑스어), **économiser** (저축하다), **l'argent** (돈)

세 번째 섹션 : 중요동사 패턴!

3rd Section 은 **대표적**인 **중요동사**를 **테마별**로 **정리**했습니다.
이번 섹션에서 가장 **중요한 점**은
프랑스어 동사는 **인칭에 따라 어미**가 **변화**한다는 것입니다.

P 064

 ❸ 기본패턴의 확장!

| p064-09 | ○ **J'essaie toujours de dire la vérité.** | 나는 진실을 말하려고 항상 시도합니다. |
| p064-10 | ○ **J'essaie de ne pas trop manger.** | 나는 너무 많이 먹지 않으려고 시도합니다. |

● **essayer de ne pas** + 동사원형은 '~하지 않으려고 시도합니다'입니다.
● **toujours** (항상), **dire** (말하다), **la vérité** (진실), **trop** (지나치게), **manger** (먹다)

 ❹ 기본패턴의 응용!

| p064-11 | A) **Pourquoi tu ne manges plus?** | 너는 왜 더 이상 먹지 않니? |
| p064-12 | B) **J'essaie de ne pas trop manger.** | 나는 너무 많이 먹지 않으려고 해. |

| p064-13 | A) **Qu'est-ce que vous faites pour votre santé?** | 당신은 당신의 건강을 위해 무엇을 하십니까? |
| p064-14 | B) **J'essaie d'arrêter de fumer.** | 나는 금연을 시도합니다. |

● **ne ~ plus** 는 '더 이상 ~ 않다'입니다.
● **pourquoi** (왜), **tu** (너), **qu'est-ce que** (무엇), **vous** (당신), **faire** (하다), **pour** (~를 위해),
votre (당신의), **la santé** (건강)

The focus is on **conversation** and **communication**. ● Start **speaking languages** immediately using **essential phrases**.

Learn foreign language!
French

Part 4. It's a completely new way to **learn foreign language!** | **Pattern 065**

Je recommande. [즈 흐꼬망드]
나는 추천합니다.

---

❶ 기본패턴의 핵심!

❶ Je recommande ~. 는 '나는 ~ 추천합니다.'입니다.
❷ recommander (추천하다)는 규칙동사이며, 인칭변화형을 활용하여 다양한 문장을 만들 수 있습니다.
(Je recommande, Tu recommandes, Il/Elle recommande,
Nous recommandons, Vous recommandez, Ils/Elles recommandent 등입니다.)
❸ recommander de + 동사원형은 '동사하는 것을 추천하다.'입니다.

❷ 기본패턴의 연습!

p065-01	Je recommande	vivement.	나는 강력하게 추천합니다.
p065-02	Je recommande	ce restaurant.	나는 그 식당을 추천합니다.
p065-03	Je recommande	le film.	나는 그 영화를 추천합니다.
p065-04	Je recommande	le candidat.	나는 그 후보를 추천합니다.
p065-05	Je recommande	le plat du jour.	나는 오늘의 요리를 추천합니다.
p065-06	Je recommande	un livre intéressant.	나는 흥미로운 책 하나를 추천합니다.
p065-07	Je recommande	de voyager en France.	나는 프랑스로 여행하는 것을 추천합니다.
p065-08	Je recommande de visiter le musée du Louvre.		나는 루브르 박물관을 방문할 것을 추천합니다.

● 지시형용사는 명사의 성수에 따라 변화합니다. ce (이/그/저: 남성단수), cette (여성단수), ces (남/녀 복수)
● 전치사 de 는 정관사 le 와 만나면 du 로 축약합니다. (de + le jour = du jour/de + le Louvre = du Louvre)
● en France (프랑스로/프랑스에)
● vivement (강력하게), le restaurant (식당), le film (영화), le candidat (후보), le plat (요리),
le jour (날/하루), le livre (책), intéressant (흥미로운), voyager (여행하다), visiter (방문하다),
le musée (박물관)

Presenting the **core concepts** you need to **write** and **speak.** It focuses on the **core concepts** you need to **communicate.** *start speaking languages immediately using essential phrases*

세 번째 섹션 : 중요동사 패턴!

3rd Section 은 **대표적**인 **중요동사**를 **테마별**로 **정리**했습니다.
이번 섹션에서 가장 **중요한 점**은
프랑스어 동사는 **인칭에 따라 어미가 변화**한다는 것입니다.

P 065

 ③ 기본패턴의 확장!

p065-09 ○ **Je te recommande le repos.**   나는 너에게 휴식을 추천해.

p065-10 ○ **Je vous recommande de prendre le métro.**   나는 당신에게 지하철을 탈 것을 추천합니다.

● 간접목적보어 **te** (너에게) / **vous** (당신(들)에게)의 위치는 동사 앞입니다.
(**me** (나에게), **te** (너에게), **lui** (그(녀)에게), **nous** (우리들에게), **vous** (당신(들)에게), **leur** (그(녀)들에게))
● **le repos** (휴식), **prendre** (타다/취하다/이용하다), **le métro** (지하철)

 ④ 기본패턴의 응용!

p065-11 **A) Qu'est-ce que vous me recommandez?**   당신은 나에게 무엇을 추천합니까?

p065-12 **B) Je vous recommande le plat du jour.**   나는 당신에게 오늘의 요리를 추천합니다.

p065-13 **A) Qu'est-ce qu'on fait à Paris?**   파리에서 무엇을 할까요?

p065-14 **B) Je recommande de visiter le musée du Louvre.** 나는 루브르 박물관을 방문할 것을 추천합니다.

● 대명사 **on** 은 일반 사람들을 나타내는 인칭대명사 역할을 합니다. 동사는 3인칭 단수 취급합니다.
● 도시 이름 앞에는 전치사 **à** 를 붙입니다. **à Paris** (파리에서), **à Séoul** (서울에서)
● **qu'est-ce que** (무엇), **vous** (당신), **on** (사람/일반 사람들), **faire** (~하다), **à** (~에)

Learn foreign language!
French

Part 4.
It's a completely new way to **learn foreign language!**

| **Pattern 066**

Je prends. [즈 프헝.]
나는 취합니다.

*The **basics** of **grammar** and **sentence construction**!*

❶ 기본패턴의 핵심!

❶ **Je prends ~.** 는 '나는 ~ 취합니다.'입니다.
❷ **prendre** (취하다)는 불규칙동사이며,
인칭변화형을 활용하여 다양한 주어의 문장을 만들 수 있습니다.
(**Je prends, Tu prends, Il/Elle prend, Nous prenons, Vous prenez, Ils/Elles prennent** 등입니다.)
❸ 영어의 **take** 처럼 다양한 의미로 사용되는 중요한 동사입니다.

❷ 기본패턴의 연습!

*The most useful **phrases** and **expressions**!*

p066-01	Je prends	un café.	나는 커피를 마십니다.
p066-02	Je prends	un taxi.	나는 택시를 탑니다.
p066-03	Je prends	des photos.	나는 사진들을 찍습니다.
p066-04	Je prends	une douche.	나는 샤워를 합니다.
p066-05	Je prends	un rendez-vous.	나는 약속을 정합니다.
p066-06	Je prends	la première rue.	나는 첫 번째 길로 접어듭니다.
p066-07	Je prends	contact avec mes amis.	나는 내 친구들과 연락을 취합니다.
p066-08	Je prends	un congé parental de 6 mois.	나는 6개월의 육아휴직을 갖습니다.

● **un/une/des** (어떤/하나의), **le café** (커피), **le taxi** (택시), **la photo** (사진), **la douche** (샤워),
le rendez-vous (약속), **première** (첫 번째의), **la rue** (길/거리), **le contact** (접촉/연락), **avec** (~와),
l'ami (친구), **le congé** (휴가), **parental** (부모의), **de** (~의), **six** (6), **le mois** (달/월)

세 번째 섹션 : 중요동사 패턴!

3rd Section 은 대표적인 **중요동사**를 **테마별**로 **정리**했습니다.
이번 섹션에서 가장 **중요한 점**은
프랑스어 동사는 **인칭에 따라 어미**가 **변화**한다는 것입니다.

P 066

---

 ③ 기본패턴의 확장!

p066-09 ○ **Je prends des médicaments 3 fois par jour.** 나는 약들을 하루에 3번 복용합니다.

p066-10 ○ **Je prends le temps de réfléchir.** 나는 숙고할 시간을 취합니다.

- **le temps de** + 동사원형은 '~할 시간'입니다.
- **3 fois par jour** (하루에 3번)
- **le médicament** (약), **trois** (3), **la fois** (번/회), **par** (~마다), **le jour** (날/하루), **le temps** (시간), **réfléchir** (숙고하다)

The focus is on **conversation** and **communication**.

---

 ④ 기본패턴의 응용!

p066-11 **A) Qu'est-ce que vous prenez?** 당신은 어떤 것을 취하십니까? (드십니까?)

p066-12 **B) Je prends un café.** 나는 커피를 마십니다.

---

p066-13 **A) Comment allez-vous jusqu'à la gare?** 당신은 역까지 어떻게 가십니까?

p066-14 **B) Je prends un taxi.** 나는 택시를 탑니다.

- **qu'est-ce que** (무엇), **vous** (당신), **comment** (어떻게), **aller** (가다), **jusqu'à** (~까지), **la gare** (역)

Start **speaking languages** immediately using **essential phrases**.

Learn foreign language!
French

Part 4. It's a completely new way to **learn** foreign language! | **Pattern 067**

J'utilise. [주띨리즈.]
나는 사용합니다.

❶ 기본패턴의 핵심!

❶ **J'utilise ~.** 는 '나는 ~ 사용합니다.'입니다.
❷ **utiliser** (사용하다)는 규칙동사이며,
인칭변화형을 활용하여 다양한 주어의 문장을 만들 수 있습니다.
(**J'utilise, Tu utilises, Il/Elle utilise, Nous utilisons, Vous utilisez, Ils/Elles utilisent** 등입니다.)

❷ 기본패턴의 연습!

p067-01	**J'utilise**	**l'ordinateur.**	나는 컴퓨터를 사용합니다.
p067-02	**J'utilise**	**l'Internet.**	나는 인터넷을 사용합니다.
p067-03	**J'utilise**	**l'aspirateur.**	나는 진공청소기를 사용합니다.
p067-04	**J'utilise**	**la calculette.**	나는 (휴대용) 계산기를 사용합니다.
p067-05	**J'utilise**	**Chrome.**	나는 크롬(브라우저)을 사용합니다.
p067-06	**J'utilise**	**souvent Facebook.**	나는 페이스북을 자주 사용합니다.
p067-07	**J'utilise**	**la carte de crédit.**	나는 신용카드를 사용합니다.
p067-08	**J'utilise**	**tous les moyens.**	나는 모든 방법을 사용합니다.

● **la carte de crédit** = **la carte** (카드) + **de** (~의) + **le crédit** (신용)입니다.
일명 **la carte bleue** (파란 카드)라고도 합니다. 직불카드는 **la carte de débit** 입니다.
● **l'ordinateur** (컴퓨터), **l'Internet** (인터넷), **l'aspirateur** (진공청소기), **la calculette** (휴대용 계산기),
souvent (자주), **la carte de crédit** (신용카드), **tous** (모든), **le moyen** (방법/수단)

세 번째 섹션 : 중요동사 패턴!

3rd Section 은 대표적인 **중요동사**를 **테마별**로 **정리**했습니다.
이번 섹션에서 가장 **중요한 점**은
프랑스어 동사는 인칭에 따라 어미가 변화한다는 것입니다.

P 067

 ③ 기본패턴의 확장!

p067-09 ○ **J'utilise la carte de débit.** 나는 직불카드를 사용합니다.

p067-10 ○ **J'utilise l'application de santé tous les jours.** 나는 건강 애플리케이션을 매일 사용합니다.

● **la carte de débit** (직불카드), **l'application** (애플리케이션), **de** (~의), **la santé** (건강),
tous (모든), **le jour** (날/하루)

 ④ 기본패턴의 응용!

p067-11 A) **Tu utilises Facebook?** 너는 페이스북을 사용하니?

p067-12 B) **J'utilise souvent Facebook.** 나는 페이스북을 자주 사용해.

p067-13 A) **Comment payez-vous?** 당신은 어떻게 지불하시겠습니까?

p067-14 B) **J'utilise la carte de crédit.** 나는 신용카드를 사용하겠습니다.

● 의문사가 앞에 오면 주어와 동사는 도치가 되고, 도치의 표시로 - 을 붙입니다.
● **tu** (너), **comment** (어떻게), **payer** (지불하다), **vous** (당신)

Learn foreign language!
French

Je prévois de ~. [즈 프헤부아 드 ~.]
나는 ~ 계획입니다.

---

❶ 기본패턴의 핵심!

❶ **Je prévois de ~.** 는 '나는 ~ 계획입니다.'입니다.
❷ **prévoir** (계획하다)는 불규칙동사이며, 인칭변화형을 활용하여 다양한 주어의 문장을 만들 수 있습니다.
(**Je prévois, Tu prévois, Il/Elle prévoit, Nous prévoyons, Vous prévoyez, Ils/Elles prévoient** 등입니다.)
❸ **prévoir de** + 동사원형은 '동사원형하는 것을 할 계획이다'입니다.

❷ 기본패턴의 연습!

p068-01	○ Je prévois de déménager.	나는 이사할 계획입니다.
p068-02	○ Je prévois de partir demain.	나는 내일 떠날 계획입니다.
p068-03	○ Je prévois de faire un régime.	나는 다이어트를 할 계획입니다.
p068-04	○ Je prévois d'apprendre le français.	나는 프랑스어를 배울 계획입니다.
p068-05	○ Je prévois de quitter mon emploi.	나는 나의 직업을 그만둘 계획입니다.
p068-06	○ Je prévois d'assister à la réunion.	나는 회의에 참석할 계획입니다.
p068-07	○ Je prévois d'acheter une nouvelle voiture.	나는 새로운 차를 구입할 계획입니다.
p068-08	○ Je prévois de terminer mes devoirs aujourd'hui.	나는 오늘 나의 숙제를 끝낼 계획입니다.

● 소유형용사는 명사의 성수에 따라 변화합니다. **mon** (나의: 남성) / **ma** (여성) / **mes** (남/녀 복수)
● **déménager** (이사하다), **partir** (떠나다), **demain** (내일), **faire** (~하다), **le régime** (다이어트),
apprendre (배우다), **le français** (프랑스어), **quitter** (떠나다), **mon/mes** (나의), **l'emploi** (직업),
assister (참석하다), **à** (~에), **la réunion** (회의), **acheter** (사다/구입하다), **nouvelle** (새로운),
la voiture (자동차), **terminer** (끝내다/마치다), **le devoir** (숙제/의무), **aujourd'hui** (오늘)

세 번째 섹션 : 중요동사 패턴!

3rd Section 은 **대표적**인 **중요동사**를 테마별로 **정리**했습니다.
이번 섹션에서 가장 **중요한 점**은
프랑스어 동사는 **인칭에 따라 어미**가 **변화**한다는 것입니다.

P 068

❸ 기본패턴의 확장!

| p068-09 | ○ Je prévois de partir à 7 heures. | 나는 7시에 떠날 계획입니다. |
| p068-10 | ○ Je prévois d'aller au concert ce soir. | 나는 오늘 저녁에 콘서트에 갈 계획입니다. |

- 시간 앞에는 전치사 **à** (~시에)를 붙입니다.
- 전치사 **à** 는 정관사 **le** 와 만나면 **au** 로 축약합니다. (**à + le concert = au concert**)
- '지시형용사 **ce** (이/그/저) + 때를 나타내는 명사'는 가까운 그 때를 표현합니다.
지시형용사는 명사의 성수에 따라 변화합니다.
ce soir (오늘 저녁), **cette semaine** (이번 주), **ce mois** (이번 달), **cette année** (금년)
- **sept** (7), **l'heure** (시간), **aller** (가다), **le concert** (콘서트), **le soir** (저녁)

❹ 기본패턴의 응용!

| p068-11 | A) Qu'est-ce que vous faites ce soir? | 당신은 오늘 저녁에 무엇을 할 것입니까? |
| p068-12 | B) Je prévois d'aller au concert. | 나는 콘서트에 갈 계획입니다. |

- -

| p068-13 | A) Quand partez-vous? | 당신은 언제 떠나십니까? |
| p068-14 | B) Je prévois de partir après-demain. | 나는 모레 떠날 계획입니다. |

- **qu'est-ce que** (무엇), **quand** (언제), **vous** (당신), **après-demain** (모레)

Learn foreign language!
French

Part 4.　It's a completely new way to learn foreign language!　| Pattern 069

Je propose. [즈 프호쁘즈]
나는 제안합니다.

---

❶ 기본패턴의 핵심!

❶ **Je propose ~.** 는 '나는 ~ 제안합니다.'입니다.
❷ **proposer** (제안하다)는 규칙동사이며, 인칭변화형을 활용하여 다양한 주어의 문장을 만들 수 있습니다.
(Je propose, Tu proposes, Il/Elle propose, Nous proposons, Vous proposez, Ils/Elles proposent)
❸ **proposer de** + 동사원형은 '동사원형하는 것을 제안하다'입니다.

❷ 기본패턴의 연습!

Je propose un projet.	나는 하나의 계획을 제안합니다.
Je propose un débat.	나는 토론을 제안합니다.
Je propose une solution.	나는 하나의 해결책을 제안합니다.
Je propose ma recette.	나는 나의 (요리) 레시피를 제안합니다.
Je propose d'aller au cinéma.	나는 영화관에 갈 것을 제안합니다.
Je propose d'envoyer un e-mail.	나는 이메일을 보낼 것을 제안합니다.
Je propose de reporter le rendez-vous.	나는 약속을 연기할 것을 제안합니다.
Je propose d'annuler la réunion.	나는 회의를 취소할 것을 제안합니다.

● 소유형용사는 명사의 성수에 따라 변화합니다. **mon** (나의 : 남성) / **ma** (여성) / **mes** (남/녀 복수)
● 전치사 **à** 는 정관사 **le** 와 만나면 **au** 로 축약합니다. (**à + le cinéma = au cinéma**)
● **le projet** (계획), **le débat** (토론), **la solution** (해결책), **la recette** (요리법/비결), **aller** (가다),
le cinéma (영화관), **envoyer** (보내다), **l'e-mail** (이메일), **reporter** (연기하다),
le rendez-vous (약속/만남), **annuler** (취소하다), **la réunion** (회의)

pattern chi

세 번째 섹션 : 중요동사 패턴!

3rd Section 은 대표적인 **중요동사**를 **테마별**로 **정리**했습니다.
이번 섹션에서 가장 **중요한 점**은
프랑스어 동사는 인칭에 따라 **어미**가 **변화**한다는 것입니다.

P 069

❸ 기본패턴의 확장!

  p069-09
Je vous propose une mission. 나는 당신에게 하나의 미션을 제안합니다.

p069-10
Je propose d'annuler la réunion en tant que président(e). 나는 의장으로서 회의를 취소할 것을 제안합니다.

● 간접목적보어 **vous** (당신(들)에게)의 위치는 동사 앞입니다.
(**me** (나에게), **te** (너에게), **lui** (그(녀)에게), **nous** (우리들에게), **vous** (당신(들)에게), **leur** (그(녀)들에게))
● **en tant que** + 무관사명사는 '~로서'입니다.
en tant que président (의장으로서), **en tant que spécialiste** (전문가로서)
● **la mission** (미션/임무), **en tant que** (~으로서), **le président / la présidente** (의장)

❹ 기본패턴의 응용!

 p069-11
A) Il y a de grandes différences entre nous. 우리 사이에는 큰 차이들이 있습니다.

p069-12
B) Je propose un débat. 나는 토론을 제안합니다.

p069-13
A) On peut annuler le rendez-vous? 우리 약속을 취소할 수 있습니까?

p069-14
B) Je propose de reporter le rendez-vous. 나는 약속을 연기할 것을 제안합니다.

● **Il y a ~.** (거기에 ~이 있습니다.)는 관용구입니다.
● 대명사 **on** 은 일반 사람들을 나타내는 인칭대명사 역할을 합니다.
회화에서는 **nous** (우리들)의 의미로도 사용합니다. 동사는 3인칭 단수 취급합니다.
● **pouvoir** + 동사원형 (~할 수 있다)
● **grand** (큰/심각한), **la différence** (차이), **entre** (~사이에), **nous** (우리 : 강세형인칭대명사)

Learn foreign language!
French

Part 4.
It's a completely new way to learn foreign language!

| **Pattern 070**

J'accepte.
[작쎕뜨.]
나는 동의합니다.

❶ 기본패턴의 핵심!

❶ **J'accepte ~.** 는 '나는 ~에 동의합니다.'입니다.
❷ **accepter** (동의하다/찬성하다)는 규칙동사이며, 인칭변화형을 활용하여 다양한 문장을 만들 수 있습니다.
(**J'accepte, Tu acceptes, Il/Elle accepte, Nous acceptons, Vous acceptez, Ils/Elles acceptent**)
❸ **accepter de** + 동사원형은 '동사원형 하는 것을 찬성하다/동의하다'입니다.

❷ 기본패턴의 연습!

p070-01	○	**J'accepte**	**tout.**	나는 전부 동의합니다.
p070-02	○	**J'accepte**	**volontiers.**	나는 기꺼이 동의합니다.
p070-03	○	**J'accepte**	**tout à fait.**	나는 완전히 동의합니다.
p070-04	○	**J'accepte**	**votre invitation.**	나는 당신의 초대에 동의합니다.
p070-05	○	**J'accepte**	**votre proposition.**	나는 당신의 제안에 동의합니다.
p070-06	○	**J'accepte**	**vos excuses.**	나는 당신의 사과에 동의합니다.
p070-07	○	**J'accepte**	**les conditions du contrat.**	나는 그 계약서의 조건들에 동의합니다.
p070-08	○	**J'accepte**	**de recevoir des informations.**	나는 정보들을 받는 것을 동의합니다.

● 나는 당신의 사과에 동의합니다. > 나는 당신의 사과를 받아들입니다.
● **tout à fait** (완전히/전적으로)는 숙어 표현입니다.
● 전치사 **de** 는 정관사 **le** 와 만나면 **du** 로 축약합니다. (**de + le contrat = du contrat**)
● **tout** (전부/모두), **volontiers** (기꺼이), **votre/vos** (당신의), **l'invitation** (초대),
la proposition (제안), **les excuses** (사과), **les conditions** (조건들/자격들),
le contrat (계약/계약서), **recevoir** (받아들이다), **des** (약간의), **l'information** (정보)

세 번째 섹션 : 중요동사 패턴!

3rd Section 은 대표적인 **중요동사**를 테마별로 **정리**했습니다.
이번 섹션에서 가장 **중요한 점**은
프랑스어 동사는 **인칭에 따라 어미**가 **변화**한다는 것입니다.

P 070

❸ 기본패턴의 확장!

p070-09
○ **Je n'accepte pas vos excuses.**   나는 당신의 사과에 동의하지 않습니다.

p070-10
○ **J'accepte de participer au concours.**   나는 그 대회에 참여하는 것을 동의합니다.

- 나는 당신의 사과에 동의하지 않습니다. 〉 나는 당신의 사과를 받아들이지 않습니다.
- 부정문은 동사 앞뒤에 각각 부정부사 **ne ~ pas** (~ 아니다)를 붙입니다.
- **participer à ~** (~에 참석하다/참여하다)
- 전치사 **à** 는 정관사 **le** 와 만나면 **au** 로 축약합니다. (**à + le concours = au concours**)
- **ne ~ pas** (~ 아니다), **participer** (참여/참석하다), **le concours** (대회/시험)

❹ 기본패턴의 응용!

p070-11
A) Vous acceptez mes conclusions?   당신은 나의 결론들에 동의합니까?

p070-12
B) J'accepte tout à fait.   나는 완전히 동의합니다.

- -

p070-13
A) Quelle est votre décision?   당신의 결정은 어떻습니까?

p070-14
B) J'accepte de participer au concours.   나는 그 대회에 참여하는 것을 동의합니다.

- 소유형용사는 명사의 성수에 따라 변화합니다. **mon** (나의: 남성) / **ma** (여성) / **mes** (남/녀 복수)
- **quel** (의문형용사: 어떤)는 다음에 오는 명사에 따라 어미변화를 합니다.
(**quel** (남성단수), **quels** (남성복수), **quelle** (여성단수), **quelles** (여성복수))
- **mes** (나의), **la conclusion** (결론), **la décision** (결정)

Learn foreign language!
French

Part 5. It's a completely new way to learn foreign language! | **Pattern 071**

J'adore. [자도흐]
나는 좋아합니다.

---

 ❶ 기본패턴의 핵심!

❶ **J'adore ~.** 는 '나는 ~를 (열렬히) 좋아합니다.'입니다.
❷ **adorer** ((열렬히) 좋아하다)는 규칙동사이며, 인칭변화형을 활용하여 다양한 문장을 만들 수 있습니다.
(**J'adore, Tu adores, Il/Elle adore, Nous adorons, Vous adorez, Ils/Elles adorent** 등입니다.)
❸ **adorer** + 동사원형은 '동사원형 하는 것을 좋아하다'입니다.

---

 ❷ 기본패턴의 연습!

p071-01	○	**J'adore**	**ça.**	나는 그것을 좋아합니다.
p071-02	○	**J'adore**	**la nature.**	나는 자연을 좋아합니다.
p071-03	○	**J'adore**	**le cinéma.**	나는 영화를 좋아합니다.
p071-04	○	**J'adore**	**les animaux.**	나는 동물들을 좋아합니다.
p071-05	○	**J'adore**	**cette chanson.**	나는 이 노래를 좋아합니다.
p071-06	○	**J'adore**	**lire.**	나는 독서를 좋아합니다.
p071-07	○	**J'adore**	**aussi voyager.**	나는 여행 역시 좋아합니다.
p071-08	○	**J'adore**	**surtout le cinéma français.**	나는 프랑스 영화를 특히 좋아합니다.

● 지시형용사는 명사의 성수에 따라 변화합니다. **ce** (이/그/저:남성단수), **cette** (여성단수), **ces** (남/녀복수)
● **-al** 로 끝나는 명사의 복수형은 **-aux** 를 붙입니다. (**l'animal** (동물) / **les animaux** (동물들))
● **ça** (이것/저것/그것 : 지시대명사), **la nature** (자연), **le cinéma** (영화), **la chanson** (노래),
lire (읽다), **aussi** (역시/또한), **voyager** (여행하다), **surtout** (특히), **français** (프랑스의)

Presenting the **core concepts** you need to **write** and **speak**. It focuses on the **core concepts** you need to **communicate**. *start speaking languages immediately using essential phrases.*

세 번째 섹션 : 중요동사 패턴!

3rd Section 은 **대표적**인 **중요동사**를 **테마별**로 **정리**했습니다.
이번 섹션에서 가장 **중요한 점**은
프랑스어 동사는 **인칭에 따라 어미**가 **변화**한다는 것입니다.

P 071

③ 기본패턴의 확장!

p071-09　**Je t'adore malgré tout.**　　　나는 어떤 일이 있더라도 너를 사랑해.

p071-10　**J'adore mes enfants.**　　　나는 내 아이들을 사랑합니다.

- 직접목적보어 **te** (너를)의 위치는 동사 앞입니다. (**Je t'adore. = Je te adore.** 나는 너를 사랑해. : 모음축약) (**me** (나를), **te** (너를), **le** (그(것)을), **la** (그녀(그것)을), **nous** (우리를), **vous** (당신(들)을), **les** (그(그녀/그것)들을))
- **malgré tout** (어떤 일이 있더라도/누가 뭐라고 해도)
- 소유형용사는 명사의 성수에 따라 변화합니다. **mon** (나의 : 남성) / **ma** (여성) / **mes** (남/녀 복수)
- **malgré** (~에도 불구하고), **tout** (모든 것), **l'enfant** (아이)

④ 기본패턴의 응용!

p071-11　**A) Qu'est-ce que vous aimez manger?**　　　당신은 무엇을 즐겨 드십니까?

p071-12　**B) J'adore la cuisine coréenne.**　　　나는 한식을 매우 좋아합니다.

p071-13　**A) Tu es trop loin de moi.**　　　너는 내게서 너무 멀리 있어.

p071-14　**B) Je t'adore malgré tout.**　　　나는 그럼에도 불구하고 너를 사랑해.

- **qu'est-ce que** (무엇), **vous** (당신), **manger** (먹다), **la cuisine** (음식/요리), **coréenne** (한국적인), **tu** (너), **être** (~있다), **trop** (너무), **loin** (먼), **de** (~로부터), **moi** (나 : 인칭대명사 강세형)

Learn foreign language!
French

Part 5.
It's a completely new way to **learn** foreign language!

| **Pattern 072**

Je déteste. [즈 데떼스뜨.]
나는 싫어합니다.

The basics of grammar and sentence construction!

❶ **기본패턴의 핵심!**

❶ **Je déteste ~.** 는 '나는 ~ 싫어합니다.'입니다.
❷ **détester** (싫어하다/미워하다)는 규칙동사이며,
인칭변화형을 활용하여 다양한 주어의 문장을 만들 수 있습니다.
(**Je déteste, Tu détestes, Il/Elle déteste, Nous détestons, Vous détestez, Ils/Elles détestent** 등입니다.)

❷ **기본패턴의 연습!**

The most useful phrases and expressions!

p072-01	○	Je déteste le froid.	나는 추위를 싫어합니다.
p072-02	○	Je déteste la pluie.	나는 비를 싫어합니다.
p072-03	○	Je déteste les lundis.	나는 월요일을 싫어합니다.
p072-04	○	Je déteste les insectes.	나는 곤충들을 싫어합니다.
p072-05	○	Je déteste le mensonge.	나는 거짓말을 싫어합니다.
p072-06	○	Je déteste le gras et le salé.	나는 기름지고 짠 음식을 싫어합니다.
p072-07	○	Je déteste l'odeur de cigarette.	나는 담배냄새를 싫어합니다.
p072-08	○	Je déteste vraiment la routine.	나는 똑같이 반복되는 일을 정말로 싫어합니다.

● 어떤 집단이나 종류를 대표적으로 지칭할 때는 정관사를 사용합니다.
● **le froid** (추위), **la pluie** (비), **le lundi** (월요일), **l'insecte** (곤충), **le mensonge** (거짓말),
le gras (기름진 음식), **et** (그리고), **le salé** (짠 것), **l'odeur** (냄새), **de** (~의),
la cigarette (담배), **vraiment** (정말로/대단히), **la routine** (관례/판에 박힌 일(행동))

세 번째 섹션 : 중요동사 패턴!

3rd Section 은 대표적인 **중요동사**를 **테마별**로 **정리**했습니다.
이번 섹션에서 가장 **중요한 점**은
프랑스어 동사는 **인칭에 따라 어미**가 **변화**한다는 것입니다.

P 072

 ❸ 기본패턴의 확장!

p072-09 **Je déteste vraiment être seul(e).**　나는 혼자 있는 것을 매우 싫어합니다.

p072-10 **Je déteste faire le ménage.**　나는 청소하는 것을 싫어합니다.

- **détester** + 동사원형은 '동사원형하는 것을 싫어하다'입니다.
- **faire le ménage** (청소하다)
- **être** (~이다/있다), **seul(e)** (혼자인/홀로인), **le ménage** (청소)

 ❹ 기본패턴의 응용!

p072-11 **A) Vous aimez votre boulot?**　당신은 당신의 일을 좋아합니까?

p072-12 **B) Pas vraiment, je déteste la routine.**　별로요, 나는 똑같이 반복되는 일을 싫어합니다.

p072-13 **A) Pourquoi tu fais des fêtes le week-end?**　너는 왜 주말마다 파티를 여니?

p072-14 **B) Je déteste vraiment être seul(e).**　나는 혼자 있는 것을 매우 싫어해.

- 때를 나타내는 명사 앞에 붙이는 정관사는 '~마다'라는 반복의 의미가 있습니다.
le week-end (주말마다), **le dimanche** (일요일마다)
- **vous** (당신), **aimer** (좋아하다), **votre** (당신의), **le boulot** (일/직업), **pas** (아니다),
pourquoi (왜), **tu** (너), **faire** (~하다), **des** (약간의), **la fête** (축제/파티), **le week-end** (주말)

Learn foreign language!
French

Part 5.
It's a completely new way to **learn** foreign language!

J'espère. [제스뻬흐]
나는 희망합니다.

| Pattern 073

---

 ❶ 기본패턴의 핵심!

❶ J'espère ~. 는 '나는 ~ 희망합니다.'입니다.
❷ espérer (~을 바라다)는 규칙동사입니다. 인칭변화형을 활용하여 다양한 주어의 문장을 만들 수 있습니다.
단, 동사원형의 철자 **é** 가 인칭에 따라 **è** 로 바뀌는 부분 변칙에 유의하시기 바랍니다.
(J'espère, Tu espères, Il/Elle espère, Nous espérons, Vous espérez, Ils/Elles espèrent 등입니다.)
❸ J'espère que ~. 는 '나는 ~하는 것을 희망합니다.'로 종속접속사 **que** 이하는 절이 옵니다.

 ❷ 기본패턴의 연습!

p073-01	J'espère	un miracle.	나는 기적을 희망합니다.
p073-02	J'espère	votre succès.	나는 당신의 성공을 희망합니다.
p073-03	J'espère	vraiment.	나는 정말로 희망합니다.
p073-04	J'espère	toujours.	나는 언제나 희망합니다.
p073-05	J'espère	que tout va bien.	나는 모든 것이 잘 되기를 희망합니다.
p073-06	J'espère	que vous allez bien.	나는 당신이 잘 지내기를 희망합니다.
p073-07	J'espère	que vous comprenez.	나는 당신이 이해하기를 희망합니다.
p073-08	J'espère	qu'il fait beau demain.	나는 내일 날씨가 좋기를 희망합니다.

● 동사 aller (가다)는 안부를 표현하기도 합니다. **Je vais bien.** (나는 잘 지내고 있습니다.)
● 비인칭 주어 il 은 날씨나 기후, 시간을 표현할 때 사용합니다. **Il fait beau.** (날씨가 좋습니다.)
● un (어떤/하나의), le miracle (기적), votre (당신의), le succès (성공), vraiment (정말로),
toujours (항상/늘), tout (모든 것), aller (가다), bien (잘), vous (당신), comprendre (이해하다),
que + il > qu'il (모음축약), beau (아름다운/화창한), demain (내일)

Presenting the **core concepts** you need to **write** and **speak**. It focuses on the **core concepts** you need to **communicate**. *start speaking languages immediately using essential phrases.*

세 번째 섹션 : 중요동사 패턴!

3rd Section 은 **대표적**인 **중요동사**를 **테마별**로 **정리**했습니다.
이번 섹션에서 가장 **중요한 점**은
프랑스어 동사는 **인칭에 따라 어미**가 **변화**한다는 것입니다.

P 073

 ❸ 기본패턴의 확장!

The focus is on **conversation** and **communication**.

| p073-09 | ○ **J'espère que non.** | 나는 그렇지 않기를 희망합니다. |

| p073-10 | ○ **J'espère que ça vous plaît.** | 나는 그것이 당신의 마음에 들기를 희망합니다. |

- **plaire à ~** 는 '~의(~에게) 마음에 들다'입니다. **à ~** (~에게) 부분은 간접목적보어로 받아 쓸 수 있습니다.
- 간접목적보어 **vous** (당신(들)에게)의 위치는 동사 앞입니다.
(**me** (나에게), **te** (너에게), **lui** (그(녀)에게), **nous** (우리들에게), **vous** (당신(들)에게), **leur** (그(녀)들에게))
- **non** (아니오), **ça** (이것/저것/그것 : 지시대명사)

 ❹ 기본패턴의 응용!

Start **speaking languages** immediately using **essential phrases**.

| p073-11 | **A) Merci pour le cadeau.** | 선물에 감사드립니다. |

| p073-12 | **B) J'espère que ça vous plaît.** | 나는 그것이 당신의 마음에 들기를 희망합니다. |

- -

| p073-13 | **A) Nous allons au festival.** | 우리는 축제에 갑니다. |

| p073-14 | **B) J'espère qu'il fait beau.** | 나는 날씨가 좋기를 희망합니다. |

- **merci pour ~** (~에 대해 감사하다)
- 전치사 **à** 는 정관사 **le** 와 만나면 **au** 로 축약합니다. (**à + le festival = au festival**)
- **le cadeau** (선물), **nous** (우리), **aller** (가다), **le festival** (축제)

Learn foreign language!
French

Part 5. It's a completely new way to learn foreign language! | **Pattern 074**

Je promets. [즈 프호메.]
나는 약속합니다.

❶ 기본패턴의 핵심!

❶ **Je promets ~.** 는 '나는 ~ 약속합니다.'입니다.
❷ **promettre** (약속하다)는 불규칙동사이며, 인칭변화형을 활용하여 다양한 문장을 만들 수 있습니다.
(**Je promets, Tu promets, Il/Elle promet, Nous promettons, Vous promettez, Ils/Elles promettent**)
❸ **promettre de** + 동사원형은 '동사하는 것을 약속하다'입니다.

❷ 기본패턴의 연습!

p074-01	**Je promets absolument.**	나는 굳게 약속합니다.
p074-02	**Je promets rien.**	나는 아무것도 약속하지 않습니다.
p074-03	**Je promets un cadeau aux enfants.**	나는 아이들에게 선물을 약속합니다.
p074-04	**Je promets de garder le secret.**	나는 비밀을 지킬 것을 약속합니다.
p074-05	**Je promets d'écrire.**	나는 (편지) 쓸 것을 약속합니다.
p074-06	**Je promets d'être sage.**	나는 얌전히 있을 것을 약속합니다.
p074-07	**Je promets d'essayer.**	나는 시도해볼 것을 약속합니다.
p074-08	**Je promets de faire de mon mieux.**	나는 나의 최선을 다할 것을 약속합니다.

● 전치사 **à** 는 정관사 **les** 와 만나면 **aux** 로 축약됩니다. (**à + les enfants = aux enfants**)
● **promettre de** + 동사원형은 '동사하는 것을 약속하다'입니다.
● **faire de mon mieux** (나의 최선을 다하다)
● **absolument** (굳게/절대적으로), **rien** (아무것도 (아니다)), **un** (하나의), **le cadeau** (선물),
l'enfant (아이), **garder** (지키다), **le secret** (비밀), **écrire** (쓰다), **être** (~이다),
sage (착한/얌전한), **essayer** (시도하다)

세 번째 섹션 : 중요동사 패턴!

3rd Section 은 **대표적**인 **중요동사**를 **테마별**로 **정리**했습니다.
이번 섹션에서 가장 **중요한 점**은
프랑스어 동사는 **인칭에 따라 어미**가 **변화**한다는 것입니다.

P 074

❸ 기본패턴의 확장!

p074-09 ○ **Je vous promets de revenir.** 나는 당신에게 돌아올 것을 약속합니다.

p074-10 ○ **Je te promets de ne rien gâcher.** 나는 너에게 망치지 않겠다고 약속해.

- 간접목적보어를 사용하여 '~에게 약속하다'를 말할 수 있습니다.
(**me** (나에게), **te** (너에게), **lui** (그(녀)에게), **nous** (우리들에게), **vous** (당신(들)에게), **leur** (그(녀)들에게))
- 간접목적보어의 위치는 동사 앞입니다.
- **promettre de ne rien** + 동사원형은 '~하지 않을 것을 약속하다'입니다.
- **revenir** (돌아오다), **ne ~ rien** (전혀 ~ 아니다), **gâcher** (망치다)

❹ 기본패턴의 응용!

p074-11 A) **Vous venez demain?** 당신은 내일 옵니까?

p074-12 B) **Oui, je vous promets de revenir.** 네, 나는 당신에게 돌아올 것을 약속합니다.

p074-13 A) **C'est un secret entre nous.** 이것은 우리 사이의 비밀이야.

p074-14 B) **Je te promets de garder le secret.** 나는 너에게 비밀을 지킬 것을 약속해.

- **C'est ~.** 는 '그것은 ~입니다.' 입니다. (**ce** (이것/저것/그것) : 지시대명사)
- 전치사 뒤에는 인칭대명사 강세형을 사용합니다.
(**moi** (나) / **toi** (너) / **lui** (그) / **elle** (그녀) / **nous** (우리들) / **vous** (당신들) / **eux** (그들) / **elles** (그녀들))
- **vous** (당신!), **venir** (오다), **demain** (내일), **oui** (네), **un** (하나의), **le secret** (비밀), **entre** (~사이에)

Learn foreign language!
French

Part 5. It's a completely new way to **learn** foreign language! | **Pattern 075**

Je demande. [즈 드망드]
나는 청합니다.

---

 ❶ 기본패턴의 핵심!

❶ **Je demande ~.** 는 '나는 ~ 청합니다.'입니다.
❷ **demander** (~을 부탁하다/청하다)는 규칙동사이며,
인칭변화형을 활용하여 다양한 주어의 문장을 만들 수 있습니다.
(**Je demande, Tu demandes, Il/Elle demande, Nous demandons, Vous demandez, Ils/Elles demandent**)
❸ **demander à ~ de ~** 는 '~에게 ~할 것을 부탁하다'입니다.

---

 ❷ 기본패턴의 연습!

p075-01	Je demande	pardon.	나는 용서를 청합니다.
p075-02	Je demande	la parole.	나는 발언을 청합니다.
p075-03	Je demande	le silence.	나는 정숙을 청합니다.
p075-04	Je demande	à nouveau.	나는 다시 청합니다.
p075-05	Je demande	votre attention.	나는 당신의 주의를 청합니다.
p075-06	Je demande	votre patience.	나는 당신의 인내를 청합니다.
p075-07	Je demande	votre permission.	나는 당신의 허락을 청합니다.
p075-08	Je demande	votre compréhension.	나는 당신의 이해를 청합니다.

● **à nouveau** (다시/재차/새롭게)
● **le pardon** (용서), **la parole** (발언), **le silence** (침묵/정숙), **votre** (당신의), **l'attention** (주의),
la patience (인내), **la permission** (허가), **la compréhension** (이해)

Presenting the **core concepts** you need to **write** and **speak**. It focuses on the **core concepts** you need to **communicate**. *Start speaking languages immediately using essential phrases.*

세 번째 섹션 : 중요동사 패턴!

3rd Section 은 **대표적**인 **중요동사**를 **테마별**로 **정리**했습니다.
이번 섹션에서 가장 **중요한 점**은
프랑스어 동사는 **인칭**에 **따라 어미**가 **변화**한다는 것입니다.

---

❸ 기본패턴의 확장!

p075-09 | **Je vous demande de patienter.** | 나는 당신에게 인내할 것을 청합니다. (기다리세요.)

p075-10 | **Je vous demande pardon pour mes fautes.** | 나는 나의 잘못들에 대해 용서를 청합니다.

- 간접목적보어를 이용해 '~에게 ~을 청하다'를 표현할 수 있습니다. 간접목적보어의 위치는 동사 앞입니다.
(**me** (나에게), **te** (너에게), **lui** (그(녀)에게), **nous** (우리들에게), **vous** (당신(들)에게), **leur** (그(녀)들에게))
- **demander de** + 동사원형은 '~하는 것을 청하다'입니다.
- 소유형용사는 명사의 성수에 따라 변화합니다. **mon** (나의 : 남성) / **ma** (여성) / **mes** (남/녀 복수)
- **pour** (~에 대한), **la faute** (잘못/과오)

---

❹ 기본패턴의 응용!

p075-11 | **A) Qu'est-ce que vous voulez?** | 당신은 무엇을 원합니까?

p075-12 | **B) Je demande votre compréhension.** | 나는 당신의 이해를 청합니다.

- -

p075-13 | **A) Monsieur Dubois est là?** | 뒤부아 씨 계십니까?

p075-14 | **B) Je vous demande de patienter.** | 나는 당신에게 인내할 것을 청합니다. (기다리세요.)

- **qu'est-ce que** (무엇), **vous** (당신), **vouloir** (원하다), **le monsieur** (~씨), **être** (~있다), **là** (거기에)

Learn foreign language!
French

Part 5. It's a completely new way to **learn** foreign language! | **Pattern 076**

Je vous souhaite. [즈 부 쑤에뜨]
나는 당신에게 기원합니다.

● The **basics** of **grammar** and **sentence construction**!

❶ 기본패턴의 핵심!

❶ **Je vous souhaite ~.** 는 '나는 당신에게 ~를 기원합니다.'입니다.
❷ **souhaiter** (원하다/바라다)는 규칙동사이며, 인칭변화형을 활용하여 다양한 문장을 만들 수 있습니다.
(**Je souhaite, Tu souhaites, Il/Elle souhaite, Nous souhaitons, Vous souhaitez, Ils/Elles souhaitent**)
❸ **souhaiter** + 동사원형은 '동사원형하기를 기원하다'입니다.

❷ 기본패턴의 연습!

p076-01	**Je vous souhaite le meilleur.**	나는 당신에게 최고로 좋은 것을 기원합니다.
p076-02	**Je vous souhaite bonne chance.**	나는 당신에게 행운을 기원합니다.
p076-03	**Je vous souhaite une bonne continuation.**	나는 당신에게 좋은 정진을 기원합니다.
p076-04	**Je vous souhaite bon courage.**	나는 당신에게 용기를 기원합니다.
p076-05	**Je vous souhaite un bon voyage.**	나는 당신에게 좋은 여행을 기원합니다.
p076-06	**Je vous souhaite une bonne journée.**	나는 당신에게 좋은 하루를 기원합니다.
p076-07	**Je vous souhaite une bonne année.**	나는 당신에게 즐거운 새해를 기원합니다.
p076-08	**Je vous souhaite une meilleure santé.**	나는 당신에게 더 좋은 건강을 기원합니다.

● 나는 당신에게 좋은 정진을 기원합니다. > 정진하세요.
● **une bonne continuation** 은 하던 일을 계속 잘 해나가라는 의미입니다.
● **meilleur(e)** (더 좋은)은 **bon(ne)** (좋은)의 우등비교급이며, 정관사와 함께 사용하면 '가장 좋은 것'이 됩니다.
● **le meilleur** (가장 좋은 것), **bon/bonne** (좋은), **la chance** (행운), **un/une** (어떤/하나의),
la continuation (연속/정진), **le courage** (용기), **le voyage** (여행), **la journée** (하루),
l'année (해/년), **meilleur(e)** (더 좋은), **la santé** (건강)

P 076

세 번째 섹션 : 중요동사 패턴!

3rd Section 은 **대표적**인 **중요동사**를 **테마별**로 **정리**했습니다.
이번 섹션에서 가장 **중요한 점**은
프랑스어 동사는 **인칭에 따라 어미**가 **변화**한다는 것입니다.

 ❸ 기본패턴의 확장!

 p076-09 **Je souhaite travailler dans la mode.**　나는 패션계에서 일하기를 기원합니다.

 p076-10 **Je souhaite continuer mes études à Paris.**　나는 파리에서 나의 학업을 계속하기를 기원합니다.

- **souhaiter** + 동사원형은 '동사원형하기를 기원하다'입니다.
- 소유형용사는 명사의 성수에 따라 변화합니다. **mon** (나의 : 남성) / **ma** (여성) / **mes** (남/녀 복수)
- 도시 이름 앞에는 전치사 **à** 를 붙입니다. **à Paris** (파리에서), **à Séoul** (서울에서)
- **travailler** (일하다/공부하다), **dans** (~안에), **la mode** (패션), **continuer** (계속하다),
l'étude (학업/공부), **à** (~에서)

 ❹ 기본패턴의 응용!

p076-11 **A) Je pars pour Paris demain.**　　　나는 내일 파리로 갑니다.

p076-12 **B) Je vous souhaite un bon voyage.**　나는 당신에게 좋은 여행을 기원합니다.

p076-13 **A) Je prépare mon mémoire de master.** 나는 나의 석사논문을 준비하고 있습니다.

p076-14 **B) Je vous souhaite une bonne continuation.**
　　　　　　　　　　　　　　나는 당신에게 좋은 정진을 기원합니다. (정진하세요.)

- **partir pour ~** (~를 향해 떠나다)
- **le mémoire de master** (석사논문), 참고로 박사논문은 **la thèse de doctorat** 입니다.
- **partir** (떠나다), **demain** (내일), **préparer** (준비하다), **mon** (나의), **le mémoire** (논문/보고서),
de (~의), **le master** (석사)

- The focus is on **conversation** and **communication**.
- Start **speaking languages** immediately using **essential phrases**.

Learn foreign language!
French

Part 5. It's a completely new way to learn foreign language! | **Pattern 077**

Je vous remercie. [즈 부 흐메흐씨.]
나는 당신에게 감사합니다.

❶ 기본패턴의 핵심!

❶ **Je vous remercie ~.** 는 '나는 ~ 당신에게 감사합니다.'입니다.
❷ **Je vous remercie de + 명사/동사원형.** (나는 ~에 대해 당신에게 감사합니다.)
❸ **remercier** (감사하다) 동사의 인칭변화형을 활용하여 다양한 주어의 문장을 만들 수 있습니다.
(Je remercie, Tu remercies, Il/Elle remercie, Nous remercions, Vous remerciez, Ils/Elles remercient)

❷ 기본패턴의 연습!

p077-01	**Je vous remercie**	**par avance.**	나는 당신에게 우선(미리) 감사합니다.
p077-02	**Je vous remercie**	**beaucoup.**	나는 당신에게 매우 감사합니다.
p077-03	**Je vous remercie**	**infiniment.**	나는 당신에게 무한히 감사합니다.
p077-04	**Je vous remercie**	**de votre aide.**	나는 당신에게 당신의 도움에 대해 감사합니다.
p077-05	**Je vous remercie**	**de votre réponse.**	나는 당신에게 당신의 대답에 대해 감사합니다.
p077-06	**Je vous remercie**	**de votre soutien.**	나는 당신에게 당신의 지지에 대해 감사합니다.
p077-07	**Je vous remercie**	**de votre visite.**	나는 당신에게 당신의 방문에 대해 감사합니다.
p077-08	**Je vous remercie**	**de votre compréhension.**	나는 당신에게 당신의 이해에 대해 감사합니다.

● **par avance** (미리/우선/사전에)
● **beaucoup** (많이), **infiniment** (무한히), **votre** (당신의), **l'aide** (도움), **la réponse** (대답), **le soutien** (지지/후원), **la visite** (방문), **la compréhension** (이해)

세 번째 섹션 : 중요동사 패턴!

3rd Section 은 **대표적**인 **중요동사**를 **테마별**로 **정리**했습니다.
이번 섹션에서 가장 **중요한 점**은
프랑스어 동사는 **인칭에 따라 어미**가 **변화**한다는 것입니다.

P 077

❸ 기본패턴의 확장!

p077-09 ○ **Je te remercie de ton invitation.** 　　나는 너에게 너의 초대에 대해 감사해.

p077-10 ○ **Je vous remercie pour le cadeau.** 　　나는 당신에게 선물에 대해 감사합니다.

- 간접목적보어를 활용해서 다양한 사람들에게 감사를 표현할 수 있습니다.
(**me** (나에게), **te** (너에게), **lui** (그(녀)에게), **nous** (우리들에게), **vous** (당신(들)에게), **leur** (그(녀)들에게))
- 전치사 **de** 대신 **pour** 를 사용할 수도 있습니다.
- 소유형용사는 명사의 성수에 따라 변화합니다. **ton** (너의 : 남성) / **ta** (여성) / **tes** (남/녀 복수)
- **l'invitation** (초대), **le cadeau** (선물)

❹ 기본패턴의 응용!

p077-11 **A) J'ai confiance en vous.** 　　나는 당신을 신뢰합니다.

p077-12 **B) Je vous remercie de votre soutien.** 　　나는 당신에게 당신의 지지에 대해 감사합니다.

p077-13 **A) Tu peux venir chez moi demain?** 　　너는 내일 우리 집에 올 수 있니?

p077-14 **B) Je te remercie de ton invitation.** 　　나는 너에게 너의 초대에 대해 감사해.

- **avoir confiance en ~** (~에게 신뢰를 가지고 있다/믿다) 전치사 **en** 뒤의 인칭대명사는 강세형을 사용합니다.
- **pouvoir** (~할 수 있다) + 동사원형은 '동사원형을 할 수 있다'입니다.
- **chez** + 사람은 '그 사람의 집'입니다. 전치사 **chez** 뒤의 인칭대명사는 강세형을 사용합니다.
- **tu** (너), **venir** (오다), **demain** (내일)

● The focus is on **conversation** and **communication.**

● Start **speaking languages** immediately using **essential phrases.**

Learn foreign language!
French

Part 5. It's a completely new way to learn foreign language! | **Pattern 078**

Je pense. [즈 뻥쓰.]
나는 생각합니다.

 ❶ 기본패턴의 핵심!

❶ **Je pense.** 는 '나는 생각합니다.'입니다.
❷ **penser** (생각하다)는 규칙동사이며, 인칭변화형을 활용하여 다양한 주어의 문장을 만들 수 있습니다.
(**Je pense, Tu penses, Il/Elle pense, Nous pensons, Vous pensez, Ils/Elles pensent** 등입니다.)
❸ **penser à ~** (~에 대해서 생각하다), **penser que ~** (~이라고 생각하다)입니다.

 ❷ 기본패턴의 연습!

p078-01	Je pense	à tout.	나는 모든 것을 생각합니다.
p078-02	Je pense	à l'avenir.	나는 장래를 생각합니다.
p078-03	Je pense	différemment.	나는 다르게 생각합니다.
p078-04	Je pense,	donc je suis.	나는 생각한다, 고로 존재한다.
p078-05	Je pense	que c'est mieux.	나는 그것이 더 좋다고 생각합니다.
p078-06	Je pense	que c'est important.	나는 그것이 중요하다고 생각합니다.
p078-07	Je pense	que vous avez tort.	나는 당신이 틀렸다고 생각합니다.
p078-08	Je pense	que vous avez raison.	나는 당신이 옳다고 생각합니다.

● **penser à ~** (~에 대해서 생각하다), **penser que ~** (~이라고 생각하다)입니다.
● **Je pense à tout.** (나는 모든 것을 생각합니다.)는 아무 것도 잊지 않고, 소홀히 하지 않는다는 의미입니다.
● **C'est ~.** 는 '그것은 ~입니다.'입니다. (**ce** 이것/저것/그것 : 지시대명사)
● **l'avenir** (장래/미래), **différemment** (다르게), **donc** (그래서/그러므로), **être** (존재하다),
mieux (더 나은/더 잘), **important** (중요한), **avoir** (가지다), **le tort** (틀림/잘못), **la raison** (이성/지각)

세 번째 섹션 : 중요동사 패턴!

3rd Section 은 **대표적**인 **중요동사**를 **테마별**로 **정리**했습니다.
이번 섹션에서 가장 **중요한 점**은
프랑스어 동사는 **인칭에 따라 어미**가 **변화**한다는 것입니다.

P
078

---

 ❸ 기본패턴의 확장!

| p078-09 | **Je pense à toi.** | 나는 너를 생각해. |
| p078-10 | **Je pense changer d'emploi.** | 나는 직업을 바꿀 것을 생각합니다. |

● 전치사 **à** 뒤의 인칭대명사는 강세형을 사용합니다.
(**moi** (나) / **toi** (너) / **lui** (그) / **elle** (그녀) / **nous** (우리들) / **vous** (당신들) / **eux** (그들) / **elles** (그녀들))
● **penser** + 동사원형은 '동사원형하는 것을 생각하다'입니다.
● **changer** (바꾸다) + **de** + 무관사명사 (~을 바꾸다)
● **l'emploi** (직업/직장)

---

 ❹ 기본패턴의 응용!

| p078-11 | **A) À qui penses-tu?** | 너는 누구를 생각하고 있니? |
| p078-12 | **B) Je pense à toi comme d'habitude.** | 나는 늘 그렇듯이 너를 생각해. |

| p078-13 | **A) À quoi penses-tu?** | 너는 무엇을 생각하니? |
| p078-14 | **B) Je pense à l'avenir.** | 나는 장래를 생각해. |

● 의문사가 앞에 오면 주어와 동사는 도치가 되고, 도치의 표시로 - 을 붙입니다.
● **À qui** + 사람? (누구를 ~?), **À quoi** + 사물? (무엇을 ~?)입니다.
● **comme d'habitude** (습관과 같이/언제나 그렇듯이)

● The focus is on **conversation** and **communication**.　● Start **speaking languages** immediately using **essential phrases**.

Learn foreign language!
French

Part 5. It's a completely new way to learn foreign language! | **Pattern 079**

Je trouve. [즈 트후브]
나는 생각합니다.

---

 ❶ 기본패턴의 핵심!

❶ **Je trouve ~.** 는 '나는 ~라고 생각합니다.'입니다.
❷ **trouver** (생각하다) 동사의 인칭변화형을 활용하여 다양한 주어의 문장을 만들 수 있습니다.
(Je trouve, Tu trouves, Il/Elle trouve, Nous trouvons, Vous trouvez, Ils/Elles trouvent 등입니다.)
❸ **trouver** + 사람/사물 + 형용사 (~을 ~라고 생각하다)이고, **trouver que ~** (~이라고 생각하다)입니다.

 ❷ 기본패턴의 연습!

p079-01	**Je trouve** ça drôle.	나는 그것이 웃기다고 생각합니다.
p079-02	**Je trouve** ça triste.	나는 그것이 슬프다고 생각합니다.
p079-03	**Je trouve** ça bizarre.	나는 그것이 이상하다고 생각합니다.
p079-04	**Je trouve** ça beau.	나는 그것이 멋지다고 생각합니다.
p079-05	**Je trouve** ce roman intéressant.	나는 이 소설이 흥미롭다고 생각합니다.
p079-06	**Je trouve** Vincent génial.	나는 뱅쌍이 천재적이라고 생각합니다.
p079-07	**Je trouve** qu'elle est jolie.	나는 그녀가 예쁘다고 생각합니다.
p079-08	**Je trouve** que vous êtes gentil.	나는 당신이 친절하다고 생각합니다.

● **ça** 는 지시대명사 **cela** (이것/저것/그것)의 구어체 표현입니다.
● 지시형용사는 명사의 성수에 따라 변화합니다. **ce** (이/그/저 : 남성단수), **cette** (여성단수), **ces** (남/녀 복수)
● **drôle** (우스운), **triste** (슬픈), **bizarre** (이상한), **beau** (멋진/아름다운), **le roman** (소설),
intéressant (흥미로운), **génial** (천재적인/대단한), **être** (~이다), **joli(e)** (예쁜/귀여운),
vous (당신), **gentil** (친절한)

The **basics** of **grammar** and **sentence construction**!
The most useful **phrases** and **expressions**!

세 번째 섹션 : 중요동사 패턴!

3rd Section 은 **대표적**인 **중요동사**를 **테마별**로 **정리**했습니다.
이번 섹션에서 가장 **중요한 점**은
프랑스어 동사는 **인칭에 따라 어미**가 **변화**한다는 것입니다.

P
079

 ❸ 기본패턴의 확장!

| p079-09 | ○ **Je le trouve beau.** | 나는 그가(그것이) 잘 생겼다고 생각합니다. |
| p079-10 | ○ **Je la trouve belle.** | 나는 그녀가(그것이) 아름답다고 생각합니다. |

● 직접목적보어를 이용해서 '~을 ~라고 생각하다'를 표현할 수 있습니다.
직접목적보어의 위치는 동사 앞입니다. (**me** (나를), **te** (너를), **le** (그(것)를), **la** (그녀(그것)를),
nous (우리들을), **vous** (당신(들)을), **les** (그(녀,것)들을))
● 직접목적어의 성과 수에 따라 형용사의 성수를 일치시켜야 합니다.
● **beau/belle** (멋진/아름다운)

 ❹ 기본패턴의 응용!

| p079-11 | A) **Comment trouvez-vous ce film?** | 당신은 이 영화를 어떻게 생각합니까? |
| p079-12 | B) **Je le trouve drôle.** | 나는 그것이 웃기다고 생각합니다. |

| p079-13 | A) **Comment trouves-tu cette fille?** | 너는 저 여자애를 어떻게 생각해? |
| p079-14 | B) **Je la trouve très jolie.** | 나는 그녀가 매우 예쁘다고 생각해. |

● 의문사가 앞에 오면 주어와 동사는 도치가 되고, 도치의 표시로 - 을 붙입니다.
● **comment** (어떻게), **le film** (영화), **tu** (너), **la fille** (소녀), **très** (매우/무척)

● The focus is on **conversation** and **communication.**

● Start **speaking languages** immediately using **essential phrases.**

Learn foreign language!
French

Je crois que ~. [즈 크후아 끄 ~.]
나는 ~라고 생각합니다.

---

 ❶ 기본패턴의 핵심!

❶ **Je crois que ~.** 는 '나는 ~라고 생각합니다.'입니다.
❷ **croire** (생각하다/믿다)는 불규칙동사이며, 인칭변화형을 활용하여 다양한 문장을 만들 수 있습니다.
(**Je crois, Tu crois, Il/Elle croit, Nous croyons, Vous croyez, Ils/Elles croient** 등입니다.)

---

 ❷ 기본패턴의 연습!

p080-01 **Je crois que oui.**	나는 네라고 생각합니다.
p080-02 **Je crois que non.**	나는 아니오라고 생각합니다.
p080-03 **Je crois que j'aime Paul.**	나는 내가 폴을 사랑한다고 생각해.
p080-04 **Je crois que c'est mieux.**	나는 그것이 더 낫다고 생각합니다.
p080-05 **Je crois qu'il dit la vérité.**	나는 그가 진실을 말한다고 생각합니다.
p080-06 **Je crois que vous avez raison.**	나는 당신이 옳다고 생각합니다.
p080-07 **Je crois que c'est très important.**	나는 그것이 매우 중요하다고 생각합니다.
p080-08 **Je crois que c'est une bonne idée.**	나는 그것이 좋은 아이디어라고 생각합니다.

● **C'est ~.** 는 '그것은 ~입니다.'입니다. (**ce** 이것/저것/그것 : 지시대명사)
● **j'aime = je + aime > j'aime** (모음축약), **que + il > qu'il** (모음축약)
● **avoir raison** (옳다/맞다)
● **oui** (네), **non** (아니오), **aimer** (좋아하다/사랑하다), **mieux** (더 나은/더 잘), **dire** (말하다),
la vérité (진실), **vous** (당신), **très** (매우/무척), **important** (중요한), **une** (하나의),
bon(ne) (좋은), **l'idée** (아이디어)

세 번째 섹션 : 중요동사 패턴!

3rd Section 은 대표적인 **중요동사**를 테마별로 **정리**했습니다.
이번 섹션에서 가장 **중요한 점**은
프랑스어 동사는 **인칭에 따라 어미**가 **변화**한다는 것입니다.

P 080

 ❸ 기본패턴의 확장!

| p080-09 | | **Je crois en vous.** | 나는 당신을 믿습니다. |
| p080-10 | | **Je crois qu'il va pleuvoir.** | 나는 비가 올 것이라고 생각합니다. |

● **croire en** + 사람은 '~를 믿다'입니다. 전치사 뒤의 인칭대명사는 강세형을 사용합니다.
(moi (나) / **toi** (너) / **lui** (그) / **elle** (그녀) / **nous** (우리들) / **vous** (당신들) / **eux** (그들) / **elles** (그녀들))
● 비인칭주어 **il** 은 날씨, 기후, 시간 등을 표현합니다.
● **aller** (가다) + 동사원형은 '~을 할 것이다'라는 근접미래 표현입니다.
● **pleuvoir** (비가 오다)

 ❹ 기본패턴의 응용!

| p080-11 | **A) Que pensez-vous de ma proposition?** | 당신은 나의 제안에 대해 어떻게 생각합니까? |
| p080-12 | **B) Je crois que c'est très important.** | 나는 그것이 매우 중요하다고 생각합니다. |

| p080-13 | **A) Quel temps fait-il?** | 날씨가 어떨까요? |
| p080-14 | **B) Je crois qu'il va pleuvoir.** | 나는 비가 올 것이라고 생각합니다. |

● 의문사가 앞에 오면 주어와 동사는 도치가 되고, 도치의 표시로 - 을 붙입니다.
● **quel** (어떤 : 의문형용사)는 다음에 오는 명사에 따라 어미변화를 합니다.
(quel (남성단수), **quels** (남성복수), **quelle** (여성단수), **quelles** (여성복수))
● **Il fait ~.** 는 '날씨가 ~하다.'이며, **il** 은 비인칭 주어입니다.
● **que** (무엇), **penser** (생각하다), **de** (~에 대해), **ma** (나의), **la proposition** (제안), **le temps** (날씨)

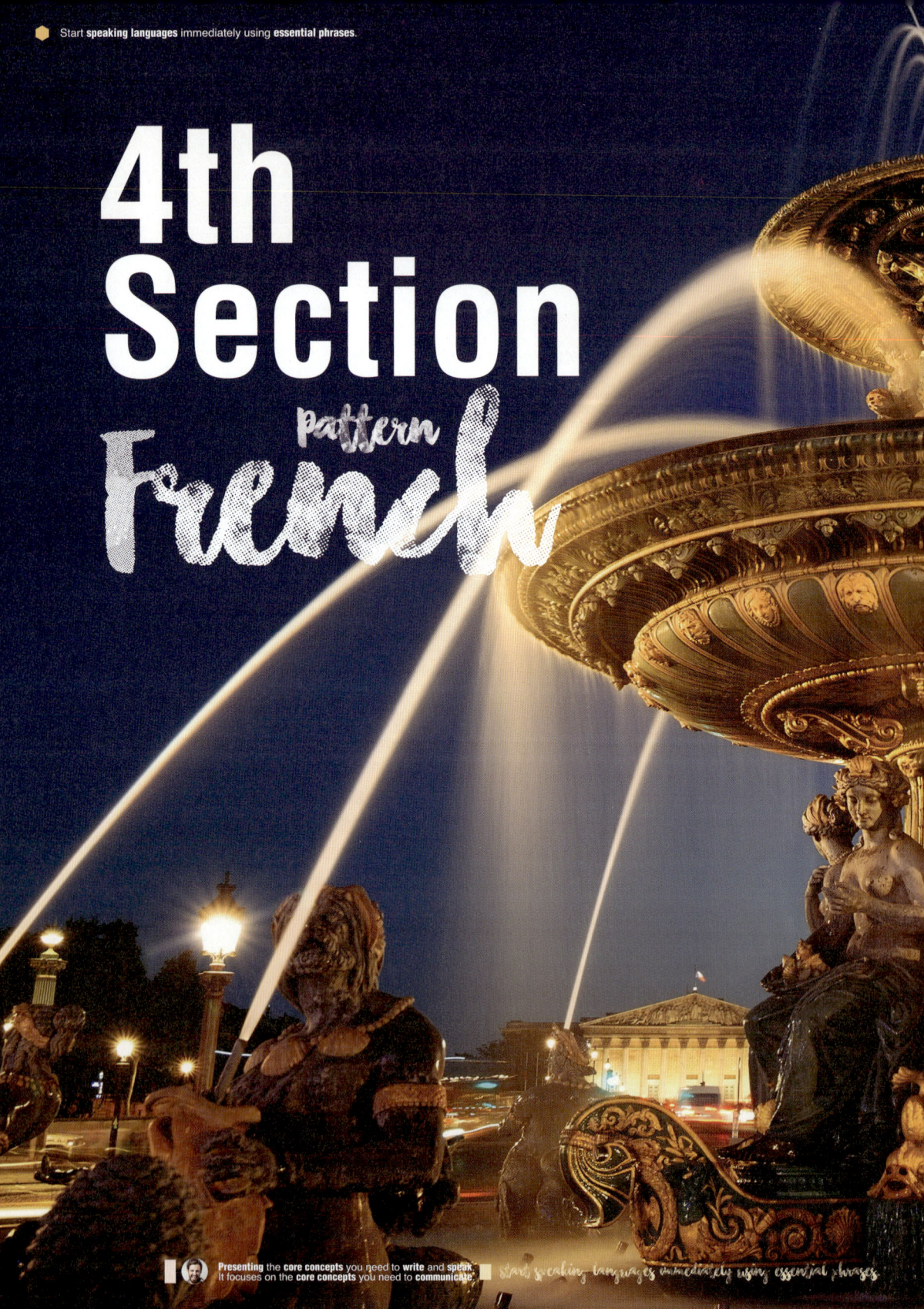

4th Section

pattern French

Presenting the **core concepts** you need to **write** and **speak**. It focuses on the **core concepts** you need to **communicate**.

start speaking languages immediately using essential phrases

It focuses on **conversation** with **fluency** and confidence.

It focuses on conversation with fluency and confidence.

With this book you will **learn languages** with thousands **of customizable phrases**.

4th Section

pattern

French

네 번째 섹션 : 핵심문법 패턴!

4th Section 은 핵심문법을 정리했습니다.
프랑스어 문법의 핵심을 이루는 요소를 활용한 **핵심 패턴**들입니다.

Presenting the core concepts you need to write and speak.
It focuses on the core concepts you need to communicate.

4th Section
핵심문법 섹션 :

4th Section 은 핵심문법을 정리했습니다.
프랑스어 문법의 핵심을 활용한 핵심 패턴들입니다.
(자세한 문법설명은 부록편을 참고하여 주십시오!)

사용빈도가 가장 높은 문법을 활용하는 패턴을 정리했습니다.
순서에 관계 없이 우선 필요한 것부터 선택하여 학습하시면 됩니다.

Part 01. 비인칭문, 2줄요약!

❶ 프랑스어의 **il** 은 영어의 **it** 처럼 비인칭(주체가 인물이 아닌)을 나타냅니다.
❷ 비인칭주어(날씨/기후/시간 등), 가주어, 비인칭 숙어표현 등 다양하게 활용됩니다.

Part 02. 대명동사, 2줄요약!

❶ '대명동사'란 대명사가 붙어다니는 동사라는 뜻으로 영어의 '재귀동사'와 같습니다.
❷ 프랑스어 재귀대명사 원형 **se** 는 각 인칭별로 형태가 다릅니다.
(**me** (나), **te** (너), **se** (그(녀)), **nous** (우리), **vous** (당신(들)), **se** (그(녀)들))

Part 03. 의문문, 2줄요약!

❶ 의문문! 모든 대화의 시작이며, 궁금증의 해결입니다.
❷ 프랑스어에서 의문사는 의문대명사/형용사/부사/종속접속사 등 다양하게 사용됩니다.

Part 04. 준조동사, 2줄요약!

❶ 준조동사는 다채롭게 말하는 법을 돕는 동사들입니다.
❷ **pouvoir** (~할 수 있다), **devoir** (~해야만 한다), **vouloir** (~하고 싶다),
aller (곧 ~할 것이다), **savoir** (~할 줄 안다), **aimer** (좋아하다)

Learn foreign language!
French

Part 1.
It's a completely new way to **learn** foreign language!

| Pattern 081

Il fait ~. [일 페 ~.]
날씨가 ~합니다.

Fre

 ❶ 기본패턴의 핵심!

❶ **Il fait** +형용사. (날씨/기후가 ~하다.)로 날씨/기후를 표현할 수 있습니다.
❷ **faire** (만들다/하다) 동사를 사용합니다.

 ❷ 기본패턴의 연습!

p081-01	○ Il fait	doux.	날씨가 따뜻합니다.
p081-02	○ Il fait	frais.	날씨가 서늘합니다.
p081-03	○ Il fait	chaud.	날씨가 덥습니다.
p081-04	○ Il fait	froid.	날씨가 춥습니다.
p081-05	○ Il fait	gris.	날씨가 흐립니다.
p081-06	○ Il fait	ensoleillé.	날씨가 화창합니다.
p081-07	○ Il fait	sec.	날씨가 건조합니다.
p081-08	○ Il fait	humide.	날씨가 눅눅합니다. (습도가 높습니다.)

● **gris** (회색의/흐린) 구름이 끼어 우중충한 날씨를 표현합니다.
nuageux (구름이 낀/흐린)으로 표현할 수도 있습니다.
● **doux** (따듯한), **frais** (서늘한), **chaud** (더운), **froid** (추운), **gris** (흐린/회색의), **ensoleillé** (화창한), **sec** (건조한), **humide** (눅눅한/습도가 높은)

네 번째 섹션 : 핵심문법 패턴!

4th Section 은 **핵심문법**을 **정리**했습니다.
프랑스어 문법의 **핵심**을 이루는 요소를 활용한 **핵심 패턴**들입니다.

P 081

 ❸ 기본패턴의 확장!

| p081-09 | ◉ J'ai froid. | 나는 춥습니다. |
| p081-10 | ◉ Il fait toujours frais dans une cave. | 지하실 안은 언제나 서늘합니다. |

- **J'ai = Je + ai** (나는 가지고 있다), 모음축약입니다.
- '나는 추위를 가지고 있다.' 즉, '나는 춥다.'가 됩니다.
- **avoir** (가지다), **toujours** (언제나/항상), **dans** (~안에), **une** (하나의), **la cave** (지하실/동굴)

 ❹ 기본패턴의 응용!

| p081-11 | A) Quel temps fait-il dehors? | 밖에 날씨가 어떻습니까? |
| p081-12 | B) Il fait très froid. | 날씨가 아주 춥습니다. |

- -

| p081-13 | A) Pourquoi tu fermes la fenêtre? | 너는 창문을 왜 닫니? |
| p081-14 | B) Parce que j'ai froid. | 나는 춥기 때문이야. |

- **quel** (어떤 : 의문형용사)는 다음에 오는 명사에 따라 어미변화를 합니다.
(**quel** (남성단수), **quels** (남성복수), **quelle** (여성단수), **quelles** (여성복수))
- 의문사가 앞에 오면 주어와 동사는 도치가 되고, 도치의 표시로 - 를 붙입니다.
- **parce que** + 절 (~이기 때문이다)입니다. 영어의 **because** 와 같습니다.
- **le temps** (날씨/시간), **dehors** (밖에), **très** (매우), **pourquoi** (왜), **tu** (너), **fermer** (닫다), **la fenêtre** (창문)

● The focus is on **conversation** and **communication**.

● Start speaking languages immediately using **essential phrases**.

Learn foreign language!
French

Part 1.
It's a completely new way to **learn** foreign language!

| Pattern 082

Il fait ~. [일 페 ~.]
날씨가 ~합니다.

---

 ❶ 기본패턴의 핵심!

❶ **Il fait** +형용사. (날씨/기후가 ~하다.)로 날씨/기후를 표현할 수 있습니다.
❷ 날씨를 나타내는 비인칭동사들도 비인칭주어 **il** 과 함께 사용합니다.
❸ **faire** (만들다/하다) 동사를 사용합니다.
Il fait beau. (날씨가 좋습니다.)는 **Le temps est beau.** (날씨가 좋습니다.)로 바꾸어 써도 됩니다.

---

❷ 기본패턴의 연습!

p082-01	○ Il fait beau.	날씨가 좋습니다.
p082-02	○ Il fait mauvais.	날씨가 나쁩니다.
p082-03	○ Il fait magnifique.	날씨가 멋집니다.
p082-04	○ Il pleut beaucoup.	비가 많이 옵니다.
p082-05	○ Il neige aujourd'hui.	오늘 눈이 옵니다.
p082-06	○ Il tonne souvent.	자주 천둥 칩니다.
p082-07	○ Il gèle ce matin.	오늘 아침 얼음이 얼었습니다. (매우 춥습니다.)
p082-08	○ Il vente très fort.	바람이 심하게 붑니다.

● 날씨를 나타내는 비인칭동사들이 있습니다. 비인칭주어 **il** 과 함께 사용합니다.
● **pleuvoir** (비가 오다), **neiger** (눈이 오다), **tonner** (천둥 치다), **geler** (얼음이 얼다),
venter (바람 불다)
● **le temps** (날씨/시간), **beau** (좋은), **mauvais** (나쁜), **magnifique** (멋진), **beaucoup** (많이),
aujourd'hui (오늘), **souvent** (자주), **ce** (이/그/저 : 지시형용사), **le matin** (아침), **très** (매우),
fort (강하게/세게)

Presenting the **core concepts** you need to **write** and **speak**.
It focuses on the **core concepts** you need to **communicate**.

네 번째 섹션 : 핵심문법 패턴!

4th Section 은 **핵심문법**을 **정리**했습니다.
프랑스어 문법의 **핵심**을 이루는 요소를 활용한 **핵심 패턴**들입니다.

P 082

 ③ 기본패턴의 확장!

| p082-09 | ○ | Il fait 15˚C. | 섭씨15도입니다. |
| p082-10 | ○ | Il neige depuis 3 jours. | 3일째 눈이 옵니다. |

● 기온을 표현할 때도 **Il fait ~.** 구문을 사용합니다.
La température est de 15˚C. (기온이 섭씨 15도입니다.)라고 할 수도 있습니다.
● **quinze** (15), **degrés** (˚C), **depuis** (~이래로), **trois** (3), **le jour** (날/일)

 ④ 기본패턴의 응용!

| p082-11 | A) Quel temps fait-il aujourd'hui? | 오늘 날씨가 어떻습니까? |
| p082-12 | B) Il vente très fort. | 바람이 심하게 붑니다. |

| p082-13 | A) Quel temps fait-il chez vous? | 당신네 날씨는 어떻습니까? |
| p082-14 | B) Il pleut et tonne. | 비가 오고 천둥 칩니다. |

● **quel** (어떤 : 의문형용사)는 다음에 오는 명사에 따라 어미변화를 합니다.
(**quel** (남성단수), **quels** (남성복수), **quelle** (여성단수), **quelles** (여성복수))
● 전치사 **chez** + 사람은 '그 사람의 집/지역/나라'입니다. 전치사 뒤에 인칭대명사는 강세형을 사용합니다.
(**moi** (나) / **toi** (너) / **lui** (그) / **elle** (그녀) / **nous** (우리) / **vous** (당신(들)) / **eux** (그들) / **elles** (그녀들))
● **aujourd'hui** (오늘), **et** (그리고)

Learn foreign language!
French

Part 1.

It's a completely new way to **learn** foreign language!

| Pattern 083

Il est ~. [일레~.]
~시입니다.

● The **basics** of **grammar** and **sentence construction**!

 ❶ 기본패턴의 핵심!

❶ **Il est ~ heure(s).** (~시이다.)로 시간을 표현할 수 있습니다.
❷ 1시 (**une heure**) 이후의 시간은 모두 복수형으로 씁니다. (**2 heures** (2시), **3 heures** (3시))
❸ **Il est 4 heures 10.** (4시 10분입니다.) '분'은 표시하지 않고, 숫자만 말합니다.

 ❷ 기본패턴의 연습!

● The most useful **phrases** and **expressions**!

p083-01	● Il est	une heure maintenant.	지금은 1시입니다.
p083-02	● Il est	presque deux heures.	거의 2시입니다.
p083-03	● Il est	déjà trois heures.	벌써 3시입니다.
p083-04	● Il est	bientôt quatre heures.	곧 4시입니다.
p083-05	● Il est	six heures pile.	정확하게 딱 6시입니다.
p083-06	● Il est	sept heures dix.	7시 10분입니다.
p083-07	● Il est	huit heures et quart.	8시 15분입니다.
p083-08	● Il est	neuf heures trente.	9시 30분입니다.

● 시간을 말할 때 **le quart** (1/4)은 60분의 1/4, 즉 15분을 의미합니다.
● **un** (1 : 시간을 말할 때는 **une**), **deux** (2), **trois** (3), **quatre** (4), **cinq** (5), **six** (6), **sept** (7), **huit** (8),
neuf (9), **dix** (10), **onze** (11), **douze** (12)
● **maintenant** (지금), **l'heure** (시), **presque** (거의), **déjà** (이미), **bientôt** (곧),
pile ((시간표현과 함께) 정확하게), **et** (그리고), **trente** (30)

네 번째 섹션 : 핵심문법 패턴!

4th Section 은 **핵심문법**을 **정리**했습니다.
프랑스어 문법의 **핵심**을 이루는 요소를 활용한 **핵심 패턴**들입니다.

 P 083

 ③ 기본패턴의 확장!

p083-09 | Il est quatre heures moins le quart. | 15분 전 4시입니다.

p083-10 | Il est six heures et demie. | 6시 반입니다.

- 시간을 나타낼 때 **moins le quart** (1/4이 부족한)은 '15분 전'이라는 의미입니다.
- **et demie** (그리고 반/30분)은 '30분'을 말합니다. **six heures et demie** 는 '6시 반'입니다.

 ④ 기본패턴의 응용!

p083-11 | A) Quelle heure est-il maintenant? | 지금 몇 시입니까?

p083-12 | B) Il est onze heures pile. | 정확하게 딱 11시입니다.

p083-13 | A) Vous avez l'heure? | 몇 시입니까?

p083-14 | B) Il est quatre heures moins le quart. | 15분 전 4시입니다.

- **quel** (어떤 : 의문형용사)는 다음에 오는 명사에 따라 어미변화를 합니다.
(**quel** (남성단수), **quels** (남성복수), **quelle** (여성단수), **quelles** (여성복수))
- 의문사가 앞에 오면 주어와 동사는 도치가 되고, 도치의 표시로 - 을 붙입니다.
- 시간을 물어보는 다른 표현으로는 **Vous avez l'heure?** (당신은 시간을 가지고 있습니까?)도 있습니다.
- **maintenant** (지금), **vous** (당신), **avoir** (가지다)

Learn foreign language!
French

Part 1. It's a completely new way to learn foreign language! | **Pattern 084**

Il est temps de ~. [일 레 떵 드 ~.]
~할 시간입니다.

 ❶ 기본패턴의 핵심!

❶ **Il est temps de** + 동사원형.은 '~할 시간이다.'입니다.

 ❷ 기본패턴의 연습!

p084-01	○	**Il est temps de**	**dormir.**	잠잘 시간입니다.
p084-02	○	**Il est temps de**	**sortir.**	외출할 시간입니다.
p084-03	○	**Il est temps de**	**déjeuner.**	점심식사 시간입니다.
p084-04	○	**Il est temps de**	**travailler.**	일(공부)할 시간입니다.
p084-05	○	**Il est temps de**	**faire le point.**	상황 판단을 정확히 할 시간입니다.
p084-06	○	**Il est temps de**	**commencer la leçon.**	수업을 시작할 시간입니다.
p084-07	○	**Il est temps de**	**rentrer à la maison.**	집으로 돌아갈 시간입니다.
p084-08	○	**Il est temps de**	**prendre une décision.**	결정을 할 시간입니다.

● **faire le point** (상황 판단을 정확히 하다)는 숙어표현입니다.
● **au lit** (침대로), **à la maison** (집으로), **à l'école** (학교에)
● **dormir** (자다), **sortir** (나가다/외출하다), **déjeuner** (점심 먹다), **travailler** (일하다/공부하다),
faire (만들다/하다), **le point** (상황/요점), **commencer** (시작하다), **la leçon** (학과/수업),
rentrer (돌아가다), **à** (~에), **la maison** (집), **prendre** (취하다/정하다), **une** (하나의/어떤),
la décision (결정)

네 번째 섹션 : 핵심문법 패턴!

4th Section 은 **핵심문법**을 **정리**했습니다.
프랑스어 문법의 **핵심**을 이루는 요소를 활용한 **핵심 패턴**들입니다.

P 084

③ 기본패턴의 확장!

| p084-09 | ⦿ **Il est l'heure de réviser.** | 복습할 시간입니다. |
| p084-10 | ⦿ **Il n'est pas temps de faire une pause.** | 휴식할 시간이 아닙니다. |

- **le temps** 대신에 **l'heure** (시/시간)을 넣어도 같은 의미입니다.
- 부정문은 동사 앞뒤에 각각 부정부사 **ne ~ pas** (~ 아니다)를 붙입니다.
- **faire une pause** (휴식하다/쉬다)
- **réviser** (복습하다), **faire** (하다), **une** (하나의/어떤), **la pause** (휴식)

④ 기본패턴의 응용!

| p084-11 | **A) Je ne sais pas où est la vérité.** | 나는 진실이 어디에 있는지 모르겠습니다. |
| p084-12 | **B) Il est temps de faire le point.** | 상황 판단을 정확히 할 시간입니다. |

- -

| p084-13 | **A) Il est temps de prendre une décision.** | 결정을 할 시간입니다. |
| p084-14 | **B) J'ai besoin d'un peu de temps.** | 나는 시간이 약간 필요합니다. |

- **où** (어디에)는 관계부사로 사용되었습니다. **Je ne sais pas où ~.** (나는 어디에 ~ 인지 알지 못한다.)
- **avoir besoin de ~** (~가 필요하다)
- **un peu de** + 무관사명사 (약간의 ~), **beaucoup de** + 무관사명사 (많은 ~)
- **ne ~ pas** (~ 아니다), **savoir** (알다), **être** (~있다/이다), **la vérité** (진실)

● The focus is on **conversation** and **communication**.

● Start **speaking languages** immediately using **essential phrases**.

Learn foreign language!
French

Part 1. It's a completely new way to learn foreign language! | **Pattern 085**

Il est ~ de ~. [일 레 ~ 드 ~.]
~하는 것은 ~입니다.

 ❶ 기본패턴의 핵심!

❶ **Il est ~ de** + 동사원형.은 '~하는 것은 ~입니다.'입니다.
❷ 구어체에서는 **Il est ~** 대신에 중성대명사 **ce** 를 이용한 **C'est ~** 구문도 흔히 쓰입니다.

 ❷ 기본패턴의 연습!

p085-01	○ Il est interdit de fumer ici.	여기에서 흡연하는 것은 금지입니다.
p085-02	○ Il est possible de choisir.	선택하는 것이 가능합니다.
p085-03	○ Il est important de noter.	적어두는 것이 중요합니다.
p085-04	○ Il est normal d'être heureux.	행복하고 싶은 것은 당연합니다.
p085-05	○ Il est facile de critiquer les défauts.	단점들을 비판하는 것은 쉽습니다.
p085-06	○ Il est nécessaire de respecter la loi.	규칙을 존중하는 것이 필요합니다.
p085-07	○ Il est amusant de parler avec Laurent.	로랑과 함께 이야기하는 것은 즐겁습니다.
p085-08	○ Il est difficile d'apprendre une langue étrangère.	외국어를 배우는 것은 어렵습니다.

● **d'être** (= de + être : 모음축약), **d'apprendre** (= de + apprendre : 모음축약)
● **interdit** (금지의), **fumer** (흡연하다), **ici** (여기), **possible** (가능한), **choisir** (선택하다), **important** (중요한), **noter** (적어두다), **normal** (정상의/당연한), **être** (~이다/있다), **heureux** (행복한), **facile** (쉬운), **critiquer** (비판하다), **le défaut** (단점), **nécessaire** (필요한), **respecter** (존중하다), **la loi** (규칙), **amusant** (즐거운), **parler** (말하다), **avec** (~와 함께), **difficile** (어려운), **apprendre** (배우다), **la langue** (언어), **étrangère** (외국의)

네 번째 섹션 : 핵심문법 패턴!

4th Section 은 **핵심문법**을 **정리**했습니다.
프랑스어 문법의 **핵심**을 이루는 요소를 활용한 **핵심 패턴**들입니다.

P 085

③ 기본패턴의 확장!

p085-09 | C'est difficile de répondre. | 대답하는 것은 어렵습니다.

p085-10 | Il est évident que 2 et 2 font 4. | 2 + 2는 4인 것은 분명합니다.

- 구어체에서는 **Il est ~** 대신에 중성대명사 **ce** 를 이용한 **C'est ~** 구문이 흔히 쓰입니다.
- **Il est ~ que** + 절.은 'que 이하의 사실은 ~하다.'입니다.
- **2 et 2 font 4** 는 2 + 2 = 4 입니다. **font** 은 **faire** (만들다/하다) 동사의 3인칭 복수형입니다.
- **répondre** (대답하다), **évident** (분명한/확실한), **deux** (2), **et** (그리고), **quatre** (4)

④ 기본패턴의 응용!

p085-11 | A) Tu apprends le français? | 너는 프랑스어를 배우니?

p085-12 | B) Oui, mais il est difficile d'apprendre une langue étrangère. | 응, 하지만 외국어를 배우는 것은 어려워.

- -

p085-13 | A) Puis-je fumer? | 내가 담배 피울 수 있을까요?

p085-14 | B) Il est interdit de fumer ici. | 여기에서 흡연하는 것은 금지입니다.

- **Puis-je** + 동사원형?은 '내가 ~할 수 있을까요?'입니다.
puis 는 **pouvoir** (~할 수 있다) 동사의 변형으로 1인칭 단수 **je** 와 만나 도치될 경우에만 사용합니다.
Je peux ~. (나는 ~할 수 있다.) / **Puis-je ~?** (나는 ~할 수 있습니까?)
- 소유형용사는 명사의 성수에 따라 변화합니다. **mon** (나의 : 남성) / **ma** (여성) / **mes** (남/녀 복수)
- **tu** (너), **le français** (프랑스어), **oui** (네), **mais** (그러나)

Learn foreign language!
French

Part 1. It's a completely new way to learn foreign language! | **Pattern 086**

Il est trop ~ pour ~. [일 레 트호 ~ 뿌흐 ~.]
~하기 위해서는 너무 ~합니다.

 ❶ 기본패턴의 핵심!

❶ **Il est trop ~ pour** + 동사원형.은 '~하기 위해서는 너무 ~합니다.'입니다.
❷ 구어체에서는 **Il est ~** 대신에 중성대명사 **ce** 를 이용한 **C'est ~** 구문도 흔히 쓰입니다.

 ❷ 기본패턴의 연습!

p086-01	◯ Il est trop	**loin pour marcher.**	걷기에는 너무 멉니다.
p086-02	◯ Il est trop	**lourd pour porter.**	들기에는 너무 무겁습니다.
p086-03	◯ Il est trop	**tard pour annuler.**	취소하기에는 너무 늦었습니다.
p086-04	◯ Il est trop	**tôt pour commencer.**	시작하기에는 너무 이릅니다.
p086-05	◯ Il est trop	**compliqué pour expliquer.**	설명하기에는 너무 복잡합니다.
p086-06	◯ Il est trop	**difficile pour comprendre.**	이해하기에는 너무 어렵습니다.
p086-07	◯ Il est trop	**étroit pour garer la voiture.**	차를 주차시키기에는 너무 좁습니다.
p086-08	◯ Il est trop	**beau pour être vrai.**	사실이기에는 너무 아름답습니다.

● **loin** (먼), **marcher** (걷다), **lourd** (무거운), **porter** (들다), **tard** (늦은), **annuler** (취소하다), **tôt** (이른), **commencer** (시작하다), **compliqué** (복잡한), **expliquer** (설명하다), **difficile** (어려운), **comprendre** (이해하다), **étroit** (좁은), **garer** (주차하다), **la voiture** (자동차), **beau** (아름다운), **être** (~이다), **vrai** (사실의)

Presenting the **core concepts** you need to **write** and **speak**. It focuses on the **core concepts** you need to **communicate**. *start speaking languages immediately using essential phrases.*

네 번째 섹션 : 핵심문법 패턴!

4th Section 은 **핵심문법**을 **정리**했습니다.
프랑스어 문법의 **핵심**을 이루는 요소를 활용한 **핵심 패턴**들입니다.

P 086

---

 ❸ 기본패턴의 확장!

| p086-09 | ◯ Il fait trop froid pour jouer dehors. | 밖에서 놀기에는 너무 춥습니다. |
| p086-10 | ◯ C'est trop cher pour acheter. | 구매하기에는 너무 비쌉니다. |

● **Il fait ~.** 는 '날씨가 ~하다.'로 비인칭구문입니다.
● 구어체에서는 **Il est ~** 대신에 중성대명사 **ce** 를 이용한 **C'est ~** 구문이 흔히 쓰입니다.
● **froid** (추운), **jouer** (놀다), **dehors** (밖에서), **cher** (비싼), **acheter** (사다)

---

 ❹ 기본패턴의 응용!

| p086-11 | A) J'ai peur de parler en public. | 나는 사람들 앞에서 이야기하는 것이 두렵습니다. |
| p086-12 | B) Il est trop tard pour annuler. | 취소하기에는 너무 늦었습니다. |

- -

| p086-13 | A) La bague me plaît beaucoup. | 그 반지가 무척 나의 마음에 듭니다. |
| p086-14 | B) C'est trop cher pour acheter. | 구매하기에는 너무 비쌉니다. |

● **avoir peur de** + 명사/동사원형.은 '~이/~하는 것이 두렵다.'입니다.
● **en public** (사람들 앞에서/대중 앞에서)
● **plaire à** + 사람 (~의 마음에 들다), **à** + 사람 부분을 간접목적보어로 받아 쓸 수 있습니다.
(**me** (나에게), **te** (너에게), **lui** (그(녀)에게), **nous** (우리에게), **vous** (당신(들)에게), **leur** (그(녀)들에게))
● **parler** (말하다), **la bague** (반지), **beaucoup** (많이)

Learn foreign language!
French

Part 1. It's a completely new way to learn foreign language! | **Pattern 087**

Il y a ~. [일 리 아 ~.]
~가 있습니다.

 ① 기본패턴의 핵심!

- **① Il y a** + 명사.는 '~가 있다/존재하다.'로 대표적인 비인칭 숙어입니다.

 ② 기본패턴의 연습!

p087-01	Il y a	un problème.	하나의 문제가 있습니다.
p087-02	Il y a	une solution.	하나의 해결책이 있습니다.
p087-03	Il y a	une différence.	차이가 있습니다.
p087-04	Il y a	encore des places.	아직 좌석들이 있습니다.
p087-05	Il y a	le choix.	선택이 있습니다. (선택의 폭이 넓습니다.)
p087-06	Il y a	un accident.	하나의 사고가 있습니다. (사고가 났습니다.)
p087-07	Il y a	des exceptions.	예외들이 있습니다.
p087-08	Il y a	beaucoup de monde.	많은 사람들이 있습니다.

- **beaucoup de** + 무관사명사는 '많은/다수의/다량의 ~'입니다.
- **un/une/des** (어떤/약간의 : 부정관사), **le problème** (문제/난점), **la solution** (해결책), **la différence** (차이), **encore** (여전히), **la place** (자리/좌석), **le choix** (선택), **l'accident** (사고), **l'exception** (예외), **le monde** (세계/사람들)

네 번째 섹션 : 핵심문법 패턴!

4th Section 은 **핵심문법**을 **정리**했습니다.
프랑스어 문법의 **핵심**을 이루는 요소를 활용한 **핵심 패턴**들입니다.

P 087

---

 ❸ 기본패턴의 확장!

p087-09 ◉ **Il y a un bon restaurant près d'ici.**   여기 근처에 좋은 식당이 하나 있습니다.

p087-10 ◉ **Il y a beaucoup de possibilités dans la vie.**   삶에는 많은 가능성들이 있습니다.

- **près de ~** (~근처에), **loin de ~** (~ 먼)
- **près d'ici** (= près de + ici 모음축약)
- **bon** (좋은), **le restaurant** (식당), **ici** (여기), **la possibilité** (가능성), **dans** (~안에), **la vie** (삶/인생)

---

 ❹ 기본패턴의 응용!

p087-11   A) **Vous me recommandez un restaurant?**   당신은 나에게 식당을 하나 추천하시겠습니까?

p087-12   B) **Il y a un bon restaurant près d'ici.**   여기 근처에 좋은 식당이 하나 있습니다.

- -

p087-13   A) **Le parking est complet?**   주차장이 다 찼습니까?

p087-14   B) **Non, il y a encore des places.**   아니오, 아직 자리들이 있습니다.

- 간접목적보어의 위치는 동사 앞입니다.
(**me** (나에게), **te** (너에게), **lui** (그(녀)에게), **nous** (우리에게), **vous** (당신(들)에게), **leur** (그(녀)들에게)
- **vous** (당신), **recommander** (추천하다), **le parking** (주차장), **être** (~이다), **complet** (꽉 찬/만원인),
non (아니오)

Learn foreign language!
French

Part 1.
It's a completely new way to **learn foreign language!**

| **Pattern 088**

Il n'y a pas de ~. [일 니 아 빠 드 ~.]
~가 없습니다.

❶ 기본패턴의 핵심!

❶ **Il n'y a pas de** + 명사. (~가 없다/존재하지 않다.)는 비인칭 숙어입니다.
❷ **Il n'y a pas de** 는 **Il ne y a pas de** ~ 의 모음 축약 형태입니다.

❷ 기본패턴의 연습!

p088-01	○ Il n'y a pas de limite.	한계는 없습니다.
p088-02	○ Il n'y a pas de souci.	걱정이 없습니다.
p088-03	○ Il n'y a pas de choix.	선택지가 없습니다.
p088-04	○ Il n'y a pas d'issue.	출구가 없습니다.
p088-05	○ Il n'y a pas de chance.	기회가 없습니다.
p088-06	○ Il n'y a pas de secret.	비밀은 없습니다.
p088-07	○ Il n'y a pas d'autre moyen.	다른 방법은 없습니다.
p088-08	○ Il n'y a pas d'effet sans cause.	원인 없는 결과는 없습니다.

● **d'issue** (= de + issue), **d'autre** (= de + autre), **d'effet** (= de + effet) (모두 모음축약)
● **la limite** (경계/한계), **le souci** (걱정/근심), **le choix** (선택), **l'issue** (출구/해결책),
la chance (기회/행운), **le secret** (비밀), **autre** (다른), **le moyen** (방법), **l'effet** (결과),
sans (~이 없는), **la cause** (원인/이유)

네 번째 섹션 : 핵심문법 패턴!

4th Section 은 **핵심문법**을 **정리**했습니다.
프랑스어 문법의 **핵심**을 이루는 요소를 활용한 **핵심 패턴**들입니다.

 ❸ 기본패턴의 확장!

| p088-09 | Il n'y a pas de quoi. | 아무것도 없습니다. (별거 없습니다./천만에요.) |
| p088-10 | Il n'y a plus de vin. | 더 이상 포도주가 없습니다. (다 떨어졌습니다.) |

- **Il n'y a pas de quoi.** 는 상대방의 감사에 대한 답변입니다.
- **ne ~ plus** 는 '더 이상 ~ 않다'입니다. **Il n'y a plus de ~.** 는 '더 이상 ~이 없다.'입니다.
- **quoi** (무엇), **le vin** (포도주)

 ❹ 기본패턴의 응용!

| p088-11 | A) Je vous remercie pour le cadeau. | 나는 당신에게 선물에 대해 감사합니다. |
| p088-12 | B) Il n'y a pas de quoi. | 아무것도 없습니다. (별거 없습니다./천만에요.) |

| p088-13 | A) Vous avez une idée? | 당신은 어떤 아이디어가 있습니까? |
| p088-14 | B) Non, il n'y a pas d'autre moyen. | 아니오, 다른 방법은 없습니다. |

- 간접목적보어의 위치는 동사 앞입니다.
(**me** (나에게), **te** (너에게), **lui** (그(녀)에게), **nous** (우리에게), **vous** (당신(들)에게), **leur** (그(녀)들에게)
- **Je vous remercie pour ~.** (나는 당신에게 ~에 대해 감사하다.)
- **remercier** (감사하다), **pour** (~에 대해), **le cadeau** (선물), **vous** (당신), **avoir** (가지다),
une (어떤/하나의), **l'idée** (아이디어), **non** (아니오)

The focus is on **conversation** and **communication**.

Start **speaking languages** immediately using **essential phrases**.

Learn foreign language!
French

Y a-t-il ~? [이 아띨 ~?]
~가 있습니까?

❶ 기본패턴의 핵심!

❶ **Y a-t-il?** (~가 있습니까/존재합니까?)는 비인칭 숙어입니다.
❷ **Il y a ~.** 의 의문형입니다. 가운데의 **-t-** 는 연속되는 모음 충돌을 막기 위해 넣은 매개 자음입니다.
문법적인 의미는 없고, 발음상 삽입한 것입니다.

❷ 기본패턴의 연습!

p089-01	○	Y a-t-il	un problème?	문제 (하나)가 있습니까?
p089-02	○	Y a-t-il	une possibilité?	가능성이 있습니까?
p089-03	○	Y a-t-il	un moyen?	방법이 있습니까?
p089-04	○	Y a-t-il	une réduction?	할인이 있습니까?
p089-05	○	Y a-t-il	un café?	카페가 있습니까?
p089-06	○	Y a-t-il	un bus?	버스가 있습니까?
p089-07	○	Y a-t-il	quelqu'un?	누군가 있습니까?
p089-08	○	Y a-t-il	quelque chose?	무엇인가 있습니까?

● **un/une** (어떤/하나의), **le problème** (문제/난점), **la possibilité** (가능성), **le moyen** (방법),
la réduction (할인), **le café** (카페), **le bus** (버스), **quelqu'un** (누군가), **quelque chose** (무엇인가)

Presenting the **core concepts** you need to **write** and **speak.**
It focuses on the **core concepts** you need to **communicate.** *start speaking languages immediately using essential phrases.*

The **basics** of **grammar** and **sentence construction!**

The most useful **phrases** and **expressions!**

네 번째 섹션 : 핵심문법 패턴!

4th Section 은 **핵심문법**을 **정리**했습니다.
프랑스어 문법의 **핵심**을 이루는 요소를 활용한 **핵심 패턴**들입니다.

P 089

---

 ❸ 기본패턴의 확장!

p089-09 ⦿ **Y a-t-il une application mobile pour ça?** 그것을 위한 휴대폰 애플리케이션이 있습니까?

p089-10 ⦿ **Y a-t-il quelque chose de nouveau en France?** 프랑스에 뭔가 새로운 것이 있습니까?

- **ça** 는 지시대명사 **cela** (이것/저것/그것)의 구어체 표현입니다.
- **quelque chose de** + 형용사는 '~한 것'입니다.
- 여성 국가명 앞에는 **en** 을 붙이고, 남성 국가 앞에는 **au** 를 붙입니다.
en France (프랑스에), **en Corée** (한국에), **au Japon** (일본에), **au Canada** (캐나다에)
- **l'application mobile** (휴대폰 애플리케이션), **pour** (~을 위한/~에 대한), **nouveau** (새로운)

  ❹ 기본패턴의 응용!

p089-11 **A) Y a-t-il un bus pour l'aéroport?** 공항 가는 버스가 있습니까?

p089-12 **B) Oui, il y a une navette devant l'hôtel.** 네, 호텔 앞에 셔틀버스가 있습니다.

- -

p089-13 **A) Y a-t-il une élection en France?** 프랑스에 선거가 있습니까?

p089-14 **B) Oui, il y a une élection présidentielle cette année.** 네, 올해 대통령 선거가 있습니다.

- **un bus pour ~** (~행 버스)
- '지시형용사 **ce** (이/그/저) + 때를 나타내는 명사'는 가까운 그 때를 표현합니다.
지시형용사는 명사의 성수에 따라 변화합니다. **ce soir** (오늘 저녁), **ce mois** (이번 달), **cette année** (금년)
- **un/une** (하나의/어떤), **le bus** (버스), **l'aéroport** (공항), **oui** (네), **la navette** (셔틀버스),
devant (~앞에), **l'hôtel** (호텔), **l'élection** (선거), **présidentielle** (대통령의)

• The focus is on conversation *and* communication.

• Start speaking languages immediately using *essential phrases.*

Learn foreign language!
French

Part 1.
It's a completely new way to **learn foreign language!**

| **Pattern 090**

Il suffit de ~. [일 쒸피 드 ~.]
~하기만 하면 됩니다.

---

 ❶ 기본패턴의 핵심!

❶ **Il suffit de** + 동사원형.은 '~하기만 하면 된다/~하는 것으로 충분하다.'입니다.
❷ **suffit** 는 **suffire** (충분하다/족하다)의 3인칭 단수 형태입니다.

---

 ❷ 기본패턴의 연습!

p090-01	**Il suffit de signer ici.**	여기에 사인만 하면 됩니다.
p090-02	**Il suffit de cliquer.**	클릭만 하면 됩니다.
p090-03	**Il suffit de remplir cette fiche.**	이 카드를 작성만 하면 됩니다.
p090-04	**Il suffit d'envoyer votre C.V..**	당신의 이력서를 보내기만 하면 됩니다.
p090-05	**Il suffit de prendre le métro.**	지하철을 타기만 하면 됩니다.
p090-06	**Il suffit de lire attentivement.**	주의깊게 읽기만 하면 됩니다.
p090-07	**Il suffit de choisir la couleur.**	색깔을 고르기만 하면 됩니다.
p090-08	**Il suffit de marcher vite.**	빠르게 걷기만 하면 됩니다.

● 지시형용사는 명사의 성수에 따라 변화합니다. **ce** (이/그/저 : 남성단수), **cette** (여성단수), **ces** (남/녀복수)
● **C.V. = curriculum vitæ** (이력서)
● **signer** (사인하다), **ici** (여기), **cliquer** (클릭하다), **remplir** (채우다/작성하다), **la fiche** (카드),
envoyer (보내다), **votre** (당신의), **prendre** (타다), **le métro** (지하철), **lire** (읽다),
attentivement (주의깊게), **choisir** (선택하다), **la couleur** (색깔), **marcher** (걷다), **vite** (빠르게)

네 번째 섹션 : 핵심문법 패턴!

4th Section 은 **핵심문법**을 정리했습니다.
프랑스어 문법의 **핵심**을 이루는 요소를 활용한 **핵심 패턴**들입니다.

P 090

 ③ 기본패턴의 확장!

| p090-09 | **Il vous suffit de dire la vérité.** | 당신은 진실을 말하기만 하면 됩니다. |
| p090-10 | **Il ne suffit pas de vouloir, il faut agir.** | 원하기만 하면 되는 것이 아니라, 행동해야 합니다. |

● 간접목적보어를 이용해 '~에게 충분하다'를 표현할 수 있습니다.
Il vous suffit de ~. (당신은 ~하기만 하면 됩니다.) 간접목적보어의 위치는 동사 앞입니다.
(**me** (나에게), **te** (너에게), **lui** (그(녀)에게), **nous** (우리에게), **vous** (당신(들)에게), **leur** (그(녀)들에게)
● **Il faut** + 동사원형. (~할 필요가 있다./~해야 한다.)는 비인칭구문입니다.
● **dire** (말하다), **la vérité** (진실), **ne ~ pas** (~ 아니다), **vouloir** (원하다/바라다), **agir** (행동하다)

 ④ 기본패턴의 응용!

| p090-11 | **A) Je veux la liberté.** | 나는 자유를 원합니다. |
| p090-12 | **B) Il ne suffit pas de vouloir, il faut agir.** | 원하기만 하면 되는 것이 아니라, 행동해야 합니다. |

- -

| p090-13 | **A) Je voudrais m'inscrire.** | 나는 등록하고 싶습니다. |
| p090-14 | **B) Il suffit de remplir cette fiche.** | 이 카드를 작성하기만 하면 됩니다. |

● **veux** 는 **vouloir** (원하다/바라다) 동사의 1인칭 단수 형태입니다.
● **s'inscrire** (등록하다)는 대명사와 함께 사용하는 대명동사입니다. 영어의 '재귀동사'와 같습니다
프랑스어 재귀대명사 원형 **se** 는 인칭에 따라 변화합니다. **m'inscrire** (= **me + inscrire** 모음축약)
(**me** (나), **te** (너), **se** (그(녀)), **nous** (우리), **vous** (당신(들)), **se** (그(녀)들))
● **la liberté** (자유)

Learn foreign language!
French

Part 1. It's a completely new way to learn foreign language! | **Pattern 091**

Il me manque ~. [일 므 망끄 ~.]
~가 부족합니다.

❶ 기본패턴의 핵심!

❶ **Il me manque ~.** (~가 부족합니다/~가 모자랍니다.)는 대표적인 비인칭숙어입니다.
❷ **manque** 는 **manquer** (부족하다 /모자라다) 동사의3인칭 단수 형태이고,
me (나에게)는 간접목적보어입니다. '나에게 ~이 모자랍니다.' 즉, '~가 부족합니다.'로 해석할 수 있습니다.

❷ 기본패턴의 연습!

p091-01	Il me manque	de l'argent.	돈이 부족합니다.
p091-02	Il me manque	du sucre.	설탕이 부족합니다.
p091-03	Il me manque	du courage.	용기가 부족합니다.
p091-04	Il me manque	des informations.	정보들이 부족합니다.
p091-05	Il me manque	des talents.	재능들이 부족합니다.
p091-06	Il me manque	de l'humour.	유머감각이 부족합니다.
p091-07	Il me manque	des expériences.	경험들이 부족합니다.
p091-08	Il me manque	un véritable ami.	진정한 친구가 부족합니다.

● 셀 수 없는 물질 명사와 추상 명사 앞에는 부분관사를 붙입니다. **du** (남성 단수) / **de la** (여성 단수)
모음이나 무성 **h** 로 시작되는 명사 앞의 부분관사는 **de l'** 입니다. **de l'argent** (돈), **de l'humour** (유머)
● **le sucre** (설탕), **le courage** (용기), **l'information** (정보), **le talent** (재능), **l'expérience** (경험),
un/des (하나의/약간의), **véritable** (진정한), **l'ami** (친구)

네 번째 섹션 : 핵심문법 패턴!

4th Section 은 **핵심문법**을 **정리**했습니다.
프랑스어 문법의 **핵심**을 이루는 요소를 활용한 **핵심 패턴**들입니다.

P 091

 ❸ 기본패턴의 확장!

 Il me manque juste 1 euro. | 딱 1유로가 부족합니다.

 Il me manque un peu d'argent. | 돈이 조금 부족합니다.

● **un peu de** + 무관사명사 (약간의~)
● **juste** (바로/꼭), **un** (1), **euro** (유로)

 ❹ 기본패턴의 응용!

A) Pourquoi tu ne pars pas en voyage? | 너는 왜 여행을 떠나지 않니?

B) Il me manque un peu d'argent. | 돈이 조금 부족해.

A) Déclarez votre amour à Louise! | 루이즈에게 당신의 사랑을 고백하세요!

B) Il me manque du courage. | 용기가 부족합니다.

● **partir en voyage** (여행/휴가를 떠나다)
● 부정문은 동사 앞뒤에 각각 부정부사 **ne ~ pas** (~아니다)를 붙입니다.
● **déclarer son amour à ~** 는 '~에게 자기의 사랑을 고백하다'입니다.
● 명령문은 주어를 빼면 됩니다.
● **pourquoi** (왜), **tu** (너), **votre** (당신의), **l'amour** (사랑)

Learn foreign language!
French

Part 1. It's a completely new way to learn foreign language! | **Pattern 092**

Il faut ~. [일 포 ~.]
~해야 합니다.

❶ 기본패턴의 핵심!

❶ **Il faut** + 동사원형. (~해야 합니다.)는 비인칭숙어입니다.
❷ **faut** 는 **falloir** (필요하다/~해야만 한다) 동사의 3인칭 형태입니다. (비인칭동사입니다.)

❷ 기본패턴의 연습!

p092-01	Il faut	**continuer.**	계속해야 합니다.
p092-02	Il faut	**travailler.**	일(공부)해야 합니다.
p092-03	Il faut	**faire attention.**	주의해야 합니다.
p092-04	Il faut	**payer maintenant.**	지금 지불해야 합니다.
p092-05	Il faut	**laisser un message.**	메시지를 남겨야 합니다.
p092-06	Il faut	**voir le documentaire.**	그 다큐멘터리를 봐야 합니다.
p092-07	Il faut	**essayer encore une fois.**	한 번 더 시도해봐야 합니다.
p092-08	Il faut	**prendre le petit-déjeuner.**	아침 식사를 해야 합니다.

● **encore une fois** (한 번 더)
● **continuer** (계속하다), **travailler** (일/공부하다), **faire** (하다), **l'attention** (주의), **payer** (지불하다), **maintenant** (지금), **laisser** (남기다), **un/une** (하나의/어떤), **le message** (메시지), **voir** (보다), **le documentaire** (다큐멘터리), **essayer** (시도하다), **encore** (더), **la fois** (번/회), **prendre** (먹다/잡다/취하다), **le petit-déjeuner** (아침 식사)

네 번째 섹션 : 핵심문법 패턴!

4th Section 은 **핵심문법**을 **정리**했습니다.
프랑스어 문법의 **핵심**을 이루는 요소를 활용한 **핵심 패턴**들입니다.

P 092

---

 ❸ 기본패턴의 확장!

| p092-09 | Il faut arrêter de fumer. | 흡연하는 것을 멈춰야 합니다. (담배를 끊어야 합니다.) |
| p092-10 | Il faut demander au professeur. | 선생님께 여쭤봐야 합니다. |

- **arrêter de** + 동사원형. (~하는 것을 멈추다/중단하다.)
- **demander à ~** (~에게 물어보다)
- 전치사 **à** 는 정관사 **le** 와 만나면 **au** 로 축약합니다. (**à + le professeur = au professeur**)
- **fumer** (흡연하다), **demander** (물어보다), **le professeur** (교사)

---

 ❹ 기본패턴의 응용!

| p092-11 | A) Ma fille déteste l'odeur de cigarette. | 나의 딸은 담배 냄새를 싫어합니다. |
| p092-12 | B) Il faut arrêter de fumer. | 담배를 끊어야 합니다. |

- -

| p092-13 | A) Je veux abandonner. | 나는 포기하고 싶습니다. |
| p092-14 | B) Il faut essayer encore une fois. | 한 번 더 시도해봐야 합니다. |

- 소유형용사는 명사의 성수에 따라 변화합니다. **mon** (나의 : 남성) / **ma** (여성) / **mes** (남/녀 복수)
- **l'odeur de cigarette** (담배 냄새)
- **veux** 는 **vouloir** (원하다/바라다) 동사의 1인칭 단수 형태입니다.
vouloir + 명사/동사원형 (~을/~하기를 바라다)
- **la fille** (딸/소녀), **détester** (싫어하다), **abandonner** (포기하다)

The focus is on **conversation** and **communication**.

Start **speaking languages** immediately using **essential phrases**.

Part 1. It's a completely new way to learn foreign language! | **Pattern 093**

Il vaut mieux ~. [일 보 미으 ~.]
~하는 것이 더 낫습니다.

The **basics** of **grammar** and **sentence construction**!

 ❶ 기본패턴의 핵심!

❶ **Il vaut mieux** + 동사원형.은 '~ 하는 것이 더 낫다/~할 가치가 있다.'의 비인칭숙어입니다.
❷ **vaut** 는 **valoir** (가치가 있다/값이 나가다) 동사의 3인칭 단수 형태입니다.
mieux 는 **bien** (더 잘/더 나은)의 우등비교급입니다.

 ❷ 기본패턴의 연습!

The most useful **phrases** and **expressions**!

p093-01	◯	**Il vaut mieux**	**être prudent.**	신중한 것이 더 낫습니다.
p093-02	◯	**Il vaut mieux**	**tout oublier.**	모든 것을 잊는 것이 더 낫습니다.
p093-03	◯	**Il vaut mieux**	**changer la date.**	날짜를 바꾸는 것이 더 낫습니다.
p093-04	◯	**Il vaut mieux**	**discuter ensemble.**	함께 논의하는 것이 더 낫습니다.
p093-05	◯	**Il vaut mieux**	**acheter maintenant.**	지금 사는 것이 더 낫습니다.
p093-06	◯	**Il vaut mieux**	**partir tout de suite.**	곧 떠나는 것이 더 낫습니다.
p093-07	◯	**Il vaut mieux**	**réserver à l'avance.**	미리 예약하는 것이 더 낫습니다.
p093-08	◯	**Il vaut mieux**	**rester à la maison.**	집에 머무르는 것이 더 낫습니다.

● **tout de suite** (즉시/곧), **à l'avance** (미리/먼저)
● **être** (~이다), **prudent** (신중한), **tout** (모든 것), **oublier** (잊다), **changer** (바꾸다),
la date (날짜), **discuter** (논의하다), **ensemble** (함께), **acheter** (사다), **maintenant** (지금),
partir (떠나다), **réserver** (예약하다), **rester** (머무르다), **à** (~에), **la maison** (집)

네 번째 섹션 : 핵심문법 패턴!

4th Section 은 **핵심문법**을 **정리**했습니다.
프랑스어 문법의 **핵심**을 이루는 요소를 활용한 **핵심 패턴**들입니다.

P 093

 ❸ 기본패턴의 확장!

p093-09 ○ Il vaut mieux ne pas prendre de risques.   위험을 감수하지 않는 것이 더 낫습니다.

p093-10 ○ Il vaut mieux ne pas signer le contrat.   그 계약서에 사인하지 않는 것이 더 낫습니다.

- **Il vaut mieux ~.** 의 부정은 **Il vaut mieux ne pas ~.** (~하는 것은 가치가 없습니다.)입니다.
- **prendre de risques** (위험을 감수하다)
- **signer** (사인하다), **le contrat** (계약서)

 ❹ 기본패턴의 응용!

p093-11 A) Il est déjà 11 heures.   벌써 11시입니다.

p093-12 B) Il vaut mieux partir tout de suite.   곧 떠나는 것이 더 낫습니다.

p093-13 A) Il pleut à verse dehors.   밖에 비가 억수같이 오네.

p093-14 B) Il vaut mieux rester à la maison.   집에 머무르는 것이 더 낫겠어.

- **Il est ~heure(s).** 는 '~시이다.'로 시간을 표현하는 비인칭 구문입니다.
- **Il pleut.** 는 '비가 온다.'로 날씨를 표현하는 비인칭 구문입니다.
Il pleut à verse. (비가 억수같이 쏟아집니다.)
- **déjà** (이미/벌써), **onze** (11), **dehors** (밖에)

Learn foreign language!
French

Part 1.   It's a completely new way to learn foreign language! | Pattern 094

Il reste ~. [일 헤스뜨 ~.]
~이 남아 있습니다.

 ❶ 기본패턴의 핵심!

❶ **Il reste** + 명사.는 '~이 남아 있다.'의 비인칭숙어입니다.
❷ **reste** 는 **rester** (남다/~에 (여전히) 있다) 동사의 3인칭 단수 형태입니다.

 ❷ 기본패턴의 연습!

p094-01	Il reste **5 euros.**	5유로가 남아 있습니다.
p094-02	Il reste **10 minutes.**	10분 남아 있습니다.
p094-03	Il reste **une question.**	질문이 하나 남아 있습니다.
p094-04	Il reste **encore des places.**	아직 자리들이 남아 있습니다.
p094-05	Il reste **quelques jours.**	며칠 남아 있습니다.
p094-06	Il reste **encore un espoir.**	아직 희망이 남아 있습니다.
p094-07	Il reste **du travail à faire.**	할 일이 남아 있습니다.
p094-08	Il reste **3 kilomètres à parcourir.**	가야 할 길이 3 km 남아 있습니다.

● **à faire/à parcourir**, '전치사 **à** + 동사원형'은 목적(~할)을 표현합니다.
● 셀 수 없는 명사 앞에는 부분관사를 사용합니다. (**du** (남성단수) / **de la** (여성단수))
● **cinq** (5), **euro** (유로), **dix** (10), **la minute** (분), **un/une/des** (어떤/약간의), **la question** (질문),
encore (여전히/아직), **la place** (자리/좌석), **quelque** (다소의/약간의), **le jour** (날/하루), **l'espoir** (희망),
le travail (일), **faire** (하다/만들다), **trois** (3), **kilomètre** (킬로미터), **parcourir** (주파하다/지나가다)

네 번째 섹션 : 핵심문법 패턴!

4th Section 은 **핵심문법**을 **정리**했습니다.
프랑스어 문법의 **핵심**을 이루는 요소를 활용한 **핵심 패턴**들입니다.

P 094

❸ 기본패턴의 확장!

| p094-09 | ● Il me reste beaucoup à faire. | 나에게는 할 일이 많이 남아 있습니다. |
| p094-10 | ● Il vous reste un mois pour préparer le concours. | 당신에게는 시험 준비를 위한 1달이 남았습니다. |

● 간접목적보어를 사용하면 주체가 분명해집니다. 간접목적보어의 위치는 동사 앞입니다.
(**me** (나에게), **te** (너에게), **lui** (그(녀)에게), **nous** (우리에게), **vous** (당신(들)에게), **leur** (그(녀)들에게)
● **Il reste à** + 동사원형.은 '~ 하는 일이 남아 있다.'입니다.
● **pour** + 동사원형 (~하기 위해)
● **beaucoup** (많이), **un** (하나의), **le mois** (달/월), **préparer** (준비하다), **le concours** (선발/경쟁시험)

❹ 기본패턴의 응용!

| p094-11 | A) Combien d'argent reste-t-il? | 돈이 얼마 남았지? |
| p094-12 | B) Il me reste 5 euros. | 나한테 5유로가 남아 있어. |

- -

| p094-13 | A) Combien de temps reste-t-il avant le concours? | 시험 전까지 시간이 얼마나 남았습니까? |
| p094-14 | B) Il vous reste un mois. | 당신에게 한 달 남아 있습니다. |

● **Combien de** + 무관사명사 ~? (얼마나 ~?)는 수량을 묻는 표현입니다.
● 의문사가 앞에 오면 주어와 동사는 도치가 되고, 도치의 표시로 - 을 붙입니다.
● **reste-t-il** 의 **-t-** 는 연속되는 모음 충돌을 막기 위해 넣은 매개 자음입니다.
문법적인 의미는 없고, 발음상의 문제로 삽입한 것입니다.
● **l'argent** (돈), **le temps** (시간), **avant** (~전에)

Learn foreign language!
French

Part 1. It's a completely new way to **learn** foreign language! | **Pattern 095**

Il s'agit de ~. [일 싸지 즈 ~.]
~에 관계됩니다.

Fre

 ❶ 기본패턴의 핵심!

❶ **Il s'agit de** + 명사.는 '~에 관계되다/문제되다/중요하다.'의 비인칭숙어입니다.
❷ **s'agit** 는 **agir** (~에 관계되다/문제되다) 동사의 3인칭 형태에 재귀대명사 **se** 가 붙은 대명동사의 형태입니다. (대명동사는 다음 파트에서 자세히 다룹니다.)

 ❷ 기본패턴의 연습!

p095-01	Il s'agit de	cela.	그것에 관계됩니다.
p095-02	Il s'agit de	choix.	선택에 관계됩니다. (선택의 문제입니다.)
p095-03	Il s'agit de	la presse.	언론에 관계됩니다.
p095-04	Il s'agit de	chômage.	실업에 관계됩니다.
p095-05	Il s'agit d'un attentat.		테러에 관계됩니다.
p095-06	Il s'agit de	marketing.	마케팅에 관계됩니다.
p095-07	Il s'agit de	ma vie privée.	나의 사생활에 관계됩니다.
p095-08	Il s'agit de	responsabilité sociale.	사회적 책임에 관계됩니다.

● 지시대명사 **cela** (이것/저것/그것) 대신 구어체에서는 **ça** 를 사용하기도 합니다.
● 소유형용사는 명사의 성수에 따라 변화합니다. **mon** (나의 : 남성) / **ma** (여성) / **mes** (남/녀 복수)
● **le choix** (선택), **la presse** (언론), **le chômage** (실업), **un** (하나의/어떤), **l'attentat** (테러), **le marketing** (마케팅), **la vie** (삶/생활), **privée** (사적인), **la responsabilité** (책임), **sociale** (사회의)

네 번째 섹션 : 핵심문법 패턴!

4th Section 은 **핵심문법**을 **정리**했습니다.
프랑스어 문법의 **핵심**을 이루는 요소를 활용한 **핵심 패턴**들입니다.

P 095

 ❸ 기본패턴의 확장!

p095-09
○ **Il ne s'agit pas seulement de vous, mais aussi de nous tous.**
단지 당신에게만 관계있는 것이 아니라, 우리 모두에게도 관계됩니다.

p095-10
○ **Il s'agit de faire vite.**
빨리 하는 것과 관계됩니다.

● **Il s'agit de ~.** 의 부정은 **Il ne s'agit pas de ~.** (~에 관계되지 않다.)입니다.
● **ne pas seulement A, mais aussi B** (단지 **A** 뿐만 아니라, **B** 역시 ~하다)
● **Il s'agit de + 동사원형.**은 '~하는 것에 관계되다.'입니다.
● **ne ~ pas** (~ 아니다), **seulement** (단지/오직), **mais** (그러나), **aussi** (역시/또한),
nous (우리 : 강세형인칭대명사), **tous** (모두/전부), **faire** (하다/만들다), **vite** (빨리)

 ❹ 기본패턴의 응용!

p095-11
A) De quoi s'agit-il?
무엇과 관계됩니까?

p095-12
B) Il s'agit de marketing.
마케팅에 관계됩니다.

p095-13
A) Pourquoi le train est-il en retard?
왜 기차가 연착합니까?

p095-14
B) Il s'agit d'un attentat.
테러에 관계됩니다.

● **Il s'agit de ~.** 의 의문형은 **De quoi s'agit-il?** (무엇과 관계됩니까?/무슨 일입니까?)입니다.
● **être en retard** (늦다/지각하다)
● 주어가 명사일 때 의문문은 그 주어에 해당하는 인칭대명사를 한 번 더 써주는 복합도치형을 사용합니다.
● **quoi** (무엇), **pourquoi** (무엇 때문에/왜), **le train** (기차)

Learn foreign language!
French

Part 2.　It's a completely new way to learn foreign language!　| **Pattern 096**

Je me réjouis ~. [즈므 헤주이 ~.]
나는 ~ 즐겁습니다.

 ❶ 기본패턴의 핵심!

❶ **se réjouir** (기뻐하다)는 2군 규칙변화동사입니다.
❷ **se réjouir** 는 '(스스로) 기쁘다'입니다. 재귀대명사는 인칭에 따라 다른 형태입니다.
(**Je me réjouis, Tu te réjouis, Il/Elle se réjouit, Nous nous réjouissons,**
Vous vous réjouissez, Ils/Elles se réjouissent 등입니다.)
❸ **Je me réjouis de** + 명사/동사원형.은 '나는 ~이/~하는 것이 (나 스스로) 기쁩니다.'입니다.

 ❷ 기본패턴의 연습!

p096-01	Je me réjouis.	나는 (나 스스로) 기쁩니다.
p096-02	Je me réjouis　d'avance.	나는 벌써(미리) 기쁩니다.
p096-03	Je me réjouis　de ce voyage.	나는 이 여행이 기쁩니다.
p096-04	Je me réjouis　de la réponse.	나는 그 대답이 기쁩니다.
p096-05	Je me réjouis　de la bonne nouvelle.	나는 그 좋은 소식에 기쁩니다.
p096-06	Je me réjouis　de vous revoir.	나는 당신을 재회하는 것이 기쁩니다.
p096-07	Je me réjouis　de vous connaître.	나는 당신을 알게 되어 기쁩니다.
p096-08	Je me réjouis　de commencer à travailler.	나는 일을 시작하게 되어 기쁩니다.

● '나는 나 스스로 기쁩니다.' > 우리말로는 간단하게 '나는 기쁩니다.'로 표현합니다.
● 직접목적보어 **vous** (당신을)의 위치는 동사 앞입니다. **~ de vous revoir** (당신을 다시 보게 되는 것)
● **commencer à** + 동사원형 (~하는 것을 시작하다)
● **d'avance** (미리/사전에), **ce** (이/그/저 : 지시형용사), **le voyage** (여행), **la réponse** (대답),
bonne (좋은), **la nouvelle** (소식), **vous** (당신을), **revoir** (다시 보다), **connaître** (알다), **travailler** (일하다)

　Presenting the **core concepts** you need to **write** and **speak.**
It focuses on the **core concepts** you need to **communicate.** *start speaking languages immediately using essential phrases.*

네 번째 섹션 : 핵심문법 패턴!

4th Section 은 **핵심문법**을 **정리**했습니다.
프랑스어 문법의 **핵심**을 이루는 요소를 활용한 **핵심 패턴**들입니다.

P 096

 ❸ 기본패턴의 확장!

| p096-09 | Je me réjouis de travailler chez vous. | 나는 귀사에서 일하는 것이 기쁩니다. |
| p096-10 | Je me réjouis d'avoir un entretien d'embauche. | 나는 면접 인터뷰를 갖게 되어 기쁩니다. |

● 전치사 **chez** + 사람은 '그 사람의 집/지역/회사' 등입니다. 여기서는 **chez vous** (당신의 회사)
● 전치사 뒤에는 인칭대명사 강세형을 사용합니다.
(**moi** (나) / **toi** (너) / **lui** (그) / **elle** (그녀) / **nous** (우리) / **vous** (당신(들)) / **eux** (그들) / **elles** (그녀들))
● **l'entretien d'embauche** (면접 인터뷰) = **l'entretien** (인터뷰/면담) + **de** (~의) + **l'embauche** (고용/채용)
● **avoir** (가지다), **un** (어떤/하나의)

 ❹ 기본패턴의 응용!

| p096-11 | A) Enchanté. | 반갑습니다. |
| p096-12 | B) Je me réjouis de vous connaître. | 나는 당신을 알게 되어 기쁩니다. |

- -

| p096-13 | A) Bienvenue chez nous. | 우리 회사에 오신 것을 환영합니다. |
| p096-14 | B) Merci. Je me réjouis de travailler chez vous. | 감사합니다. 나는 귀사에서 일하는 것이 기쁩니다. |

● **Enchanté(e).** (기쁩니다/반갑습니다.)는 '나는 매우 기쁩니다.' (**Je suis enchanté(e).**)의 축약형입니다.
처음 만났을 때 주고받을 수 있는 인사말입니다.
● **bienvenue** (환영/환대)는 환영의 표현입니다. (영어의 **welcome**)
● **merci** (감사합니다)

It focuses on conversation with fluency and confidence.
With this book you will **learn languages** with thousands **of customizable phrases**.
 227

Learn foreign language!
French

Part 2. It's a completely new way to learn foreign language! | **Pattern 097**

Je me sens ~. [즈므썽~.]
나는 ~ 느낍니다.

❶ 기본패턴의 핵심!

❶ **Je me sens ~.** 는 '나는 (스스로) ~ 느낍니다.'입니다.
❷ **se sentir** 는 '스스로 ~ 느끼다'입니다. 재귀대명사는 인칭에 따라 다른 형태입니다.
(**Je me sens, Tu te sens, Il/Elle se sent, Nous nous sentons, Vous vous sentez, Ils/Elles se sentent**)

❷ 기본패턴의 연습!

p097-01	Je me sens	bien.	나는 (스스로) 좋은 느낌입니다.
p097-02	Je me sens	mal.	나는 불편합니다.
p097-03	Je me sens	malade.	나는 아픕니다.
p097-04	Je me sens	fatigué(e).	나는 피곤합니다.
p097-05	Je me sens	jaloux (jalouse).	나는 질투를 느낍니다.
p097-06	Je me sens	à l'aise.	나는 편안합니다.
p097-07	Je me sens	embarrassé(e).	나는 당황스럽습니다.
p097-08	Je me sens	nostalgique.	나는 향수를 느낍니다.

● 나는 (스스로) 좋은 느낌입니다. > 나는 편합니다.로 해석할 수 있습니다.
● **à l'aise** (마음이 편안한/어색함이 없는)
● **bien** (좋게), **mal** (나쁘게), **malade** (아픈), **fatigué(e)** (피곤한), **jaloux (jalouse)** (질투하는),
embarrassé(e) (당황한/난처한), **nostalgique** (향수에 젖은)

네 번째 섹션 : 핵심문법 패턴!

4th Section 은 **핵심문법**을 **정리**했습니다.
프랑스어 문법의 **핵심**을 이루는 요소를 활용한 **핵심 패턴**들입니다.

P 097

 ③ 기본패턴의 확장!

> p097-09 **Je me sens bien avec vous.** 　　　　나는 당신과 함께해서 좋은 느낌입니다.

> p097-10 **Je me sens comme chez moi.** 　　　나는 내 집에 있는 것 같은 느낌입니다. (편안합니다.)

● 전치사 뒤에는 인칭대명사 강세형을 사용합니다.
(**moi** (나) / **toi** (너) / **lui** (그) / **elle** (그녀) / **nous** (우리) / **vous** (당신(들)) / **eux** (그들) / **elles** (그녀들))
● 전치사 **chez** + 사람은 '그 사람의 집/지역/회사' 등입니다. 여기서는 **chez moi** (나의 집)
● **avec** (~와 함께), **comme** (~인 듯이)

 ④ 기본패턴의 응용!

> p097-11 **A) Comment vous sentez-vous?** 　　　당신은 어떻게 느끼십니까?

> p097-12 **B) Je me sens bien.** 　　　　　　　나는 좋습니다.

- -

> p097-13 **A) Je me sens seul(e).** 　　　　　　나는 외로워.

> p097-14 **B) Je vais rester avec toi.** 　　　　내가 너와 함께 머물러 줄게.

● 의문사가 문장 앞에 오면 주어와 동사는 도치됩니다. 재귀대명사는 동사와 함께 붙어서 움직입니다.
도치는 - 으로 표시합니다. **Vous vous sentez~. / Vous sentez-vous~?**
● **aller** (가다) + 동사원형은 '~ 할 것이다'이며, 근접미래 표현입니다.
● **comment** (어떻게), **seul(e)** (혼자인/외로운), **rester** (머무르다/남다)

Learn foreign language!
French

Part 2.   It's a completely new way to **learn** foreign language! | **Pattern 098**

Je m'intéresse à ~. [즈 멩떼헤쓰 아 ~.]
나는 ~에 대해 흥미가 있습니다.

Fre

The **basics** of **grammar** and **sentence construction**!

 ❶ 기본패턴의 핵심!

❶ **Je m'intéresse à ~.** 는 '나는 ~에 대해 흥미가 있습니다.'입니다.
❷ **s'intéresser** 는 '(스스로) 흥미/관심을 가지다'입니다. 재귀대명사는 인칭에 따라 다른 형태입니다.
(**Je m'intéresse, Tu t'intéresses, Il/Elle s'intéresse, Nous nous intéressons,
Vous vous intéressez, Ils/Elles s'intéressent** 등입니다.)

 ❷ 기본패턴의 연습!

The most useful **phrases** and **expressions**!

p098-01	Je m'intéresse à ce sujet.	나는 그 주제에 흥미가 있습니다.
p098-02	Je m'intéresse à la politique.	나는 정치에 흥미가 있습니다.
p098-03	Je m'intéresse au sport.	나는 스포츠에 흥미가 있습니다.
p098-04	Je m'intéresse au cinéma.	나는 영화에 흥미가 있습니다.
p098-05	Je m'intéresse à l'économie.	나는 경제에 흥미가 있습니다.
p098-06	Je m'intéresse à la culture française.	나는 프랑스 문화에 흥미가 있습니다.
p098-07	Je m'intéresse aux langues étrangères.	나는 외국어들에 흥미가 있습니다.
p098-08	Je m'intéresse aux nouvelles technologies.	나는 신기술들에 흥미가 있습니다.

● 전치사 **à** 는 정관사 **le / les** 와 만나면 각각 **au / aux** 로 축약합니다.
(**à + le sport = au sport / à + les langues = aux langues**),
● **ce** (이/그/저 : 지시형용사), **le sujet** (주제), **la politique** (정치), **le sport** (스포츠),
le cinéma (영화), **l'économie** (경제), **la culture** (문화), **française**(프랑스의), **la langue** (언어),
étrangères (외국의), **nouvelle** (새로운), **la technologie** (기술)

네 번째 섹션 : 핵심문법 패턴!

4th Section 은 **핵심문법**을 **정리**했습니다.
프랑스어 문법의 **핵심**을 이루는 요소를 활용한 **핵심 패턴**들입니다.

P 098

---

 ③ 기본패턴의 확장!

p098-09
Je m'intéresse non seulement à la musique, mais aussi au football.
나는 음악뿐만 아니라 축구에도 흥미가 있습니다.

p098-10
Je m'intéresse beaucoup à la culture française depuis longtemps.
나는 오래 전부터 프랑스 문화에 흥미가 많습니다.

- **non seulement A, mais aussi B** 는 '**A** 뿐만 아니라 **B** 도 역시'입니다.
- **la musique** (음악), **le football** (축구), **beaucoup** (많이), **depuis** (~이래로), **longtemps** (오래/오랫동안)

 ④ 기본패턴의 응용!

p098-11
A) Quels sont vos centres d'intérêt?
당신의 주관심사들은 무엇입니까?

p098-12
B) Je m'intéresse à la cuisine.
나는 요리에 흥미 있습니다.

- -

p098-13
A) Vous avez d'autres intérêts?
당신은 또 다른 흥미들을 가지고 있습니까?

p098-14
B) Je m'intéresse non seulement à la danse, mais aussi à l'informatique.
나는 춤뿐만 아니라 컴퓨터에도 흥미가 있습니다.

- **quel** (어떤 : 의문형용사)는 다음에 오는 명사에 따라 어미변화를 합니다.
(**quel** (남성단수), **quels** (남성복수), **quelle** (여성단수), **quelles** (여성복수))
- **le centre d'intérêt** (주된 관심사/흥미)
- **être** (~이다), **vos** (당신의), **la cuisine** (요리), **vous** (당신), **avoir** (가지다), **d'autres** (다른),
l'intérêt (흥미/관심), **la danse** (춤), **l'informatique** (컴퓨터)

Learn foreign language!
French

Part 2. It's a completely new way to **learn** foreign language! | **Pattern 099**

Je m'habitue à ~. [즈 마비뛰 아 ~.]
나는 ~ 에 익숙해집니다.

 ❶ 기본패턴의 핵심!

❶ **Je m'habitue à ~.** 는 '나는 ~에 익숙해집니다.'입니다.
❷ **s'habituer à + 명사/동사원형**은 '~에/~하는 것에 익숙해지다'입니다.
❸ 재귀대명사는 인칭에 따라 다른 형태입니다.(**Je m'habitue, Tu t'habitues, Il/Elle s'habitue, Nous nous habituons, Vous vous habituez, Ils/Elles s'habituent** 등입니다.)

 ❷ 기본패턴의 연습!

p099-01	Je m'habitue bien.	나는 잘 익숙해집니다.
p099-02	Je m'habitue petit à petit.	나는 조금씩 익숙해집니다.
p099-03	Je m'habitue à la nouvelle vie.	나는 새로운 생활에 익숙해집니다.
p099-04	Je m'habitue à la nouvelle équipe.	나는 새로운 팀에 익숙해집니다.
p099-05	Je m'habitue à vivre seul.	나는 혼자 사는 것에 익숙해집니다.
p099-06	Je m'habitue à me lever tôt.	나는 일찍 일어나는 것에 익숙해집니다.
p099-07	Je m'habitue à travailler avec Paul.	나는 폴과 함께 일하는 것에 익숙해집니다.
p099-08	Je m'habitue à utiliser de nouveaux produits.	나는 신제품을 사용하는 것에 익숙해집니다.

● **petit à petit** (조금씩)
● 형용사 **nouveau** (새로운)은 불규칙한 변화를 갖습니다.
nouveau (남성단수) / **nouvelle** (여성단수) / **nouveaux** (남성복수) / **nouvelles** (여성복수)
● **bien** (잘), **la vie** (생활/삶), **l'équipe** (팀), **vivre** (살다), **seul(e)** (혼자인), **me lever** (일어나다), **tôt** (일찍), **travailler** (일하다), **avec** (~와 함께), **utiliser** (사용하다), **le produit** (제품/생산물)

네 번째 섹션 : 핵심문법 패턴!

4th Section 은 **핵심문법**을 **정리**했습니다.
프랑스어 문법의 **핵심**을 이루는 요소를 활용한 **핵심 패턴**들입니다.

P
099

❸ 기본패턴의 확장!

p099-09 **Je ne m'habitue pas vite.**　　　　　　나는 빨리 익숙해지지 않습니다.

p099-10 **Je ne m'habitue jamais à dire non.**　나는 아니오라고 말하는 것에 결코 익숙해지지 않습니다.

- 부정문은 동사 앞뒤에 각각 부정부사 **ne ~ pas** (~ 아니다)를 붙입니다.
- 부정부사 **pas** 의 자리에 다른 부사들을 사용하면 다양한 표현이 가능합니다.
ne ~ jamais (결코 ~ 아니다), **ne ~ plus** (더 이상 ~ 아니다)
- **vite** (빨리), **dire** (말하다), **non** (아니오)

❹ 기본패턴의 응용!

p099-11 **A) Tu te sens bien dans ton nouveau travail?**　너는 너의 새로운 직장에서 잘 지내니?

p099-12 **B) Je m'habitue petit à petit.**　　　　나는 조금씩 익숙해지고 있어.

- -

p099-13 **A) Vous avez des problèmes?**　　　　당신은 문제들이 있습니까?

p099-14 **B) Non, je m'habitue bien à la nouvelle équipe.** 아니오, 나는 새로운 팀에 잘 익숙해지고 있습니다.

- **Tu te sens bien.** 은 **se sentir bien** ((스스로) ~좋게 느끼다)의 2인칭 단수 변화형입니다.
(너는 너 스스로 좋게 느끼다. > 너는 편안하다/잘 지낸다.)입니다.
- 소유형용사는 명사의 성수에 따라 변화합니다. **ton** (너의 : 남성) / **ta** (여성) / **tes** (남/녀 복수)
- **tu** (너), **bien** (잘/좋게), **dans** (~안에서), **le travail** (직장/일), **vous** (당신), **avoir** (가지다),
des (약간의), **le problème** (문제)

Learn foreign language!
French

Je me lave ~. [즈 므 라브 ~.]
나는 ~를 씻습니다.

 ❶ 기본패턴의 핵심!

❶ **Je me lave ~.** 는 '나는 ~를 씻습니다.'입니다.
❷ **se laver** 는 '(스스로) 씻다'가 됩니다. 재귀대명사는 인칭에 따라 다른 형태입니다.
(**Je me lave, Tu te laves, Il/Elle se lave, Nous nous lavons, Vous vous lavez, Ils/Elles se lavent**)

 ❷ 기본패턴의 연습!

p100-01	Je me lave les mains.	나는 (내 몸의) 손을 씻습니다.
p100-02	Je me lave le visage.	나는 얼굴을 씻습니다.
p100-03	Je me lave les cheveux.	나는 머리를 감습니다.
p100-04	Je me lave les cheveux tous les jours.	나는 매일 머리를 감습니다.
p100-05	Je me lave les mains avant le repas.	나는 식사 전에 손을 씻습니다.
p100-06	Je me lave les dents.	나는 이를 닦습니다.
p100-07	Je me lave les dents trois fois par jour.	나는 하루에 세 번 이를 닦습니다.
p100-08	Je me lave les dents après le repas.	나는 식사 후에 이를 닦습니다.

● 치아, 머리카락 등을 닦거나 빗을 때는 **se brosser** (솔직하다) 를 사용할 수도 있습니다.
● **trois fois par jour** (하루에 세 번) / **tous les jours** (매일)
● **la main** (손), **le visage** (얼굴), **les cheveux** (머리카락), **tous** (모든), **le jour** (날/일), **avant** (~(의) 이전에), **le repas** (식사), **les dents** (치아), **trois** (3), **la fois** (회/때/번), **par** (마다), **après** (~(의) 후에)

네 번째 섹션 : 핵심문법 패턴!

4th Section 은 **핵심문법**을 **정리**했습니다.
프랑스어 문법의 **핵심**을 이루는 요소를 활용한 **핵심 패턴**들입니다.

P 100

---

 ❸ 기본패턴의 확장!

| p100-09 | ⦿ **Je me lave.** | 나는 (나를) 씻습니다. |

| p100-10 | ⦿ **Je me lave les mains avec du savon.** | 나는 비누로 손을 씻습니다. |

● 셀 수 없는 명사 앞에는 부분관사를 붙입니다. **du** (남성단수) / **de la** (여성단수)
● **avec** (~으로/~과 함께), **le savon** (비누)

---

 ❹ 기본패턴의 응용!

| p100-11 | **A) Qu'est-ce que vous faites après le repas?** | 당신은 식사 후에 무엇을 합니까? |

| p100-12 | **B) Je me lave les dents.** | 나는 이를 닦습니다. |

- -

| p100-13 | **A) Combien de fois te laves-tu?** | 너는 몇 번이나 씻니? |

| p100-14 | **B) Je me lave les mains le plus souvent possible.** | 나는 가능한 한 자주 손을 씻습니다. |

● **combien de** + 무관사명사 (얼마나~?) / **combien de fois ~?** (몇 번이나 ~?)
● 의문사가 문장 앞에 오면 주어와 동사는 도치됩니다. 재귀대명사는 동사와 함께 붙어서 움직입니다.
도치는 - 으로 표시합니다. **Tu te laves ~.** (너는 ~ 씻는다.) / **Te laves-tu ~?** (너는 ~ 씻니?)
● **qu'est-ce que** (무엇), **vous** (당신), **faire** (하다/만들다), **combien** (얼마나),
le plus (가장/가장 많이 : **beaucoup** 의 우등최상급), **souvent** (자주), **possible** (가능한)

Learn foreign language!
French

Part 2. It's a completely new way to **learn** foreign language! | **Pattern 101**

Je me rase ~. [즈므하즈 ~.]
나는 ~ 면도합니다.

❶ 기본패턴의 핵심!

❶ **Je me rase ~.** 는 '나는 ~ 면도합니다.'입니다.
❷ **se raser** 는 '(스스로를) 면도하다'입니다. 재귀대명사는 인칭에 따라 다른 형태입니다.
(Je me rase, Tu te rases, Il/Elle se rase, Nous nous rasons, Vous vous rasez, Ils/Elles se rasent)
❸ **se maquiller** (화장하다)도 같은 방식으로 표현합니다.
(Je me maquille, Tu te maquilles, Il/Elle se maquille, Nous nous maquillons, Vous vous maquillez, Ils/Elles se maquillent 등입니다.)

❷ 기본패턴의 연습!

p101-01	Je me rase.	나는 면도합니다.
p101-02	Je me rase tous les soirs.	나는 매일 저녁 면도합니다.
p101-03	Je me rase tous les matins.	나는 매일 아침 면도합니다.
p101-04	Je me rase une fois par jour.	나는 하루에 한 번 면도합니다.
p101-05	Je me maquille.	나는 화장합니다.
p101-06	Je me maquille souvent.	나는 자주 화장합니다.
p101-07	Je me maquille tous les matins.	나는 매일 아침 화장합니다.
p101-08	Je me maquille soigneusement.	나는 정성스럽게 화장합니다.

● **tous les soirs** (매일 저녁) / **tous les matins** (매일 아침)
● **une fois par jour** (하루에 한 번)
● **tous** (모든), **le soir** (저녁), **le matin** (아침), **une** (하나의), **la fois** (번/회), **par** (~마다),
le jour (날/일), **souvent** (자주), **soigneusement** (정성스럽게/세심하게)

네 번째 섹션 : 핵심문법 패턴!

4th Section 은 **핵심문법**을 **정리**했습니다.
프랑스어 문법의 **핵심**을 이루는 요소를 활용한 **핵심 패턴**들입니다.

P
101

---

③ 기본패턴의 확장!

 Je me rase avec un rasoir électrique. 나는 전기면도기로 면도합니다.

 Je me maquille toujours avant de sortir. 나는 외출하기 전에 언제나 화장을 합니다.

● **avant de** + 동사원형 (~하기 전에)
● **avec** (~으로/함께), **un** (하나의), **le rasoir** (면도기), **électrique** (전기의), **toujours** (언제나),
avant (~전에), **sortir** (나가다/외출하다)

---

④ 기본패턴의 응용!

A) Quand te rases-tu? 너는 언제 면도하니?

B) Je me rase tous les matins. 나는 매일 아침 면도합니다.

A) Vous vous maquillez? 당신은 화장을 하십니까?

B) Bien sûr, je me maquille toujours avant de sortir. 물론이죠, 나는 외출하기 전에 언제나 화장을 합니다.

● 의문사가 문장 앞에 오면 주어와 동사는 도치됩니다. 재귀대명사는 동사와 함께 붙어서 움직입니다.
도치는 - 으로 표시합니다. **Tu te rases ~.** (너는 ~ 면도한다.) / **Te rases-tu ~?** (너는 면도하니?)
● **Bien sûr.** (물론입니다.)
● **quand** (언제), **bien** (매우/무척), **sûr** (확실한/분명한)

Learn foreign language!
French

Part 2. It's a completely new way to learn foreign language! | **Pattern 102**

Je m'assieds ~. [즈 마씨에 ~.]
나는 ~ 앉습니다.

 ❶ 기본패턴의 핵심!

❶ **Je m'assieds ~.** 는 '나는 ~ 앉습니다.'입니다.
❷ **asseoir** (앉히다/놓다)는 불규칙동사이며, 동사의 인칭변화형을 활용하여 다양한 문장을 만들 수 있습니다.
(**Je m'assieds, Tu t'assieds, Il/Elle s'assied, Nous nous asseyons, Vous vous asseyez,
Ils/Elles s'asseyent** 등입니다.)
❸ **se cacher** (숨다) 역시 같은 방식으로 사용됩니다. (**Je me cache, Tu te caches, Il/Elle se cache,
Nous nous cachons, Vous vous cachez, Ils/Elles se cachent** 등입니다.)

 ❷ 기본패턴의 연습!

p102-01	○ Je m'assieds.	나는 앉습니다.
p102-02	○ Je m'assieds par terre.	나는 땅바닥에 앉습니다.
p102-03	○ Je m'assieds sur la chaise.	나는 의자 위에 앉습니다.
p102-04	○ Je m'assieds dans un fauteuil.	나는 안락의자 안에 앉습니다.
p102-05	○ Je me cache.	나는 숨습니다.
p102-06	○ Je me cache sous le lit.	나는 침대 아래 숨습니다.
p102-07	○ Je me cache dans la cave.	나는 지하실 안에 숨습니다.
p102-08	○ Je me cache derrière un arbre.	나는 나무 뒤에 숨습니다.

● **par terre** (땅바닥에)
● **sur** (~ 위에), **dans** (~ 안에), **sous** (~ 아래), **derrière** (~ 뒤에)
● **la terre** (땅), **la chaise** (의자), **un** (하나의), **le fauteuil** (안락의자), **le lit** (침대),
la cave (지하실), **l'arbre** (나무)

Presenting the **core concepts** you need to **write** and **speak**.
It focuses on the **core concepts** you need to **communicate**. *Start speaking languages immediately using essential phrases.*

네 번째 섹션 : 핵심문법 패턴!

4th Section 은 **핵심문법**을 **정리**했습니다.
프랑스어 문법의 **핵심**을 이루는 요소를 활용한 **핵심 패턴**들입니다.

P 102

 ❸ 기본패턴의 확장!

| p102-09 | ○ Je m'assieds sur un banc en bois. | 나는 나무로 된 의자 위에 앉습니다. |
| p102-10 | ○ Je me cache derrière les rideaux . | 나는 커튼들 뒤에 숨습니다. |

- **en bois** (나무로 된), **en fer** (철로 된)
- **-eau** 로 끝나는 명사의 복수형은 보통 끝에 **-x** 를 붙입니다. **le rideau > les rideaux**
- **en** (~으로 된), **le banc** (긴 의자/벤치), **le bois** (나무/목재), **le rideau** (커튼/막)

 ❹ 기본패턴의 응용!

| p102-11 | A) Il n'y a plus de place. | 자리가 더 이상 없습니다. |
| p102-12 | B) Je m'assieds par terre. | 나는 땅바닥에 앉겠습니다. |

- -

| p102-13 | A) Où es-tu? | 너는 어디 있니? |
| p102-14 | B) Je me cache derrière un arbre. | 나는 나무 뒤에 숨어 있어. |

- **Il y a ~.** (~이 있습니다.) / **Il n'y a pas ~.** (~이 없습니다.) / **Il n'y a plus ~.** (더 이상 ~이 없습니다.)
- 부정문에서 부정관사(**un/une/des**) 는 **de** 로 대체됩니다. (부정의 **de**)
- 의문사가 문장 앞에 오면 주어와 동사는 도치됩니다. 도치는 **-** 으로 표시합니다.
- **la place** (자리),**où** (어디), **être** (~에 있다/이다), **tu** (너), **un** (하나의/어떤)

*The focus is on **conversation** and **communication**.*

*Start speaking languages immediately using **essential phrases**.*

Learn foreign language!
French

Part 2. It's a completely new way to learn foreign language! | **Pattern 103**

Je me souviens de ~. [즈 므 쑤비엉 드 ~.]
나는 ~ 기억합니다.

Fre

 ❶ 기본패턴의 핵심!

❶ **Je me souviens de ~.** 는 '나는 ~기억합니다.'입니다.
❷ **se souvenir de** 는 '~에 대해 기억하다/회상하다'입니다.
재귀대명사는 인칭에 따라 다른 형태입니다.
(**Je me souviens, Tu te souviens, Il/Elle se souvient, Nous nous souvenons, Vous vous souvenez, Ils/Elles se souviennent** 등입니다.)

 ❷ 기본패턴의 연습!

p103-01	Je me souviens bien.	나는 잘 기억합니다.
p103-02	Je me souviens encore.	나는 여전히 기억합니다.
p103-03	Je me souviens de cela.	나는 그것을 기억합니다.
p103-04	Je me souviens du film.	나는 그 영화를 기억합니다.
p103-05	Je me souviens de l'histoire.	나는 그 이야기를 기억합니다.
p103-06	Je me souviens de l'époque.	나는 그 시절을 기억합니다.
p103-07	Je me souviens de la journée.	나는 그 날을 기억합니다.
p103-08	Je me souviens de notre rencontre.	나는 우리들의 만남을 기억합니다.

● 전치사 **de** 는 정관사 **le** 와 만나면 **du** 로 축약합니다. (de + le film = du film),
● **bien** (잘), **encore** (아직도/여전히), **cela** (그것), **le film** (영화), **l'histoire** (이야기/역사),
l'époque (시절/시대), **la journée** (하루/낮 동안), **notre** (우리들의), **la rencontre** (만남)

네 번째 섹션 : 핵심문법 패턴!

4th Section 은 **핵심문법**을 **정리**했습니다.
프랑스어 문법의 **핵심**을 이루는 요소를 활용한 **핵심 패턴**들입니다.

P 103

 ③ 기본패턴의 확장!

p103-09 ◯ **Je ne me souviens plus.** 나는 더 이상 기억하지 못합니다.

p103-10 ◯ **Je m'en souviens bien.** 나는 그것을 잘 기억하고 있습니다.

● **ne ~ plus** 는 '더 이상 ~ 않다'입니다. '잊어버리다/생각이 안 난다'는 의미로 자주 쓰이는 표현입니다.
● 중성대명사 **en** 은 앞에 언급된 **de** + 명사를 받습니다. 위치는 동사 직전입니다.
Je me souviens bien de la journée. (나는 그 날을 잘 기억합니다.)
> **Je m'en souviens bien.** (나는 그것을 잘 기억합니다.) (**en = de la journée**)

 ④ 기본패턴의 응용!

p103-11 **A) Vous vous souvenez de votre premier amour?** 당신은 당신의 첫사랑을 기억합니까?

p103-12 **B) Oui, je m'en souviens bien.** 네, 나는 그것을 잘 기억합니다.

- -

p103-13 **A) Vous vous souvenez du nom de cet homme?** 저 남자의 이름을 기억하십니까?

p103-14 **B) Je ne m'en souviens plus.** 나는 그것을 더 이상 기억하지 못합니다.

● 지시형용사 **cet** (이/그/저)는 모음이나 무성 **h** 로 시작하는 남성 명사 앞에 붙입니다.
cet homme (이 남자) / **cet arbre** (그 나무) / **cet enfant** (저 아이)
● **vous** (당신), **votre** (당신의), **premier** (최초의), **l'amour** (사랑/애정), **oui** (네), **le nom** (이름),
de (~의), **l'homme** (남자)

Learn foreign language!
French

Part 2.
It's a completely new way to **learn foreign language**!

| **Pattern 104**

Je m'inquiète ~. [즈 멩끼에뜨 ~.]
나는 ~ 걱정합니다.

 ❶ 기본패턴의 핵심!

❶ **Je m'inquiète ~.** 는 '나는 ~ 걱정합니다.'입니다.
❷ **s'inquiéter** 는 '(스스로) 걱정하다'입니다. 재귀대명사는 인칭에 따라 다른 형태입니다.
(**Je m'inquiète, Tu t'inquiètes, Il/Elle s'inquiète, Nous nous inquiétons,
Vous vous inquiétez, Ils/Elles s'inquiètent** 등입니다.)

 ❷ 기본패턴의 연습!

p104-01	⚪ Je m'inquiète	un peu.	나는 좀 걱정합니다.
p104-02	⚪ Je m'inquiète	beaucoup.	나는 많이 걱정합니다.
p104-03	⚪ Je m'inquiète	de cela.	나는 그것에 대해 걱정합니다.
p104-04	⚪ Je m'inquiète	pour votre santé.	나는 당신의 건강을 걱정합니다.
p104-05	⚪ Je m'inquiète	de la situation.	나는 이 상황에 대해 걱정합니다.
p104-06	⚪ Je m'inquiète	du chômage des jeunes.	나는 청년 실업에 대해 걱정합니다.
p104-07	⚪ Je m'inquiète	toujours pour rien.	나는 항상 아무것도 아닌 일에 걱정합니다.
p104-08	⚪ Je m'inquiète	de l'absence de sécurité.	나는 안전의 부재에 대해 걱정합니다.

● **Je m'inquiète de/pour** + 명사. (나는 ~에 대해 걱정하다.)입니다.
● 정관사 + 형용사 (~한 사람)입니다. **les jeunes** (청년들/젊은이들), **les vieux** (노인들)
● **un peu** (조금), **beaucoup** (많이), **cela** (이것/저것/그것 : 지시대명사), **votre** (당신의),
la santé (건강), **la situation** (상황), **le chômage** (실업), **des** (de + les : 관사축약),
jeune (젊은/어린), **toujours** (언제나), **rien** (아무것도 아닌 것), **l'absence** (부재),
de (~의), **la sécurité** (안전)

Presenting the **core concepts** you need to **write** and **speak**.
It focuses on the **core concepts** you need to **communicate**. start speaking languages immediately using essential phrases.

네 번째 섹션 : 핵심문법 패턴!

4th Section 은 **핵심문법**을 **정리**했습니다.
프랑스어 문법의 **핵심**을 이루는 요소를 활용한 **핵심 패턴**들입니다.

P 104

 ❸ 기본패턴의 확장!

| p104-09 | ○ **Je ne m'inquiète plus pour l'avenir.** | 나는 더 이상 미래에 대해 걱정하지 않습니다. |
| p104-10 | ○ **Ne vous inquiétez pas trop.** | 너무 걱정 마세요. |

- **ne ~ plus** 는 '더 이상 ~ 않다'입니다.
- 부정명령문은 부정문에서 주어를 빼면 됩니다.
Vous ne vous inquiétez pas. (당신은 걱정하지 않습니다.) 〉 **Ne vous inquiètez pas.** (걱정 마세요.)
- **l'avenir** (미래), **trop** (너무 많이)

 ❹ 기본패턴의 응용!

| p104-11 | **A) De quoi vous inquiétez-vous?** | 당신은 무엇에 대해 걱정합니까? |
| p104-12 | **B) Je m'inquiète du chômage des jeunes.** | 나는 청년 실업에 대해 걱정합니다. |

| p104-13 | **A) Pourquoi est-il si en retard?** | 왜 그는 이토록 늦는 거지? |
| p104-14 | **B) Ne vous inquiétez pas trop.** | 너무 걱정 마세요. |

- 의문사가 문장 앞에 오면 주어와 동사는 도치됩니다. 재귀대명사는 동사와 함께 붙어서 움직입니다.
도치는 - 으로 표시합니다.
Vous vous inquiétez ~. (당신은 ~ 걱정합니다.) / **Vous inquiétez-vous ~?** (당신은 ~ 걱정합니까?)
- **être en retard** (늦다/지각하다)
- **de quoi** (무엇에 대해), **pourquoi** (왜), **si** (이토록/그다지도), **retard** (늦은)

Learn foreign language!
French

Part 2. It's a completely new way to **learn** foreign language! | **Pattern 105**

Je m'occupe de ~. [즈 모뀌쁘 드 ~.]
나는 ~을 담당합니다.

● The **basics** of **grammar** and **sentence construction**!

 ❶ 기본패턴의 핵심!

❶ **Je m'occupe de ~.** 는 '나는 ~을 담당합니다.'입니다.
❷ **s'occuper de** + 명사/동사원형은 '~을/~하는 것을 담당하다'입니다.
재귀대명사는 인칭에 따라 다른 형태입니다.
(**Je m'occupe, Tu t'occupes, Il/Elle s'occupe,
Nous nous occupons, Vous vous occupez, Ils/Elles s'occupent** 등입니다.)

 ❷ 기본패턴의 연습!

● The most useful **phrases** and **expressions**!

p105-01	Je m'occupe des enfants.	나는 아이들을 담당합니다. (돌봅니다.)
p105-02	Je m'occupe de la caisse.	나는 계산대를 담당합니다.
p105-03	Je m'occupe du problème.	나는 그 문제를 담당합니다.
p105-04	Je m'occupe des négociations.	나는 협상을 담당합니다.
p105-05	Je m'occupe du marketing.	나는 마케팅을 담당합니다.
p105-06	Je m'occupe de l'après-vente.	나는 애프터서비스를 담당합니다.
p105-07	Je m'occupe de ranger le rayon.	나는 매장 정리를 담당합니다.
p105-08	Je m'occupe de tester un nouveau produit.	나는 신제품 검사를 담당합니다.

● 전치사 **de** 는 정관사 **le/les** 와 만나면 각각 **du/des** 로 축약합니다.
(de + le marketing = du marketing/de + les enfants = des enfants)
● **l'enfant** (아이), **la caisse** (계산대), **le problème** (문제), **la négociation** (협상),
le marketing (마케팅), **l'après-vente** (애프터서비스), **ranger** (정리하다), **le rayon** (매장),
tester (테스트하다/검사하다), **un** (하나의), **nouveau** (새로운), **le produit** (제품/생산물)

244
Presenting the **core concepts** you need to **write** and **speak.**
It focuses on the **core concepts** you need to **communicate.** Start speaking languages immediately using essential phrases.

네 번째 섹션 : 핵심문법 패턴!

4th Section 은 **핵심문법**을 **정리**했습니다.
프랑스어 문법의 **핵심**을 이루는 요소를 활용한 **핵심 패턴**들입니다.

P 105

 ❸ 기본패턴의 확장!

p105-09 Je m'occupe de politique. 나는 정치를 담당합니다. (정치에 관여합니다.)

p105-10 Je m'occupe de la production et du commercial. 나는 생산과 영업을 담당합니다.

- **la politique** (정치), **la production** (생산), **et** (그리고), **le commercial** (영업)

 ❹ 기본패턴의 응용!

p105-11 A) Que faites-vous après le boulot? 당신은 퇴근 후에 무엇을 합니까?

p105-12 B) Je m'occupe des enfants. 나는 아이들을 담당합니다. (돌봅니다.)

p105-13 A) Qu'est-ce que vous faites dans la vie? 당신은 생활에서 무슨 일을 하십니까?

p105-14 B) Je m'occupe du marketing. 나는 마케팅을 담당합니다.

- 의문사가 문장 앞에 오면 주어와 동사는 도치가 되고, 도치의 표시로 - 을 붙입니다.
- **Qu'est-ce que ~?** 뒤에는 절(주어+동사)가 옵니다.
- **Qu'est-ce que vous faites dans la vie?** 는 직업(하는 일)을 묻는 표현입니다.
- **que** (무엇), **qu'est-ce que** (무엇), **faire** (하다), **vous** (당신), **après** (~ 이후에),
le boulot (일), **dans** (~안에), **la vie** (인생/삶/생활)

Learn foreign language!
French

Part 3.
It's a completely new way to learn foreign language!

Qui ~? [끼 ~?]
~ 누구입니까?

| Pattern 106

❶ 기본패턴의 핵심!

❶ 의문사 **qui** 는 '누구'입니다.
❷ **Qui ~?** 는 '~ 누구입니까?'입니다.
❸ 의문사가 있는 의문문의 어순은 '의문사 + 동사 + (주어)?'입니다.
❹ 인칭대명사/지시대명사가 동사와 도치될 경우, 도치의 표시로 - 을 붙입니다.
Qui êtes-vous? (당신은 누구입니까?) / **Qui est-ce?** (누구입니까?)

❷ 기본패턴의 연습!

p106-01	Qui	est là?	거기 누구입니까?
p106-02	Qui	est-ce?	누구입니까?
p106-03	Qui	êtes-vous?	당신은 누구입니까?
p106-04	Qui	est ce garçon?	저 소년은 누구입니까?
p106-05	Qui	fume ici?	누가 여기서 담배 피웁니까?
p106-06	Qui	conduit la voiture?	누가 차를 운전합니까?
p106-07	Qui	frappe à la porte?	누가 문을 두드립니까?
p106-08	Qui	parle maintenant?	누가 지금 말합니까?

● 지시대명사 **ce** 와 지시형용사 남성 단수형 **ce** 는 형태가 같습니다.
Qui est-ce? (누구입니까? : 지시대명사) / **Qui est ce garçon?** (저 소년은 누구입니까? : 지시형용사)
● **frapper à la porte** (문을 두드리다)
● **être** (~이다), **là** (거기), **vous** (당신), **le garçon** (소년), **fumer** (흡연하다), **ici** (여기), **conduire** (운전하다), **la voiture** (자동차), **frapper** (두드리다), **la porte** (문), **parler** (말하다), **maintenant** (지금)

네 번째 섹션 : 핵심문법 패턴!

4th Section 은 **핵심문법**을 **정리**했습니다.
프랑스어 문법의 **핵심**을 이루는 요소를 활용한 **핵심 패턴**들입니다.

P
106

 ❸ 기본패턴의 확장!

| p106-09 | ○ Qui est à l'appareil? | 누구십니까? (전화 통화할 때) |

| p106-10 | ○ Je ne sais pas qui vous êtes. | 나는 당신이 누구인지 모릅니다. |

- **l'appareil téléphonique** (수화기) > 보통 줄여서 **l'appareil** 만 사용합니다.
- **Qui est à l'appareil?** 는 '수화기에 있는 사람이 누구입니까? > (통화상) 누구입니까?'입니다.
- **Je sais qui** 주어 + 동사. (나는 안다 누구 ~인지.)
- **Je ne sais pas qui** 주어 + 동사. (나는 모른다 누구 ~인지.)
- **à** (~에), **l'appareil** (기구/장치/도구), **ne ~ pas** (~ 아니다), **savoir** (알다)

 ❹ 기본패턴의 응용!

| p106-11 | A) Qui est à l'appareil? | 누구십니까? (전화 통화할 때) |

| p106-12 | B) C'est Luc Besson. | 나는 (여기는) 뤽 베쏭입니다. |

- -

| p106-13 | A) Qui conduit la voiture? | 누가 차를 운전합니까? |

| p106-14 | B) C'est moi. | 나입니다. |

- **Qui est ~?** 에 대한 질문에 **C'est ~.** (그 사람은 ~입니다.)로 답할 수 있습니다.
- **C'est ~.** ~에 인칭대명사가 올 경우에는 인칭대명사의 강세형을 사용합니다.
  (**moi** (나) / **toi** (너) / **lui** (그) / **elle** (그녀) / **nous** (우리) / **vous** (당신(들)) / **eux** (그들) / **elles** (그녀들))

Learn foreign language!
French

Part 3.
It's a completely new way to **learn** foreign language!

| Pattern 107

Que ~? / Qu'est-ce que ~? [끄 ~?/ 께-스 끄 ~?]
~ 무엇입니까?

Fren

 ❶ 기본패턴의 핵심!

❶ 의문사 **que** 는 '무엇'입니다.
❷ '~ 무엇입니까?'는 **Que ~?** (단순형)과 **Qu'est-ce que ~?** (중복형)이 있습니다.
❸ 단순형 의문문의 어순은 '의문사 + 동사 + (주어)?'입니다. 인칭대명사/지시대명사와 동사가 도치되면
- 표시를 붙입니다. **Que faites-vous?** (당신은 무엇을 합니까?)
❹ 중복형은 도치를 하지 않습니다. 일상회화에서 많이 사용합니다.

 ❷ 기본패턴의 연습!

p107-01	○	**Que**	**faites-vous?**	당신은 무엇을 합니까?
p107-02	○	**Que**	**cherchez-vous?**	당신은 무엇을 찾습니까?
p107-03	○	**Que**	**désirez-vous?**	당신은 무엇을 바랍니까?
p107-04	○	**Que**	**voulez-vous?**	당신은 무엇을 원합니까?
p107-05	○	**Qu'est-ce que**	**c'est?**	그것은 무엇입니까?
p107-06	○	**Qu'est-ce que**	**ça signifie?**	그것은 무슨 뜻입니까?
p107-07	○	**Qu'est-ce que**	**vous pensez?**	당신은 무엇을 생각합니까? (어떻게 생각합니까?)
p107-08	○	**Qu'est-ce que**	**vous voulez?**	당신은 무엇을 원합니까?

● **ça** (그것/이것/저것)은 지시대명사 **cela** 의 구어체 표현입니다.
● **c'est** 는 **ce** (지시대명사) + **est** (être 동사 3인칭 단수형) 형태입니다. (모음축약)
● **faire** (하다), **vous** (당신), **chercher** (찾다), **désirer** (원하다), **vouloir** (원하다/바라다),
être (~이다), **signifier** (의미하다), **penser** (생각하다)

네 번째 섹션 : 핵심문법 패턴!

4th Section 은 **핵심문법**을 **정리**했습니다.
프랑스어 문법의 **핵심**을 이루는 요소를 활용한 **핵심 패턴**들입니다.

P 107

 ❸ 기본패턴의 확장!

p107-09 ○ **Qu'est-ce qu'il y a?** 무엇이 있습니까? (무슨 일입니까?)

p107-10 ○ **Qu'est-ce que vous faites dans la vie?** 생활 속에서 당신은 무엇을 합니까?

● **Qu'est-ce qu'il y a?** (**Qu'est-ce que + il y a ~.** (~이 있습니다.) : 모음축약)은 문맥에 따라 '무슨 일이 생겼습니까?'의 의미로도 사용합니다.
● **Qu'est-ce que vous faites dans la vie?** 직역하면 '생활 속에서 당신은 무엇을 합니까?'이며, '당신의 직업은 무엇입니까?'의 뜻입니다. **dans la vie** (생활 속에서)는 생략 가능합니다.
● **dans** (~속에서/안에), **la vie** (삶/인생/생활)

 ❹ 기본패턴의 응용!

p107-11 A) **Qu'est-ce que vous faites dans la vie?** 당신은 직업이 무엇입니까?

p107-12 B) **Je suis écrivain.** 나는 작가입니다.

p107-13 A) **Qu'est-ce qu'il y a?** 무엇이 있습니까? (무슨 일입니까?)

p107-14 B) **Il y a un accident.** 사고가 났습니다.

● **l'écrivain** (작가), **un** (하나의), **l'accident** (사고/사건)

Learn foreign language!
French

Part 3. It's a completely new way to learn foreign language! | **Pattern 108**

Où est ~? [우 에 ~?]
~ 어디입니까?

 ❶ 기본패턴의 핵심!

❶ 의문사 **où** 는 '어디'입니다.
❷ **Où est ~?** 는 '~ 어디입니까?'입니다.
❸ 의문사가 있는 의문문의 어순은 '의문사 + 동사 + (주어)?'입니다.
❹ 인칭대명사가 동사와 도치될 경우, 도치의 표시로 - 을 붙입니다.

 ❷ 기본패턴의 연습!

p108-01	Où est l'entrée?	입구는 어디입니까?
p108-02	Où est l'ascenseur?	엘리베이터는 어디 있습니까?
p108-03	Où êtes-vous?	당신은 어디에 있습니까?
p108-04	Où est le responsable?	책임자는 어디에 있습니까?
p108-05	Où sont les toilettes?	화장실은 어디에 있습니까?
p108-06	Où habitez-vous?	당신은 어디에 삽니까?
p108-07	Où travaillez-vous?	당신은 어디에서 일합니까?
p108-08	Où avez-vous mal?	당신은 어디가 아픕니까?

● 화장실은 복수로 표현합니다. (**les toilettes**)
● **Où avez-vous mal?** 당신은 어디에 고통을 가지고 있습니까? > 당신은 어디가 아픕니까?
● **être** (~이다), **l'entrée** (입구), **l'ascenseur** (엘리베이터), **vous** (당신), **le responsable** (책임자),
les toilettes (화장실), **habiter** (거주하다), **travailler** (일하다), **avoir** (가지다), **le mal** (병/고통)

네 번째 섹션 : 핵심문법 패턴!

4th Section 은 **핵심문법**을 **정리**했습니다.
프랑스어 **문법**의 **핵심**을 이루는 요소를 활용한 **핵심 패턴**들입니다.

P 108

 ③ 기본패턴의 확장!

| p108-09 | ○ Où allez-vous? | 당신은 어디로 갑니까? |

| p108-10 | ○ Où est le rayon des jouets? | 장난감 매장은 어디입니까? |

- **où** 는 '어디에/어디로' 모두 표현 가능합니다.
- 전치사 **de** 는 정관사 **les** 와 만나면 **des** 로 축약합니다. (**de + les jouets = des jouets**)
- **aller** (가다), **le rayon** (매장), **des** (= **de + les** 관사축약), **le jouet** (장난감)

 ④ 기본패턴의 응용!

| p108-11 | A) Où sont les toilettes? | 화장실은 어디에 있습니까? |

| p108-12 | B) Elles sont au bout du couloir. | 그것은 복도의 끝에 있습니다. |

- -

| p108-13 | A) Où avez-vous mal? | 당신은 어디가 아픕니까? |

| p108-14 | B) J'ai mal à la tête. | 나는 머리가 아픕니다. |

- **au bout de ~** (~ 끝에)
- 전치사 **de** 는 정관사 **le** 와 만나면 **du** 로 축약합니다. (**de + le couloir = du couloir**)
- **J'ai mal à** + 신체부위.는 '나는 ~가 아프다.'입니다.
- **elles** (그것들 : 3인칭 여성복수 = **les toilettes**), **le bout** (끝/말단), **le couloir** (복도), **la tête** (머리)

Learn foreign language!
French

Part 3. It's a completely new way to **learn foreign language!** | **Pattern 109**

Quand ~? [깡 ~?]
~ 언제입니까?

❶ 기본패턴의 핵심!

❶ 의문사 **quand** 는 '언제'입니다.
❷ **Quand ~?** 는 '~ 언제입니까?'입니다.
❸ 의문사가 있는 의문문의 어순은 '의문사 + 동사 + (주어)?'입니다.
❹ 인칭대명사/지시대명사가 동사와 도치될 경우, 도치의 표시로 - 을 붙입니다.
❺ **Depuis quand ~?** (언제부터~?)입니다.

❷ 기본패턴의 연습!

p109-01	**Quand**	**partez-vous?**	당신은 언제 떠납니까?
p109-02	**Quand**	**revenez-vous?**	당신은 언제 돌아옵니까?
p109-03	**Quand**	**finissez-vous?**	당신은 언제 끝냅니까?
p109-04	**Quand**	**travaillez-vous?**	당신은 언제 일합니까?
p109-05	**Quand**	**commence le concert?**	콘서트는 언제 시작합니까?
p109-06	**Quand**	**ouvre le restaurant?**	식당은 언제 엽니까?
p109-07	**Quand**	**ferme le musée?**	박물관은 언제 닫습니까?
p109-08	**Quand**	**a lieu la réunion?**	회의는 언제 합니까?

● **partir** (떠나다), **vous** (당신), **revenir** (돌아오다), **finir** (끝내다/마치다), **travailler** (일하다),
commencer (시작하다), **le concert** (콘서트), **ouvrir** (열다), **le restaurant** (식당),
fermer (닫다), **le musée** (박물관), **avoir lieu** (일이나 행사가 있다/열리다), **la réunion** (회의)

네 번째 섹션 : 핵심문법 패턴!

4th Section 은 **핵심문법**을 **정리**했습니다.
프랑스어 문법의 **핵심**을 이루는 요소를 활용한 **핵심 패턴**들입니다.

P 109

 ❸ 기본패턴의 확장!

p109-09 ◎ **Quand est-ce qu'on dîne?** 우리 언제 저녁식사할까요?

p109-10 ◎ **Depuis quand habitez-vous ici?** 당신은 언제부터 여기에 살고 있습니까?

- **Depuis quand ~?** (언제부터~?) 입니다.
- **Quand ~?** 대신에 중복형 **Quand est-ce que ~?** 를 사용할 경우에는 주어와 동사를 도치하지 않습니다.
  Quand est-ce qu'on dîne? (= Quand est-ce que + on dîne : 모음축약)
- 일반주어 **on** 은 회화에서 **nous** (우리) 대신 많이 쓰입니다. 동사는 3인칭 단수를 사용합니다.
- **dîner** (저녁식사하다), **depuis** (~이래로), **habiter** (살다), **ici** (여기)

 ❹ 기본패턴의 응용!

p109-11 A) **Quand travaillez-vous?** 당신은 언제 일합니까?

p109-12 B) **Je travaille de 9 heures à 17 heures.** 나는 9시부터 17시까지 일합니다.

p109-13 A) **Quand commence la réunion?** 회의는 언제 시작합니까?

p109-14 B) **Elle commence à 13 heures.** 그것은 13시에 시작합니다.

- 전치사 **de ~ à** 는 '~에서 ~까지'입니다.
- 반복되는 단어는 성수에 알맞은 대명사로 받을 수 있습니다. (**elle = la réunion**)
- **neuf** (9), **l'heure** (시간), **dix-sept** (17), **elle** (주어인칭대명사 3인칭 여성 단수), **à** (~시에), **treize** (13)

Learn foreign language!
French

Part 3.   It's a completely new way to **learn** foreign language! | **Pattern 110**

Comment ~? [꼬멍 ~?]
~ 어떻습니까?

---

❶ 기본패턴의 핵심!

❶ 의문사 **comment** 은 '어떻게'입니다.
❷ **Comment ~?** 은 '~ 어떻습니까?'입니다.
❸ 의문사가 있는 의문문의 어순은 '의문사 + 동사 + (주어)?'입니다.
❹ 인칭대명사가 동사와 도치될 경우, 도치의 표시로 - 을 붙입니다.
❺ **Comment** + 동사원형?은 '어떻게~합니까?'입니다.

❷ 기본패턴의 연습!

p110-01	**Comment dire?**	어떻게 말할까요?
p110-02	**Comment est-il?**	그는 어떻습니까? (용모/성격/능력 등)
p110-03	**Comment venez-vous?**	당신은 어떻게 오셨습니까?
p110-04	**Comment dit-on cela en français?**	그것을 프랑스어로 어떻게 말합니까?
p110-05	**Comment allez-vous?**	당신은 어떻게 지내세요? (안녕하세요?)
p110-06	**Comment payez-vous?**	당신은 어떻게 지불하겠습니까?
p110-07	**Comment utiliser des hashtags?**	해시태그들을 어떻게 사용합니까?
p110-08	**Comment trouvez-vous les Coréens?**	당신은 한국인들을 어떻게 생각합니까?

● **en français** (프랑스어로)
● 동사 **aller** (가다)로 안부를 표현할 수 있습니다.
● **dire** (말하다), **être** (~이다/있다), **il** (그 남자), **vous** (당신), **venir** (오다),
cela (이것/저것/그것 : 지시대명사), **aller** (가다), **payer** (지불하다), **utiliser** (사용하다),
des (약간의), **hashtag** (해시태그 #), **trouver** (생각하다), **le Coréen** (한국인)

Presenting the **core concepts** you need to **write** and **speak**.
It focuses on the **core concepts** you need to **communicate**.   *start speaking languages immediately using essential phrases.*

네 번째 섹션 : 핵심문법 패턴!

4th Section 은 **핵심문법**을 **정리**했습니다.
프랑스어 문법의 **핵심**을 이루는 요소를 활용한 **핵심 패턴**들입니다.

P 110

 ❸ 기본패턴의 확장!

| p110-09 | Comment ça marche? | 그것은 어떻게 작동합니까? |

| p110-10 | Comment vous appelez-vous? | 당신은 (당신을) 어떻게 부릅니까? |

- 당신은 (당신을) 어떻게 부릅니까? > 이름이 어떻게 됩니까?
- **ça** 는 **cela** (이것/저것/그것 : 지시대명사)의 구어체 표현입니다.
- **Ça marche (bien).** 은 '그것은 (잘) 작동합니다.'입니다.
- 인칭대명사가 동사와 도치될 경우, 도치의 표시로 - 을 붙입니다. 재귀대명사는 동사와 함께 붙어서 움직입니다. **Comment vous appelez-vous?** (앞의 **vous** : 재귀대명사 / 뒤의 **vous** : 인칭대명사)
- **marcher** (걷다/작동하다), **s'appeler** (~라고 (스스로) 부르다/이름이 ~이다)

 ❹ 기본패턴의 응용!

| p110-11 | A) Comment allez-vous? | 어떻게 지내세요? (안녕하세요?) |

| p110-12 | B) Je vais bien, merci. Et vous? | 잘 지냅니다, 감사합니다. 당신은요? |

| p110-13 | A) Comment est-il? | 그는 어떻습니까? (용모/성격/능력 등) |

| p110-14 | B) Il est grand et mince. | 그는 키가 크고 말랐습니다. |

- **bien** (잘/좋게), **merci** (감사합니다), **et** (그리고), **grand** (큰), **mince** (마른/날씬한)

- The focus is on **conversation** and **communication.**
- Start speaking languages immediately using **essential phrases.**

Learn foreign language!
French

Part 3. It's a completely new way to **learn** **foreign language!** | **Pattern 111**

Combien de ~? [꽁비엉 드 ~?]
얼마나 ~입니까?

• The **basics** of **grammar** and **sentence construction**!

❶ 기본패턴의 핵심!

❶ 의문사 **combien** 은 '얼마나 오래/길게'입니다.
❷ 의문사가 있는 의문문의 어순은 '의문사 + 동사 + (주어)?'입니다.
❸ 인칭대명사가 동사와 도치될 경우, 도치의 표시로 - 을 붙입니다.
❹ **combien de** + 무관사명사?는 '얼마나/얼마만큼 ~입니까?'입니다.

❷ 기본패턴의 연습!

• The **most useful phrases** and **expressions**!

p111-01	**Combien êtes-vous?**	당신들은 몇 명입니까?
p111-02	**Combien mesurez-vous?**	당신은 (키가) 얼마나 큽니까?
p111-03	**Combien coûte l'abonnement?**	가입비는 얼마입니까?
p111-04	**Combien pèse le colis?**	소포의 무게는 얼마입니까?
p111-05	**Combien d'enfants avez-vous?**	당신은 아이들이 몇 명입니까?
p111-06	**Combien de langues parlez-vous?**	당신은 얼마나 많은 언어를 말합니까?
p111-07	**Combien de temps restez-vous?**	당신은 얼마나 오래 머뭅니까?
p111-08	**Combien de fois prenez-vous un café?**	당신은 얼마나 자주 커피를 마십니까?

● **combien de** + 무관사명사?는 '얼마나/얼마만큼 ~입니까?'입니다.
● **Combien coûte ~?** 는 '~ 얼마입니까?'입니다.
● **être** (~이다), **vous** (당신), **mesurer** (키가 ~이다), **coûter** (값이 나가다), **l'abonnement** (가입비), **peser** (무게가 나가다), **le colis** (소포), **l'enfant** (아이), **avoir** (가지다), **la langue** (언어), **parler** (말하다), **le temps** (시간), **rester** (머물다), **la fois** (번/회), **prendre** (마시다), **un** (하나의), **le café** (커피)

Presenting the **core concepts** you need to **write** and **speak**.
It focuses on the **core concepts** you need to **communicate**. *start speaking languages immediately using essential phrases.*

네 번째 섹션 : 핵심문법 패턴!

4th Section 은 **핵심문법**을 **정리**했습니다.
프랑스어 문법의 **핵심**을 이루는 요소를 활용한 **핵심 패턴**들입니다.

P 111

 ❸ 기본패턴의 확장!

p111-09 ● **Combien ça coûte?** 　　　　　　　그것은 얼마입니까?

p111-10 ● **Depuis combien de temps habitez-vous ici?** 　당신은 얼마나 오래 전부터 여기에 삽니까?

● **ça** 는 **cela** (이것/저것/그것 : 지시대명사)의 구어체 표현입니다.
● **depuis** (~이래로), **habiter** (살다), **ici** (여기)

 ❹ 기본패턴의 응용!

p111-11 A) **Combien ça coûte?** 　　　　　　　그것은 얼마입니까?

p111-12 B) **Ça coûte 50 euros.** 　　　　　　　그것은 50유로입니다.

p111-13 A) **Combien de langues parlez-vous?** 　당신은 얼마나 많은 언어를 말합니까?

p111-14 B) **Je parle 3 langues, coréen, anglais et français.** 　나는 한국어, 영어, 프랑스어
　　　　　　　　　　　　　　　　　　　　　　　 3개 언어를 말합니다.

● 언어 = 정관사 **le** + 국가 형용사 남성형입니다.
동사 **parler** (말하다) 뒤에서는 관사를 생략하고 사용하기도 합니다.
● **cinquante** (50), **euro** (유로), **trois** (3), **le coréen** (한국어), **l'anglais** (영어), **et** (그리고),
le français (프랑스어)

Learn foreign language!
French

Part 3.
It's a completely new way to **learn foreign language!**

| **Pattern 112**

Pourquoi ~?
[뿌흐꾸아 ~?]

왜 ~입니까?

 ❶ 기본패턴의 핵심!

❶ 의문사 **pourquoi** 는 '왜/무엇 때문에'입니다.
❷ **Pourquoi ~?** 는 '왜 ~입니까?'입니다.
❸ 의문사가 있는 의문문의 어순은 '의문사 + 동사 + 주어?'입니다.
인칭대명사가 동사와 도치될 경우, 도치의 표시로 - 을 붙입니다.
❹ 회화에서 **Pourquoi ~?** 구문은 흔히 도치를 하지 않고 사용하기도 합니다.

 ❷ 기본패턴의 연습!

p112-01	**Pourquoi**	**pleurez-vous?**	당신은 왜 웁니까?
p112-02	**Pourquoi**	**courez-vous?**	당신은 왜 뜁니까?
p112-03	**Pourquoi**	**êtes-vous ici?**	당신은 왜 여기에 있습니까?
p112-04	**Pourquoi**	**êtes-vous en colère?**	당신은 왜 화가 났습니까?
p112-05	**Pourquoi**	**vous faites cela?**	당신은 왜 그렇게 합니까?
p112-06	**Pourquoi**	**vous posez cette question?**	당신은 왜 그 질문을 합니까?
p112-07	**Pourquoi**	**vous apprenez le français?**	당신은 왜 프랑스어를 배웁니까?
p112-08	**Pourquoi**	**vous vous intéressez à ce poste?**	당신은 왜 이 부서에 관심이 있습니까?

● **être en colère** (화가 나다)
● **s'intéresser à ~** (~에 흥미있다/관심있다)
● **pleurer** (울다), **vous** (당신), **courir** (달리다), **être** (~있다/이다), **ici** (여기), **colère** (화난),
faire (~하다), **cela** (이것/저것/그것 : 지시대명사), **poser** (제기하다), **ce/cette** (이/그/저 : 지시형용사),
la question (질문), **apprendre** (배우다), **le français** (프랑스어), **le poste** (직위/직/부서)

258
Presenting the **core concepts** you need to **write** and **speak**.
It focuses on the **core concepts** you need to **communicate**.
Start speaking languages immediately using essential phrases.

네 번째 섹션 : 핵심문법 패턴!

4th Section 은 **핵심문법**을 **정리**했습니다.
프랑스어 문법의 **핵심**을 이루는 요소를 활용한 **핵심 패턴**들입니다.

P 112

 ❸ 기본패턴의 확장!

| p112-09 | ⦿ Pourquoi est-ce que tu parles de ça? | 너는 왜 그것에 대해 말하니? |

| p112-10 | ⦿ Pourquoi vous ne faites pas ça? | 당신은 왜 그렇게 하지 않습니까? |

● 중복형 **Pourquoi est-ce que ~?** (왜 ~입니까?)도 가능하며, 주어와 동사는 도치시키지 않습니다.
● **parler de ~** (~에 대해 말하다)
● **ça** 는 지시대명사 **cela** (이것/저것/그것)의 구어체 표현입니다.
● 회화에서 부정의문문은 부정문 앞에 의문사를 붙이는 것으로 흔히 쓰입니다.
부정문은 동사 앞뒤에 부정부사 **ne ~ pas** (~ 아니다)를 감싸줍니다.

 ❹ 기본패턴의 응용!

| p112-11 | A) Pourquoi vous apprenez le français? | 당신은 왜 프랑스어를 배웁니까? |

| p112-12 | B) Parce que je veux étudier en France. | 나는 프랑스에서 공부하고 싶기 때문입니다. |

| p112-13 | A) Pourquoi courez-vous? | 당신은 왜 뜁니까? |

| p112-14 | B) Parce que je suis en retard. | 나는 늦었기 때문입니다. |

● **parce que** (~이기 때문에)는 종속접속사입니다. 보통 후치되지만 이와 같이 문장 앞에 올 수도 있습니다.
● **en France** (프랑스에서)
● **être en retard** (늦다/지각하다), **vouloir** (원하다), **étudier** (연구하다), **le retard** (지각/늦음)

Learn foreign language!
French

Part 3. It's a completely new way to **learn** foreign language! | **Pattern 113**

Pourquoi ne ~ pas? [뿌흐꾸아 느 ~ 빠?]
왜 ~ 아닙니까?

---

❶ 기본패턴의 핵심!

❶ 의문사 **pourquoi** 는 '왜'입니다.
❷ **Pourquoi ne ~ pas?** 는 '왜 ~ 아닙니까?'입니다.
❸ 부정의문문의 어순은 '의문사 + **ne** + 동사 + 주어 + **pas**?'입니다.
인칭대명사가 동사와 도치될 경우, 도치의 표시로 - 을 붙입니다.
❹ 구어체에서는 흔히 주어와 동사를 도치하지 않고 말합니다.

❷ 기본패턴의 연습!

p113-01	○ Pourquoi ne venez-vous pas?	당신은 왜 오지 않습니까?
p113-02	○ Pourquoi ne répondez-vous pas?	당신은 왜 대답하지 않습니까?
p113-03	○ Pourquoi ne faites-vous pas cela?	당신은 그것을 왜 하지 않습니까?
p113-04	○ Pourquoi ne mangez-vous pas?	당신은 왜 먹지 않습니까?
p113-05	○ Pourquoi vous ne dormez pas encore?	당신은 왜 아직 안 잡니까?
p113-06	○ Pourquoi vous ne travaillez pas aujourd'hui?	당신은 오늘 왜 일하지 않습니까?
p113-07	○ Pourquoi vous ne proposez pas une solution?	당신은 왜 해결책을 제시하지 않습니까?
p113-08	○ Pourquoi vous n'essayez pas encore une fois?	당신은 왜 한 번 더 시도하지 않습니까?

● encore une fois (한 번 더)
● ne ~ pas (~ 아니다), venir (오다), vous (당신), répondre (대답하다), faire (하다),
cela (이것/저것/그것 : 지시대명사), manger (먹다), dormir (자다), encore (아직/ 여전히),
travailler (일하다), aujourd'hui (오늘), proposer (제안하다), une (하나의),
la solution (해결책), essayer (시도하다), la fois (번/회)

네 번째 섹션 : 핵심문법 패턴!

4th Section 은 **핵심문법**을 **정리**했습니다.
프랑스어 문법의 **핵심**을 이루는 요소를 활용한 **핵심 패턴**들입니다.

P
113

---

 ❸ 기본패턴의 확장!

p113-09 ○ **Pourquoi pas?** 왜 안됩니까? (물론 됩니다.)

p113-10 ○ **Pourquoi ne pas rentrer maintenant?** 왜 지금 돌아가지 않습니까?

● 왜 지금 돌아가지 않습니까? > 지금 돌아가는 것이 어떻습니까?
● **Pourquoi pas?** 는 '당연히 가능하다'는 의미입니다. (= 영어 **Why not?**)
● **Pourquoi ne pas** + 동사원형?은 '왜 ~하지 않습니까?' 즉 '~하는 것이 어떻습니까?'의 권유표현입니다.
● **rentrer** (돌아가다), **maintenant** (지금)

---

 ❹ 기본패턴의 응용!

p113-11 A) **Pourquoi vous ne travaillez pas aujourd'hui?** 당신은 오늘 왜 일하지 않습니까?

p113-12 B) **Parce que je suis malade.** 나는 아프기 때문입니다.

- -

p113-13 A) **Pourquoi ne venez-vous pas?** 당신은 왜 오지 않습니까?

p113-14 B) **Parce que je suis occupé(e).** 나는 바쁘기 때문입니다.

● **parce que** (~ 이기 때문에)는 종속접속사입니다. 보통 후치되지만 이와 같이 문장 앞에 올 수도 있습니다.
● **être** (~이다), **malade** (아픈), **occupé(e)** (바쁜)

● The focus is on **conversation** and **communication**.

● Start **speaking languages** immediately using **essential phrases.**

Learn foreign language!
French

Part 3. It's a completely new way to learn foreign language! | **Pattern 114**

Quel ~? [껠 ~?]
어떤 ~입니까?

❶ 기본패턴의 핵심!

❶ 의문사 **Quel ~?** 는 '어떤 ~?'입니다.
❷ **quel** 은 의문형용사로 다음에 오는 명사에 따라 어미변화를 합니다.
(**quel** (남성단수), **quels** (남성복수), **quelle** (여성단수), **quelles** (여성복수))
❸ 의문형용사 문장의 어순은 '의문형용사(+명사) + 동사 + 주어?'입니다.
❹ 의문형용사 **quel** 뒤에는 무관사명사가 옵니다.

❷ 기본패턴의 연습!

p114-01	Quel	temps fait-il?	날씨가 어떻습니까?
p114-02	Quelle	heure est-il?	몇 시입니까?
p114-03	Quel	âge avez-vous?	당신은 몇 살입니까?
p114-04	Quel	sport pratiquez-vous?	당신은 어떤 **스포츠**를 합니까?
p114-05	Quelle	voiture préférez -vous?	당신은 어떤 자동차를 좋아합니까?
p114-06	Quel	jour est-ce aujourd'hui?	오늘은 무슨 요일입니까? (몇 월 며칠입니까?)
p114-07	Quelles	couleurs préférez-vous?	당신은 어떤 색깔을 선호합니까?
p114-08	Quel	genre de musique écoutez-vous?	당신은 어떤 장르의 음악을 듣습니까?

● 오늘은 무슨 요일입니까? > 몇 월 며칠입니까?
● **Il fait ~.** (날씨가 ~입니다.)/ **Il est ~heure(s).** (~시입니다.) 비인칭주어 **il** 입니다.
● **le temps** (날씨/시간), **l'heure** (시간), **l'âge** (나이), **avoir** (가지다), **vous** (당신), **le sport** (스포츠),
pratiquer (실천하다), **la voiture** (자동차), **préférer** (선호하다), **le jour** (날), **ce** (이것/저것/그것),
aujourd'hui (오늘), **la couleur** (색깔), **le genre** (장르), **de** (~의), **la musique** (음악), **écouter** (듣다)

네 번째 섹션 : 핵심문법 패턴!

4th Section 은 **핵심문법**을 **정리**했습니다.
프랑스어 문법의 **핵심**을 이루는 요소를 활용한 **핵심 패턴**들입니다.

P 114

 ③ 기본패턴의 확장!

p114-09 ○ **Quelle est votre taille?** 당신의 사이즈는 무엇입니까?

p114-10 ○ **À quelle heure finit votre cours?** 당신의 수업은 몇 시에 끝납니까?

● **quel** 은 **être** (~이다) 동사와 함께 속사로 쓰여 '어떤/무엇?'의 의미로 사용하기도 합니다.
(속사란 속성을 나타내는 말로 영어의 보어와 비슷합니다.)
● 전치사를 붙여 질문할 수 있습니다.
À quelle heure ~? (몇 시에 ~?) / **En quel mois ~?** (몇 월에 ~?) / **Pour quelles raisons ~?** (어떤 이유들로 ~?)
● **votre** (당신의), **la taille** (사이즈), **finir** (끝내다), **le cours** (수업)

 ④ 기본패턴의 응용!

p114-11 **A) Quel jour est-ce aujourd'hui?** 오늘은 무슨 요일입니까?

p114-12 **B) Aujourd'hui, c'est le samedi 12 novembre.** 오늘은 11월 12일 토요일입니다.

- -

p114-13 **A) Quelles couleurs préférez-vous?** 당신은 어떤 색깔을 선호합니까?

p114-14 **B) Je préfère le bleu et le vert.** 나는 파란색과 초록색을 선호합니다.

● 오늘은 무슨 요일입니까? > 몇 월 며칠입니까?
● **C'est le samedi 12 novembre.** 처럼 날짜를 말할 때 정관사 **le** 를 함께 사용합니다.
● 색깔 앞에 정관사 **le** 를 붙이면 '~색의 것/~색'입니다.
● **le samedi** (토요일), **douze** (12), **novembre** (11월), **bleu** (파란), **et** (그리고), **vert** (초록의)

Learn foreign language!
French

D'où ~?
[두 ~?]
어디로부터 ~입니까?

 ❶ 기본패턴의 핵심!

❶ 의문사 **D'où ~?** 는 '어디로부터/에서 ~?'입니다.
❷ 반대로 의문사 **Où ~?** 는 '어디로 ~?'입니다.
❸ 의문사가 있는 의문문의 어순은 '의문사 + 동사 + (주어)?'입니다.
❹ 인칭대명사가 동사와 도치될 경우, 도치의 표시로 - 을 붙입니다.

 ❷ 기본패턴의 연습!

p115-01	D'où	êtes-vous?	당신은 어디로부터 와있습니까? (출신)
p115-02	D'où	venez-vous?	당신은 어디로부터 왔습니까?
p115-03	D'où	sortez-vous?	당신은 어디로부터 나왔습니까?
p115-04	D'où	vient cette idée?	그 아이디어는 어디로부터 유래합니까?
p115-05	D'où	vient l'expression?	그 표현은 어디로부터 유래합니까?
p115-06	Où	allez-vous?	당신은 어디로 갑니까?
p115-07	Où	sommes-nous?	우리는 어디에 있습니까? (여기는 어디입니까?)
p115-08	Où	emmenez-vous Luc?	당신은 뤽을 어디로 데리고 갑니까?

● **D'où êtes-vous?** (당신은 어디로부터 와있습니까?) / **D'où venez-vous?**
(당신은 어디로부터 왔습니까?) > 당신은 어디 출신입니까?
● 지시형용사는 명사의 성수에 따라 변합니다. **ce** (이/그/저 : 남성단수), **cette** (여성단수), **ces** (남/녀 복수)
● **être** (~이다/있다), **vous** (당신), **venir** (오다), **sortir** (나가다), **l'idée** (아이디어),
l'expression (표현), **où** (어디로/어디에), **aller** (가다), **nous** (우리), **emmener** (데리고 가다)

네 번째 섹션 : 핵심문법 패턴!

4th Section 은 **핵심문법**을 **정리**했습니다.
프랑스어 문법의 **핵심**을 이루는 요소를 활용한 **핵심 패턴**들입니다.

P 115

 ❸ 기본패턴의 확장!

p115-09 ○ **Je ne sais pas d'où vous venez.** 나는 당신이 어디에서 왔는지 모릅니다.

p115-10 ○ **Par où commencez-vous?** 당신은 어디에서부터 시작하십니까?

- **Je sais d'où ~.** (나는 어디로부터/에서 ~ 하는지 안다.)입니다.
- **Je ne sais pas d'où ~.** (나는 어디로부터/에서 ~ 하는지 모른다.)입니다.
- **Par où ~?** (어디를 통해서 ~? / 어디부터 ~?)
- **ne ~ pas** (~ 아니다), **savoir** (알다), **par** (~를 통해서/~에 의해서), **commencer** (시작하다)

 ❹ 기본패턴의 응용!

p115-11 A) **D'où venez-vous?** 당신은 어디로부터 왔습니까?

p115-12 B) **Je viens de Corée.** 나는 한국에서 왔습니다.

p115-13 A) **Où allons-nous maintenant?** 지금 우리는 어디로 가고 있습니까?

p115-14 B) **Je ne sais pas où nous allons.** 나는 우리가 어디로 가는지 모릅니다.

- **de** (~로부터), **la Corée** (한국), **aller** (가다), **maintenant** (지금)

Learn foreign language!
French

Part 4.
It's a completely new way
to **learn** foreign language!

| **Pattern 116**

Je peux ~. [즈 쁘 ~.]
나는 ~할 수 있습니다.

❶ 기본패턴의 핵심!

❶ **pouvoir** (~할 수 있다)는 준조동사입니다.
❷ **Je peux** + 동사원형.은 '나는 ~할 수 있습니다.'입니다.
❸ **pouvoir** 동사의 인칭변화형을 활용하여 다양한 주어의 문장을 만들 수 있습니다.
(**Je peux, Tu peux, Il/Elle peut, Nous pouvons, Vous pouvez, Ils/Elles peuvent** 등입니다.)

❷ 기본패턴의 연습!

p116-01	**Je peux** attendre.	나는 기다릴 수 있습니다.
p116-02	**Je peux** répondre.	나는 대답할 수 있습니다.
p116-03	**Je peux** comprendre.	나는 이해할 수 있습니다.
p116-04	**Je peux** gagner ma vie.	나는 생활비를 벌 수 있습니다.
p116-05	**Je peux** bien imaginer.	나는 잘 상상할 수 있습니다.
p116-06	**Je peux** faire un effort.	나는 노력할 수 있습니다.
p116-07	**Je peux** continuer mes études.	나는 나의 학업을 계속할 수 있습니다.
p116-08	**Je peux** essayer encore une fois.	나는 한 번 더 시도할 수 있습니다.

● **gagner ma vie** 나의 생활비를 벌다
● 소유형용사는 명사의 성수에 따라 변화합니다. **mon** (나의 : 남성) / **ma** (여성) / **mes** (남/녀 복수)
● **attendre** (기다리다), **répondre** (대답하다), **comprendre** (이해하다), **gagner** (돈을 벌다),
la vie (생활/인생), **bien** (잘), **imaginer** (상상하다), **faire** (하다), **un/une** (하나의/어떤), **l'effort** (노력/수고),
continuer (계속하다), **l'étude** (학업/연구), **essayer** (시도하다), **encore** (여전히), **la fois** (번/회)

● The **basics** of **grammar** and **sentence construction**!
● The most useful **phrases** and **expressions**!

네 번째 섹션 : 핵심문법 패턴!

4th Section 은 **핵심문법**을 **정리**했습니다.
프랑스어 문법의 **핵심**을 이루는 요소를 활용한 **핵심 패턴**들입니다.

P 116

 ❸ 기본패턴의 확장!

| p116-09 | Je ne peux pas arriver à l'heure. | 나는 제 시간에 도착할 수 없습니다. |

| p116-10 | Je ne peux pas rester en France sans titre de séjour. | 나는 체류증 없이 프랑스에 머물 수 없습니다. |

- 부정문은 준조동사 앞뒤에 각각 부정부사 **ne ~ pas** (~ 아니다)를 붙입니다.
- **à l'heure** (정각에)
- **le titre de séjour** (체류증)
- **arriver** (도착하다), **l'heure** (시간), **rester** (머물다), **en** (~에), **la France** (프랑스),
sans (~없이), **le titre** (증서), **de** (~의), **le séjour** (체류/거주)

 ❹ 기본패턴의 응용!

| p116-11 | A) Le guichet ouvre dans une demi-heure. | 창구는 30분 후에 엽니다. |

| p116-12 | B) Je peux attendre. | 나는 기다릴 수 있습니다. |

| p116-13 | A) Vous pouvez rester encore plus longtemps en France? | 당신은 프랑스에 더 오래 머물 수 있습니까? |

| p116-14 | B) Je ne peux pas rester sans titre de séjour. | 나는 체류증 없이 머물 수 없습니다. |

- **dans une demi-heure** (30분 후에), **une demi-heure = demi** (1/2 /절반) + **une heure** (1시간)
한 시간의 절반, 즉 30분을 의미합니다. 시간 앞의 전치사 **dans** 은 '~후에/뒤에'입니다.
- **le guichet** (창구), **ouvrir** (열다), **une** (하나의), **vous** (당신), **encore** (여전히),
plus (더), **longtemps** (오래)

Learn foreign language!
French

Part 4. It's a completely new way to **learn** foreign language! | **Pattern 117**

Puis-je ~? [뿨-즈 ~?]
내가 ~ 할 수 있습니까?

 ❶ 기본패턴의 핵심!

❶ **pouvoir** (~할 수 있다)는 준조동사입니다.
❷ **Puis-je** + 동사원형? (내가 ~ 할 수 있습니까?)는 허락을 구하는 표현입니다.
❸ 1인칭 단수 의문형은 **Puis-je ~?** 를 사용합니다. 인칭대명사와 동사가 도치되는 경우 - 으로 연결합니다.
❹ **pouvoir** 동사의 인칭변화형을 활용하여 다양한 주어의 문장을 만들 수 있습니다.
(**Je peux, Tu peux, Il/Elle peut, Nous pouvons, Vous pouvez, Ils/Elles peuvent** 등입니다.)

 ❷ 기본패턴의 연습!

p117-01	◉ Puis-je	**entrer?**	내가 들어갈 수 있습니까?
p117-02	◉ Puis-je	**faire ça?**	내가 그것을 할 수 있습니까?
p117-03	◉ Puis-je	**voir la chambre?**	내가 방을 볼 수 있습니까?
p117-04	◉ Puis-je	**ouvrir la fenêtre?**	내가 창문을 열 수 있습니까?
p117-05	◉ Puis-je	**rester un instant?**	내가 잠깐 머물 수 있습니까?
p117-06	◉ Puis-je	**prendre une photo?**	내가 사진 한 장 찍을 수 있습니까?
p117-07	◉ Puis-je	**essayer cette robe?**	내가 이 원피스를 한 번 입어볼 수 있습니까?
p117-08	◉ Puis-je	**payer avec une carte de crédit?**	내가 신용카드로 지불할 수 있습니까?

● **prendre une photo** (사진을 찍다)
● 지시형용사는 명사의 성수에 따라 변화합니다. **ce** (이/그/저:남성단수), **cette** (여성단수), **ces** (남/녀복수)
● **entrer** (들어가다), **faire** (하다), **ça** (이것/저것/그것), **voir** (보다), **la chambre** (방), **ouvrir** (열다), **la fenêtre** (창문), **rester** (머물다), **l'instant** (순간), **prendre** (잡다/취하다), **un/une** (하나의/어떤), **essayer** (시도하다), **la robe** (원피스), **payer** (지불하다), **avec** (~으로/함께), **la carte** (카드), **de** (~의), **le crédit** (신용)

네 번째 섹션 : 핵심문법 패턴!

4th Section 은 **핵심문법**을 **정리**했습니다.
프랑스어 문법의 **핵심**을 이루는 요소를 활용한 **핵심 패턴**들입니다.

 ❸ 기본패턴의 확장!

| p117-09 | ○ **Puis-je t'aider?** | 내가 너를 도와줄 수 있을까? (도와줄까?) |
| p117-10 | ○ **Puis-je vous demander quelque chose?** | 내가 당신에게 무엇을 좀 물을 수 있습니까? |

● 직접목적보어 **te** (너를)의 위치는 동사 앞입니다.
(**me** (나를), **te** (너를), **le** (그(것)을), **la** (그녀(것)을), **nous** (우리를), **vous** (당신(들)을), **les** (그(녀/것)들을))
● 간접목적보어 **vous** (당신(들)에게)의 위치는 동사 앞입니다.
(**me** (나에게), **te** (너에게), **lui** (그(녀)에게), **nous** (우리에게), **vous** (당신(들)에게), **leur** (그(녀)들에게))
● **aider** (돕다), **demander** (물어보다/요청하다), **quelque chose** (무엇인가)

 ❹ 기본패턴의 응용!

| p117-11 | A) **Puis-je essayer ces chaussures?** | 내가 그 신발들을 한 번 신어볼 수 있습니까? |
| p117-12 | B) **Bien sûr.** | 물론이죠. |

- -

| p117-13 | A) **Puis-je prendre des photos ici?** | 내가 여기서 사진들을 찍을 수 있습니까? |
| p117-14 | B) **Non, c'est interdit.** | 아니오, 금지되어 있습니다. |

● **Bien sûr.** (물론입니다.)
● **C'est interdit.** (금지되어 있습니다.), **C'est = ce + est** 그것은 ~이다 : 모음축약
● **les chaussures** (신발들), **des** (어떤), **ici** (여기), **non** (아니오),
ce (이것/저것/그것 : 지시대명사), **être** (~이다), **interdit** (금지된)

● The focus is on **conversation** and **communication.**

● Start speaking languages immediately using **essential phrases.**

Learn foreign language!
French

Part 4. It's a completely new way to learn foreign language! | **Pattern 118**

Pouvez-vous ~? [뿌베-부 ~?]
당신은 ~ 할 수 있습니까?

 ❶ 기본패턴의 핵심!

❶ **pouvoir** (~할 수 있다)는 준조동사입니다.
❷ **Pouvez-vous + 동사원형?**은 '당신은 ~ 할 수 있습니까?'로 부탁의 의미도 됩니다.
❸ 의문형에서 인칭대명사와 동사가 도치되는 경우 - 으로 연결하여 표시합니다.
❹ **pouvoir** 동사의 인칭변화형을 활용하여 다양한 주어의 문장을 만들 수 있습니다.
(**Je peux, Tu peux, Il/Elle peut, Nous pouvons, Vous pouvez, Ils/Elles peuvent** 등입니다.)

 ❷ 기본패턴의 연습!

p118-01	○ **Pouvez-vous**	**venir demain?**	당신은 내일 올 수 있습니까?
p118-02	○ **Pouvez-vous**	**expliquer?**	당신은 설명할 수 있습니까?
p118-03	○ **Pouvez-vous**	**répéter?**	당신은 반복할 수 있습니까?
p118-04	○ **Pouvez-vous**	**signer ici?**	당신은 여기에 서명해줄 수 있습니까?
p118-05	○ **Pouvez-vous**	**épeler?**	당신은 철자를 불러줄 수 있습니까?
p118-06	○ **Pouvez-vous**	**ouvrir un compte?**	당신은 통장을 개설할 수 있습니까?
p118-07	○ **Pouvez-vous**	**envoyer par e-mail?**	당신은 이메일로 보낼 수 있습니까?
p118-08	○ **Pouvez-vous**	**parler plus lentement?**	당신은 좀 더 천천히 말씀해줄 수 있습니까?

● **venir** (오다), **demain** (내일), **expliquer** (설명하다), **répéter** (반복하다), **signer** (서명하다), **ici** (여기), **épeler** (철자를 말하다), **ouvrir** (열다), **un** (하나의/어떤), **le compte** (통장), **envoyer** (보내다), **par** (~를 통해서), **l'e-mail** (이메일), **parler** (말하다), **plus** (더), **lentement** (느리게/천천히)

네 번째 섹션 : 핵심문법 패턴!

4th Section 은 **핵심문법**을 **정리**했습니다.
프랑스어 문법의 **핵심**을 이루는 요소를 활용한 **핵심 패턴**들입니다.

P
118

 ③ 기본패턴의 확장!

p118-09 ○ **Pouvez-vous me recommander un bon restaurant?** 당신은 나에게 좋은 식당을 하나 추천해줄 수 있습니까?

p118-10 ○ **Pouvez-vous m'aider?** 당신은 나를 도와줄 수 있습니까?

● 간접목적보어 **me** (나에게)의 위치는 동사 앞입니다.
(**me** (나에게), **te** (너에게), **lui** (그(녀)에게), **nous** (우리에게), **vous** (당신(들)에게), **leur** (그(녀)들에게))
● 직접목적보어 **me** (나를)의 위치는 동사 앞입니다.
(**me** (나를), **te** (너를), **le** (그(것)을), **la** (그녀(것)을), **nous** (우리를), **vous** (당신(들)을), **les** (그녀/것)들을))
● **recommander** (추천하다), **bon** (좋은), **le restaurant** (식당), **aider** (돕다)

 ④ 기본패턴의 응용!

p118-11 **A) Pouvez-vous m'aider?** 당신은 나를 도와줄 수 있습니까?

p118-12 **B) Bien sûr!** 물론입니다!

p118-13 **A) Pouvez-vous me recommander un bon restaurant?** 당신은 나에게 좋은 식당을 하나 추천해줄 수 있습니까?

p118-14 **B) Oui, il y en a beaucoup dans le quartier.** 네, 그것은 동네에 많이 있습니다.

● **Bien sûr!** (물론입니다!)
● **Il y a ~.** (~이 있다.)는 숙어표현이며, **il** 은 비인칭주어입니다.
● 중성대명사 **en** (그것)은 수량을 나타내는 명사를 대신합니다. (**en = un bon restaurant**)
위치는 동사 앞입니다.
● **oui** (네), **beaucoup** (많이), **dans** (~안에), **le quartier** (동네/구역)

The focus is on **conversation** and **communication.**

Start **speaking languages** immediately using **essential phrases.**

Learn foreign language!
French

Vous pouvez ~. [부 뿌베 ~.]
당신은 ~ 할 수 있습니다.

❶ 기본패턴의 핵심!

❶ **pouvoir** (~할 수 있다)는 준조동사입니다.
❷ **Vous pouvez** 동사원형. (당신은 ~ 할 수 있습니다/당신은 ~하십시오.)는
허락/완곡한 명령의 의미도 됩니다.
❸ **pouvoir** 동사의 인칭변화형을 활용하여 다양한 주어의 문장을 만들 수 있습니다.
(**Je peux, Tu peux, Il/Elle peut, Nous pouvons, Vous pouvez, Ils/Elles peuvent** 등입니다.)

❷ 기본패턴의 연습!

p119-01	Vous pouvez	entrer.	당신은 들어올 수 있습니다.
p119-02	Vous pouvez	continuer.	당신은 계속할 수 있습니다.
p119-03	Vous pouvez	demander.	당신은 물어볼/요구할 수 있습니다.
p119-04	Vous pouvez	faire mieux.	당신은 더 잘할 수 있습니다.
p119-05	Vous pouvez	intervenir.	당신은 개입할 수 있습니다.
p119-06	Vous pouvez	inviter des amis.	당신은 친구들을 초대할 수 있습니다.
p119-07	Vous pouvez	réussir l'examen.	당신은 시험에 성공할 수 있습니다.
p119-08	Vous pouvez	participer à la réunion.	당신은 회의에 참가할 수 있습니다.

● **participer à ~** (~에 참가하다)
● **entrer** (들어가다), **continuer** (계속하다), **demander** (묻다/요구하다), **faire** (하다),
mieux (더 잘), **intervenir** (개입하다), **inviter** (초대하다), **des** (어떤), **l'ami** (친구),
réussir (성공하다), **l'examen** (시험), **participer** (참여/참가하다), **à** (~에), **la réunion** (회의)

네 번째 섹션 : 핵심문법 패턴!

4th Section 은 **핵심문법**을 **정리**했습니다.
프랑스어 문법의 **핵심**을 이루는 요소를 활용한 **핵심 패턴**들입니다.

P 119

❸ 기본패턴의 확장!

p119-09 ▶ ⬤ **Vous pouvez compter sur moi.** 당신은 나에게 의지할 수 있습니다.

p119-10 ▶ ⬤ **Vous ne pouvez pas manger dans la bibliothèque.** 당신은 도서관 안에서 (음식을) 먹을 수 없습니다.

- **compter sur ~** (~를 의지하다)
- 전치사 뒤에는 인칭대명사 강세형을 사용합니다.
(**moi** (나) / **toi** (너) / **lui** (그) / **elle** (그녀) / **nous** (우리) / **vous** (당신(들)) / **eux** (그들) / **elles** (그녀들))
- 부정문은 준조동사 앞뒤에 각각 부정부사 **ne ~ pas** (~ 아니다)를 붙입니다.
- **compter** (~을 믿다/계산하다), **manger** (먹다), **dans** (~안에), **la bibliothèque** (도서관)

❹ 기본패턴의 응용!

p119-11 ▶ **A) Je me sens seul(e).** 나는 외롭습니다.

p119-12 ▶ **B) Vous pouvez compter sur moi.** 당신은 나에게 의지할 수 있습니다.

- -

p119-13 ▶ **A) Le concours de recrutement arrive bientôt.** 채용시험이 곧 다가옵니다.

p119-14 ▶ **B) Vous pouvez réussir l'examen.** 당신은 시험에 성공할 수 있습니다.

- **se sentir** (스스로 ~느낌이다)는 대명동사입니다. 재귀대명사는 인칭에 따라 다른 형태입니다.
(**Je me sens, Tu te sens, Il/Elle se sent, Nous nous sentons, Vous vous sentez, Ils/Elles se sentent**)
- **seul(e)** (외로운), **le concours** (경쟁시험), **de** (~의) **le recrutement** (채용/고용),
arriver (도착하다), **bientôt** (곧)

⬤ The focus is on **conversation** and **communication.**

⬤ Start **speaking languages** immediately using **essential phrases.**

Learn foreign language!
French

Je dois ~. [즈 두아 ~.]
나는 ~해야만 합니다.

❶ 기본패턴의 핵심!

❶ **devoir** (~해야만 한다)는 준조동사입니다.
❷ **Je dois** + 동사원형.은 '나는 ~ 해야만 합니다.'로 의무를 나타냅니다.
❸ **devoir** 동사의 인칭변화형을 활용하여 다양한 주어의 문장을 만들 수 있습니다.
(**Je dois, Tu dois, Il/Elle doit, Nous devons, Vous devez, Ils/Elles doivent** 등입니다.)

❷ 기본패턴의 연습!

p120-01	○	Je dois	partir.	나는 떠나야 합니다.
p120-02	○	Je dois	réfléchir.	나는 숙고해야 합니다.
p120-03	○	Je dois	dire la vérité.	나는 진실을 말해야 합니다.
p120-04	○	Je dois	sortir bientôt.	나는 곧 나가야 합니다.
p120-05	○	Je dois	perdre du poids.	나는 체중 감량해야 합니다.
p120-06	○	Je dois	dormir beaucoup.	나는 많이 자야 합니다.
p120-07	○	Je dois	gagner de l'argent.	나는 돈을 벌어야 합니다.
p120-08	○	Je dois	travailler maintenant.	나는 이제 일해야 합니다.

● 셀 수 없는 명사 앞에는 부분관사를 사용합니다.
du (남성단수) / **de la** (여성단수) / **de l'** (모음/무성 **h** 시작명사)
● **partir** (떠나다), **réfléchir** (숙고하다), **dire** (말하다), **la vérité** (진실), **sortir** (나가다),
bientôt (곧), **perdre** (줄이다), **le poids** (체중), **dormir** (자다), **beaucoup** (많이),
gagner (돈을 벌다), **l'argent** (돈), **travailler** (일하다), **maintenant** (지금)

274
Presenting the **core concepts** you need to **write** and **speak**.
It focuses on the **core concepts** you need to **communicate**. *start speaking languages immediately using essential phrases.*

네 번째 섹션 : 핵심문법 패턴!

4th Section 은 **핵심문법**을 **정리**했습니다.
프랑스어 문법의 **핵심**을 이루는 요소를 활용한 **핵심 패턴**들입니다.

P 120

③ 기본패턴의 확장!

| p120-09 | Je dois y aller. | 나는 거기에 가야 합니다. |
| p120-10 | Je dois aller au travail. | 나는 일하러 가야 합니다. |

- 중성대명사 **y** (거기에)는 앞서 언급한 장소를 대신해서 사용할 수 있습니다. 위치는 본동사 앞입니다.
- 전치사 **à** 는 정관사 **le** 와 만나면 **au** 로 축약합니다. (**à + le travail** (일/노동) = **au travail**)
- **au travail** (일하러)
- **aller** (가다)

④ 기본패턴의 응용!

| p120-11 | A) Où allez-vous? | 당신은 어디에 갑니까? |
| p120-12 | B) Je dois aller au travail. | 나는 일하러 가야 합니다. |

- -

| p120-13 | A) Je dois perdre du poids. | 나는 체중 감량해야 합니다. |
| p120-14 | B) Je vous conseille de marcher rapidement. | 나는 당신에게 빨리 걷기를 조언합니다. |

- 의문형에서 인칭대명사와 동사가 도치되는 경우 - 으로 연결하여 표시합니다.
- **Je vous conseille de** + 동사원형 ~. (나는 당신에게 ~할 것을 조언합니다.)
- 간접목적보어 **vous** (당신에게)의 위치는 동사 앞입니다.
(**me** (나에게), **te** (너에게), **lui** (그(녀)에게), **nous** (우리에게), **vous** (당신(들)에게), **leur** (그(녀)들에게))
- **où** (어디에), **conseiller** (조언하다), **marcher** (걷다), **rapidement** (빠르게)

The focus is on **conversation** and **communication**.

Start **speaking languages** immediately using **essential phrases**.

Learn foreign language!
French

Part 4. It's a completely new way to learn foreign language! | **Pattern 121**

Vous devez ~. [부드베 ~.]
당신은 ~해야만 합니다.

Fre

The basics of grammar and sentence construction!

 ❶ 기본패턴의 핵심!

❶ **devoir** (~해야만 한다)는 준조동사입니다.
❷ **Vous devez** + 동사원형. (당신은 ~ 해야만 합니다.)로 의무를 표현합니다.
❸ **devoir** 동사의 인칭변화형을 활용하여 다양한 주어의 문장을 만들 수 있습니다.
(**Je dois, Tu dois, Il/Elle doit, Nous devons, Vous devez, Ils/Elles doivent** 등입니다.)

 ❷ 기본패턴의 연습!

The most useful phrases and expressions!

p121-01	**Vous devez agir.**	당신은 행동해야만 합니다.
p121-02	**Vous devez travailler.**	당신은 일해야만 합니다.
p121-03	**Vous devez planifier.**	당신은 계획을 세워야만 합니다.
p121-04	**Vous devez expliquer.**	당신은 설명을 해야만 합니다.
p121-05	**Vous devez voir ce film.**	당신은 그 영화를 봐야만 합니다.
p121-06	**Vous devez prendre ce train.**	당신은 그 기차를 타야만 합니다.
p121-07	**Vous devez respecter la loi.**	당신은 규칙을 존중해야만 합니다.
p121-08	**Vous devez manger quelque chose.**	당신은 뭔가를 먹어야만 합니다.

● 지시형용사는 명사의 성수에 따라 변화합니다. **ce** (이/그/저:남성단수), **cette** (여성단수), **ces** (남/녀 복수)
● **agir** (행동하다), **travailler** (일하다), **planifier** (계획을 세우다), **expliquer** (설명하다),
voir (보다), **le film** (영화), **prendre** (잡다/타다), **le train** (기차), **respecter** (존중하다),
la loi (규칙), **manger** (먹다), **quelque chose** (무엇인가)

네 번째 섹션 : 핵심문법 패턴!

4th Section 은 **핵심문법**을 **정리**했습니다.
프랑스어 문법의 **핵심**을 이루는 요소를 활용한 **핵심 패턴**들입니다.

❸ 기본패턴의 확장!

| p121-09 | **Vous devriez partir tout de suite.** | 당신은 즉시 떠나야 할 겁니다. |
| p121-10 | **Vous devez y aller.** | 당신은 거기에 가야만 합니다. |

● 어조 완화를 위해 조건법을 사용할 수 있습니다. **Vous devriez ~.** (당신은 ~해야 할 겁니다.)
(조건법은 부록의 문법 설명 부분을 참고하기 바랍니다.)
● **tout de suite** 즉시/당장
● 중성대명사 **y** (거기에)는 앞서 언급한 장소를 대신해서 사용할 수 있습니다. 위치는 본동사 앞입니다.
● **partir** (떠나다), **aller** (가다)

❹ 기본패턴의 응용!

| p121-11 | **A) Je veux voyager en Europe.** | 나는 유럽에 여행 가고 싶습니다. |
| p121-12 | **B) Vous devez planifier.** | 당신은 계획을 세워야만 합니다. |

| p121-13 | **A) Excusez-moi, je suis en retard.** | 죄송합니다, 늦었습니다. |
| p121-14 | **B) Vous devez expliquer votre retard.** | 당신은 당신의 지각(의 이유)을 설명해야만 합니다. |

● 대륙명 앞에는 전치사 **en** 을 사용합니다.
en Europe (유럽에), **en Afrique** (아프리카에), **en Asie** (아시아에)
● **Excusez-moi.** (실례합니다/미안합니다.)
● **être en retard** (늦다/지각하다)
● **vouloir** (원하다/바라다), **voyager** (여행하다), **votre** (당신의), **le retard** (늦음/지각)

*The focus is on **conversation** and **communication**.*

*Start speaking languages immediately using **essential phrases**.*

Learn foreign language!
French

Part 4.
It's a completely new way to learn foreign language!

| Pattern 122

Dois-je ~? [두아즈 ~?]
나는 ~해야 할까요?

 ❶ 기본패턴의 핵심!

❶ **devoir** (~해야 한다)는 준조동사입니다.
❷ **Dois-je** + 동사원형? (나는 ~ 해야 합니까?)로 의무를 표현합니다.
❸ 의문형에서 인칭대명사와 동사가 도치되는 경우 - 으로 연결하여 표시합니다.
❹ **devoir** 동사의 인칭변화형을 활용하여 다양한 주어의 문장을 만들 수 있습니다.
(**Je dois, Tu dois, Il/Elle doit, Nous devons, Vous devez, Ils/Elles doivent** 등입니다.)

 ❷ 기본패턴의 연습!

p122-01	**Dois-je**	**attendre ici?**	내가 여기서 기다려야 할까요?
p122-02	**Dois-je**	**faire attention?**	내가 주의해야 할까요?
p122-03	**Dois-je**	**faire ça maintenant?**	내가 그것을 지금 해야 할까요?
p122-04	**Dois-je**	**envoyer mon C.V.?**	내가 나의 이력서를 보내야 할까요?
p122-05	**Dois-je**	**demander de l'aide?**	내가 도움을 요청해야 할까요?
p122-06	**Dois-je**	**contacter mon avocat?**	내가 나의 변호사와 연락해야 할까요?
p122-07	**Dois-je**	**prendre un médicament?**	내가 약을 복용해야 할까요?
p122-08	**Dois-je**	**modifier mon style de vie?**	내가 나의 라이프 스타일을 바꿔야 할까요?

● 소유형용사는 명사의 성수에 따라 변화합니다. **mon** (나의 : 남성) / **ma** (여성) / **mes** (남/녀 복수)
● **attendre** (기다리다), **ici** (여기), **faire** (하다), **l'attention** (주의), **maintenant** (지금),
ça (그것/저것), **envoyer** (보내다), **C.V.** (curriculum vitæ : 이력서), **demander** (요구하다),
l'aide (도움), **contacter** (연락하다), **l'avocat** (변호사), **prendre** (복용하다/잡다), **un** (하나의),
le médicament (약), **modifier** (변경하다), **le style** (스타일), **de** (~의), **la vie** (삶/생활/인생)

● The **basics** of **grammar** and **sentence construction**!
● The most useful **phrases** and **expressions**!

 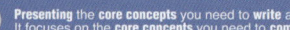

네 번째 섹션 : 핵심문법 패턴!

4th Section 은 **핵심문법**을 **정리**했습니다.
프랑스어 문법의 **핵심**을 이루는 요소를 활용한 **핵심 패턴**들입니다.

P 122

 ③ 기본패턴의 확장!

p122-09 ⦿ **Dois-je répondre en français?** — 내가 프랑스어로 대답을 해야 할까요?

p122-10 ⦿ **Dois-je réserver à l'avance?** — 내가 미리 예약을 해야만 할까요?

- **en français** (프랑스어로)
- **à l'avance** (미리/사전에)
- **répondre** (대답하다), **le français** (프랑스어), **réserver** (예약하다)

 ④ 기본패턴의 응용!

p122-11 A) **Dois-je envoyer mon C.V.?** — 내가 나의 이력서를 보내야 할까요?

p122-12 B) **Absolument!** — 절대적입니다! (그럼요!)

p122-13 A) **Il y a un bon restaurant près d'ici.** — 이 근처에 좋은 식당이 하나 있습니다.

p122-14 B) **Dois-je réserver à l'avance?** — 내가 미리 예약을 해야만 할까요?

- **Il y a ~.** (~이 있습니다.) 숙어표현이며, **il** 은 비인칭주어입니다.
- **près de ~** (~에서 가까이에) / **près d'ici = près de + ici** (여기) (모음축약)
- **absolument** (절대적으로), **un** (하나의/어떤), **bon** (좋은), **le restaurant** (식당)

Learn foreign language!
French

Part 4. It's a completely new way to learn foreign language! | **Pattern 123**

Je veux ~. [즈브~.]
나는 ~하는 것을 원합니다.

 ❶ 기본패턴의 핵심!

❶ **vouloir** (~원하다/바라다)는 준조동사입니다.
❷ **Je veux** + 동사원형. (나는 ~하는 것을 원합니다.)로 의지를 표현합니다.
❸ **vouloir** 동사의 인칭변화형을 활용하여 다양한 주어의 문장을 만들 수 있습니다.
(**Je veux, Tu veux, Il/Elle veut, Nous voulons, Vous voulez, Ils/Elles veulent** 등입니다.)

 ❷ 기본패턴의 연습!

p123-01	Je veux	dire cela.	나는 그것을 말하는 것을 원합니다.
p123-02	Je veux	visiter Paris.	나는 파리를 방문하는 것을 원합니다.
p123-03	Je veux	faire un stage.	나는 연수(실습)하기를 원합니다.
p123-04	Je veux	être réalisatrice.	나는 영화감독이 되기를 원합니다.
p123-05	Je veux	acheter un ordinateur.	나는 컴퓨터 하나 살 것을 원합니다.
p123-06	Je veux	apprendre le français.	나는 프랑스어를 배울 것을 원합니다.
p123-07	Je veux	améliorer mon français.	나는 나의 프랑스어를 향상시킬 것을 원합니다.
p123-08	Je veux	annuler ma réservation.	나는 나의 예약을 취소할 것을 원합니다.

● 소유형용사는 명사의 성수에 따라 변화합니다. **mon** (나의 : 남성) / **ma** (여성) / **mes** (남/녀 복수)
● **dire** (말하다), **cela** (이것/저것/그것 : 지시대명사), **visiter** (방문하다), **faire** (하다), **un** (하나의),
le stage (연수/실습), **être** (~이다), **le réalisateur/la réalisatrice** (영화감독), **acheter** (사다/구매하다),
l'ordinateur (컴퓨터), **apprendre** (배우다), **le français** (프랑스어), **améliorer** (향상시키다),
annuler (취소하다), **la réservation** (예약)

네 번째 섹션 : 핵심문법 패턴!

4th Section 은 **핵심문법**을 **정리**했습니다.
프랑스어 문법의 **핵심**을 이루는 요소를 활용한 **핵심 패턴**들입니다.

P 123

 ❸ 기본패턴의 확장!

p123-09 ◉ **Je veux continuer mes études à l'université.**   나는 대학교에서 나의 학업을 계속하기를 원합니다.

p123-10 ◉ **Je veux parler avec le professeur Kim demain.**   나는 내일 김 교수님과 이야기할 것을 원합니다.

- **à l'université** (대학교에서), **avec le professeur** (교수와 함께)
- **parler avec ~** (~와 함께 말하다)
- **continuer** (계속하다), **l'étude** (공부/학업), **l'université** (대학교), **parler** (말하다),
le professeur (교수/교사), **demain** (내일)

 ❹ 기본패턴의 응용!

p123-11 **A) Qu'est-ce que vous faites pendant les vacances?** 당신은 방학 동안 무엇을 할 겁니까?

p123-12 **B) Je veux faire un stage linguistique.** 나는 어학연수하기를 원합니다.

p123-13 **A) Qu'est-ce que vous attendez?**   당신은 무엇을 기대합니까?

p123-14 **B) Je veux améliorer mon français.**   나는 나의 프랑스어를 향상시킬 것을 원합니다.

- **faire un stage linguistique** (어학연수하다)
- **qu'est-ce que** (무엇), **vous** (당신), **pendant** (~ 동안에), **les vacances** (방학/휴가),
linguistique (언어의), **attendre** (기대하다/기다리다)

The focus is on **conversation** and **communication**.

Start **speaking languages** immediately using **essential phrases**.

Learn foreign language!
French

Voulez-vous ~? [불레-부 ~?]
당신은 ~하는 것을 원합니까?

❶ 기본패턴의 핵심!

❶ **vouloir** (~원하다/바라다)는 준조동사입니다.
❷ **Voulez-vous + 동사원형?** (당신은 ~하는 것을 원합니까?)는 '~해주시겠습니까?'라는
부탁의 표현이기도 합니다.
❸ 의문형에서 인칭대명사와 동사가 도치되는 경우 - 으로 연결하여 표시합니다.
❹ **vouloir** 동사의 인칭변화형을 활용하여 다양한 주어의 문장을 만들 수 있습니다.
(Je veux, Tu veux, Il/Elle veut, Nous voulons, Vous voulez, Ils/Elles veulent 등입니다.)

❷ 기본패턴의 연습!

p124-01	○	**Voulez-vous**	**goûter?**	당신은 맛 좀 보기를 원합니까?
p124-02	○	**Voulez-vous**	**continuer?**	당신은 계속하기를 원합니까?
p124-03	○	**Voulez-vous**	**dire un mot?**	당신은 한마디 하기를 원합니까?
p124-04	○	**Voulez-vous**	**fermer la porte?**	당신은 문을 닫는 것을 원합니까?
p124-05	○	**Voulez-vous**	**manger avec moi?**	당신은 나와 함께 먹기를 원합니까?
p124-06	○	**Voulez-vous**	**indiquer le chemin?**	당신은 길을 가르쳐주기를 원합니까?
p124-07	○	**Voulez-vous**	**prendre un rendez-vous?**	당신은 약속 잡기를 원합니까?
p124-08	○	**Voulez-vous**	**poser une question?**	당신은 질문 하나 하기를 원합니까?

● **avec moi** (나와 함께) 전치사 뒤에는 인칭대명사 강세형을 사용합니다.
(**moi** (나) / **toi** (너) / **lui** (그) / **elle** (그녀) / **nous** (우리) / **vous** (당신(들)) / **eux** (그들) / **elles** (그녀들))
● **goûter** (맛보다), **continuer** (계속하다), **dire** (말하다), **un/une** (하나의), **le mot** (단어/말),
fermer (닫다), **la porte** (문), **manger** (먹다), **avec** (~와 함께), **indiquer** (가르쳐주다), **le chemin** (길),
prendre (잡다/취하다), **le rendez-vous** (약속), **poser** (제기하다), **la question** (질문)

● The basics of grammar and sentence construction!

● The most useful phrases and expressions!

It focuses on **conversation** with **fluency** and confidence.

네 번째 섹션 : 핵심문법 패턴!

4th Section 은 **핵심문법**을 **정리**했습니다.
프랑스어 문법의 **핵심**을 이루는 요소를 활용한 **핵심 패턴**들입니다.

P 124

 ❸ 기본패턴의 확장!

p124-09 ⬤ **Voulez-vous un café?** 당신은 커피 한 잔을 원합니까?

p124-10 ⬤ **Voulez-vous m'aider?** 당신은 나를 도와주기를 원합니까? (나를 도와주세요.)

● **Voulez-vous + 명사?** (당신은 ~을 원합니까?)는 상대방의 의향을 묻는 표현입니다.
● 직접목적보어 **me** (나를)의 위치는 본동사 앞입니다.
(**me** (나를), **te** (너를), **le** (그(것)을), **la** (그녀(것)을), **nous** (우리를), **vous** (당신(들)을), **les** (그(녀/것)들을))
● **le café** (커피), **aider** (돕다)

 ❹ 기본패턴의 응용!

p124-11 **A) Voulez-vous m'aider?** 당신은 나를 도와주기를 원합니까? (나를 도와주겠습니까?)

p124-12 **B) Avec plaisir!** 기꺼이!

p124-13 **A) Voulez-vous goûter du vin?** 당신은 와인 맛 좀 보기를 원합니까?

p124-14 **B) Oui, ça sent bon!** 네, 향기가 좋습니다.

● **Avec plaisir!** (기꺼이!)
● 셀 수 없는 명사 앞에는 부분관사를 사용합니다.
du (남성단수) / **de la** (여성단수) / **de l'** (모음/무성 h 시작명사)
● **ça** 는 지시대명사 **cela** (이것/저것/그것)의 구어체 표현입니다.
● **le plaisir** (즐거움/기쁨), **le vin** (포도주), **oui** (네), **sentir** (냄새가 나다), **bon** (좋은)

It focuses on conversation with fluency and confidence. With this book you will **learn languages** with thousands **of customizable phrases.** **283**

Learn foreign language!
French

Part 4. It's a completely new way to **learn** foreign language! | **Pattern 125**

Je sais ~. [즈 쎄~.]
나는 ~할 줄 압니다.

---

 ❶ 기본패턴의 핵심!

❶ **savoir** (~할 줄 알다)는 준조동사입니다.
❷ **Je sais** + 동사원형.은 '나는 ~ 할 줄 압니다.'의 뜻입니다.
❸ **savoir** 동사의 인칭변화형을 활용하여 다양한 주어의 문장을 만들 수 있습니다.
(**Je sais, Tu sais, Il/Elle sait, Nous savons, Vous savez, Ils/Elles savent** 등입니다.)

 ❷ 기본패턴의 연습!

p125-01	Je sais nager.	나는 수영할 줄 압니다.
p125-02	Je sais conduire.	나는 운전할 줄 압니다.
p125-03	Je sais faire du rap.	나는 랩을 할 줄 압니다.
p125-04	Je sais faire du ski.	나는 스키를 탈 줄 압니다.
p125-05	Je sais jouer du violon.	나는 바이올린을 연주할 줄 압니다.
p125-06	Je sais cuisiner italien.	나는 이탈리아 요리를 할 줄 압니다.
p125-07	Je sais bien parler français.	나는 프랑스어를 잘할 줄 압니다.
p125-08	Je sais chanter une chanson française.	나는 프랑스 노래를 부를 줄 압니다.

● **faire du rap** (랩을 하다), **faire du ski** (스키를 타다) (**du** 는 셀 수 없는 남성명사에 붙이는 부분관사)
● **jouer de** + 악기 (~연주하다), **jouer du violon** (바이올린 연주하다)
(= **jouer de** + **le violon** : 정관사축약)
● **nager** (수영하다), **conduire** (운전하다), **faire** (하다), **le rap** (랩), **le ski** (스키), **jouer** (놀다/연주하다),
le violon (바이올린), **cuisiner** (요리하다), **italien** (이탈리아의), **bien** (잘), **parler** (말하다),
le français (프랑스어), **chanter** (노래하다), **une** (하나의/어떤), **la chanson** (노래)

Presenting the **core concepts** you need to **write** and **speak**.
It focuses on the **core concepts** you need to **communicate**. *start speaking languages immediately using essential phrases.*

네 번째 섹션 : 핵심문법 패턴!

4th Section 은 **핵심문법**을 **정리**했습니다.
프랑스어 문법의 **핵심**을 이루는 요소를 활용한 **핵심 패턴**들입니다.

P 125

 ❸ 기본패턴의 확장!

| p125-09 | ◯ **Je ne sais pas comment faire.** | 나는 어떻게 하는지 모릅니다. |
| p125-10 | ◯ **Je sais jouer de la guitare.** | 나는 기타를 연주할 줄 압니다. |

- 부정문은 동사 앞뒤에 각각 부정부사 **ne ~ pas** (~ 아니다)를 붙입니다.
- 전치사 **de** 와 정관사 여성형은 축약하지 않습니다. **jouer de la guitare** (기타를 연주하다)
- **comment** (어떻게), **la guitare** (기타)

 ❹ 기본패턴의 응용!

| p125-11 | **A) Quelle est votre musique préférée?** | 당신의 선호 음악은 어떤 것입니까? |
| p125-12 | **B) C'est le hip-hop. Je sais faire du rap.** | 힙합입니다. 나는 랩을 할 줄 압니다. |

| p125-13 | **A) Vous parlez une langue étrangère?** | 당신은 외국어를 말합니까? |
| p125-14 | **B) Je sais parler assez couramment français.** | 나는 프랑스어를 꽤 유창하게 할 줄 압니다. |

- **quel** (어떤 : 의문형용사)는 다음에 오는 명사에 따라 어미변화를 합니다.
(**quel** (남성단수), **quels** (남성복수), **quelle** (여성단수), **quelles** (여성복수))
- **C'est ~.** (이것은 ~입니다.) 구문입니다. **C'est = ce** (이것/저것/그것 : 지시대명사) + **est** : 모음축약
- **être** (~이다), **votre** (당신의), **la musique** (음악), **préféré(e)** (선호하는), **le hip-hop** (힙합),
parler (말하다), **une** (하나의), **la langue** (언어), **étrangère** (외국의), **assez** (꽤), **couramment** (유창하게)

Learn foreign language!
French

Part 4. | It's a completely new way to learn foreign language! | **Pattern 126**

J'aime ~. [젬므 ~.]
나는 ~를 좋아합니다.

The basics of **grammar** and **sentence construction**!

 ❶ 기본패턴의 핵심!

❶ **aimer** (좋아하다/~하고 싶다)는 준조동사입니다만, 단독으로도 많이 사용됩니다.
❷ **J'aime** + 명사. (나는 ~를 좋아합니다.)
❸ **J'aime** + 동사원형. (나는 ~하는 것을 좋아합니다.)
❹ **aimer** 동사의 인칭변화형을 활용하여 다양한 주어의 문장을 만들 수 있습니다.
(**J'aime, Tu aimes, Il/Elle aime, Nous aimons, Vous aimez, Ils/Elles aiment** 등입니다.)

 ❷ 기본패턴의 연습!

The most useful **phrases** and **expressions**!

p126-01	○ J'aime	le café.	나는 커피를 좋아합니다.
p126-02	○ J'aime	le sport.	나는 스포츠를 좋아합니다.
p126-03	○ J'aime	la musique.	나는 음악을 좋아합니다.
p126-04	○ J'aime	beaucoup le cinéma.	나는 영화를 매우 좋아합니다.
p126-05	○ J'aime	lire.	나는 (책을) 읽는 것을 좋아합니다.
p126-06	○ J'aime	voyager.	나는 여행하는 것을 좋아합니다.
p126-07	○ J'aime	faire du shopping.	나는 쇼핑하는 것을 좋아합니다.
p126-08	○ J'aime	rencontrer des gens.	나는 사람들을 만나는 것을 좋아합니다.

● **faire du shopping** (쇼핑하다) **du** 는 셀 수 없는 남성명사에 붙이는 부분관사입니다.
● **le café** (커피), **le sport** (스포츠), **la musique** (음악), **beaucoup** (많이), **le cinéma** (영화),
lire (읽다), **voyager** (여행하다), **faire** (하다), **le shopping** (쇼핑), **rencontrer** (만나다),
des (약간의 : 부정관사), **les gens** (사람들)

Presenting the **core concepts** you need to **write** and **speak**.
It focuses on the **core concepts** you need to **communicate**. ■ *start speaking languages immediately using essential phrases.*

네 번째 섹션 : 핵심문법 패턴!

4th Section 은 **핵심문법**을 **정리**했습니다.
프랑스어 문법의 **핵심**을 이루는 요소를 활용한 **핵심 패턴**들입니다.

P 126

❸ 기본패턴의 확장!

p126-09 ○ Je t'aime.　　　　　　　나는 너를 사랑해.

p126-10 ○ Je n'aime pas le football.　　　나는 축구를 좋아하지 않습니다.

● 직접목적보어 **te** (너를)의 위치는 동사 앞입니다.
(**me** (나를), **te** (너를), **le** (그(것)을), **la** (그녀(것)을), **nous** (우리를), **vous** (당신(들)을), **les** (그(녀/것)들을))
● **Je t'aime.** (나는 너를 사랑해.) (= Je te + aime : 모음축약)
● 부정문은 동사 앞뒤에 각각 부정부사 **ne ~ pas** (~ 아니다)를 붙입니다.
● **le football** (축구)

❹ 기본패턴의 응용!

p126-11 A) Tu m'aimes encore?　　　너는 나를 여전히 사랑하니?

p126-12 B) Je t'aime pour toujours.　　나는 너를 영원히 사랑해.

- -

p126-13 A) Qu'est-ce que vous aimez?　당신은 무엇을 좋아합니까?

p126-14 B) J'aime lire et voyager.　　나는 (책) 읽기와 여행을 좋아합니다.

● **Tu m'aimes.** (너는 나를 사랑해.) (= Tu me + aimes. : 모음축약)
● 짧은 문장은 평서문의 끝을 올려 읽는 것으로 의문형이 될 수 있습니다.
● **pour toujours** (영원히) : 전치사 pour 는 '예정/시기' 등을 나타냅니다.
● **encore** (여전히), **qu'est-ce que** (무엇), **toujours** (언제나/항상), **et** (그리고)

Part 4.   It's a completely new way to **learn** foreign language! | **Pattern 127**

Aimez-vous ~? [에메-부 ~?]
당신은 ~를 좋아합니까?

Fre

❶ 기본패턴의 핵심!

❶ aimer (좋아하다/~하고 싶다)는 준조동사입니다만, 단독으로도 많이 사용됩니다.
❷ **Aimez-vous** + 명사? (당신은 ~를 좋아합니까?)
❸ 의문형에서 인칭대명사와 동사가 도치되는 경우 - 으로 연결하여 표시합니다.
❹ aimer 동사의 인칭변화형을 활용하여 다양한 주어의 문장을 만들 수 있습니다.
(**J'aime, Tu aimes, Il/Elle aime, Nous aimons, Vous aimez, Ils/Elles aiment** 등입니다.)

❷ 기본패턴의 연습!

p127-01	○ **Aimez-vous le sport?**	당신은 <u>스포츠</u>를 좋아합니까?
p127-02	○ **Aimez-vous Brahms?**	당신은 브람스를 좋아합니까?
p127-03	○ **Aimez-vous mes amis?**	당신은 나의 친구들을 좋아합니까?
p127-04	○ **Aimez-vous votre travail?**	당신은 당신의 일을 좋아합니까?
p127-05	○ **Aimez-vous les films d'horreur?**	당신은 공포영화들을 좋아합니까?
p127-06	○ **Aimez-vous la cuisine française?**	당신은 프랑스 요리를 좋아합니까?
p127-07	○ **Aimez-vous la littérature allemande?**	당신은 독일 문학을 좋아합니까?
p127-08	○ **Aimez-vous les peintres impressionnistes?**	당신은 인상주의 화가들을 좋아합니까?

● 소유형용사는 명사의 성수에 따라 변화합니다. **mon** (나의 : 남성) / **ma** (여성) / **mes** (남/녀 복수)
● **le sport** (스포츠), **l'ami** (친구), **votre** (당신의), **le travail** (일/작업), **le film** (영화),
de (~의), **l'horreur** (공포), **la cuisine** (요리/식사), **français(e)** (프랑스의),
la littérature (문학), **allemand(e)** (독일의), **le peintre** (화가), **l'impressionniste** (인상주의자)

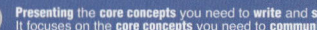

P
127

네 번째 섹션 : 핵심문법 패턴!

4th Section 은 **핵심문법**을 **정리**했습니다.
프랑스어 문법의 **핵심**을 이루는 요소를 활용한 **핵심 패턴**들입니다.

 ❸ 기본패턴의 확장!

| p127-09 | Aimez-vous le thé ou le café? | 당신은 차 또는 커피를 좋아합니까? |
| p127-10 | Aimez-vous boire? | 당신은 음주를 좋아합니까? |

- **Aimez-vous** + 동사원형? (당신은 ~하는 것을 좋아합니까?)
- **le thé** (차), **ou** (또는), **le café** (커피), **boire** (마시다)

 ❹ 기본패턴의 응용!

| p127-11 | A) Aimez-vous le thé ou le café? | 당신은 차 또는 커피를 좋아합니까? |
| p127-12 | B) Je préfère le café. | 나는 커피를 선호합니다. |

- -

| p127-13 | A) Aimez-vous les films d'horreur? | 당신은 공포영화들을 좋아합니까? |
| p127-14 | B) Pas du tout, je préfère les films romantiques. | 전혀요, 나는 로맨틱 영화들을 선호해요. |

- **pas du tout** (전혀/완전히 아니다)
- **préférer** (선호하다), **romantique** (로맨틱한/낭만적인)

*The focus is on **conversation** and **communication**.*

*Start speaking **languages** immediately using **essential phrases**.*

5th
Section

pattern

French

MONNAIE DE PARIS

5th Section

Pattern French

다섯 번째 섹션 : 중요문법 패턴!

5th Section 은 **중요문법**을 정리하였습니다.
문법적으로 **난이도**도 높고, **사용빈도**도 높은 **표현**들을 정리했습니다.

 Presenting the **core concepts** you need to **write** and **speak**.
It focuses on the **core concepts** you need to **communicate**. *start speaking languages immediately using essential phrases.*

5th Section
중요문법 섹션 :

5th Section 은 중요문법을 정리하였습니다.
문법적으로 난이도도 높으면서 매우 자주 사용하는 표현들을 정리했습니다.
(해당 파트의 문법설명은 부록편을 참고하여 주십시오!)

문법내용은 부록부의 설명 정도로만 이해하시고,
우선적으로 패턴 자체에 익숙하도록 연습하시면 좋겠습니다.

Part 01. 명령문, 2줄요약!

❶ 주어를 생략하고 바로 동사로 시작합니다.
❷ 2인칭 단수/복수(**tu/vous**)와 청하거나 동의를 구하는 명령문인 1인칭 복수형(**nous**)이 있습니다.

Part 02. 시제, 2줄요약!

❶ 프랑스어에는 현재/복합과거/반과거/대과거/단순미래/전미래 등의 시제가 있습니다.
❷ 가장 자주 사용하는 시제인 미래/복합과거/반과거의 패턴을 중점적으로 공부합니다.

Part 03. 조건법, 2줄요약!

❶ 조건법을 통해 가장 정중한 표현방법을 배웁니다.
❷ 조건법의 외교적인 화법/가정법 등을 집중적으로 연습합니다.

Learn foreign language!
French

Part 1.
It's a completely new way
to **learn** foreign language!

| **Pattern 128**

Allons ~! [알롱 ~!]
우리 ~하러 가자!

❶ 기본패턴의 핵심!

❶ **allons** 은 동사 **aller** (가다)의 1인칭 복수형태입니다.
❷ **allons** + 동사원형!은 '우리 ~하러 가자!'라는 뜻으로 일종의 '청하는 형식의 명령문'입니다.

❷ 기본패턴의 연습!

p128-01	**Allons**	**danser!**	우리 춤추러 가자!
p128-02	**Allons**	**voir un film!**	우리 영화보러 가자!
p128-03	**Allons**	**jouer dehors!**	우리 밖으로 놀러 가자!
p128-04	**Allons**	**prendre un verre!**	우리 한 잔 하러 가자!
p128-05	**Allons**	**faire du shopping!**	우리 쇼핑하러 가자!
p128-06	**Allons**	**voir le professeur!**	우리 선생님을 만나러 가자!
p128-07	**Allons**	**faire une promenade!**	우리 산책하러 가자!
p128-08	**Allons**	**manger quelque chose!**	우리 뭐 좀 먹으러 가자!

● **prendre un verre** (한 잔 마시다 > (술) 한 잔 하다)
● **faire du shopping** (쇼핑하다) > **du** 는 셀 수 없는 명사 앞에 붙는 부분관사 남성형
● **danser** (춤추다), **voir** (보다/만나다), **un/une** (하나의), **le film** (영화), **jouer** (놀다),
dehors (밖으로/밖에), **prendre** (잡다/먹다/마시다), **le verre** (잔/컵), **faire** (하다), **le shopping** (쇼핑),
le professeur (교사), **la promenade** (산책), **manger** (먹다), **quelque chose** (무엇/어떤 것)

다섯 번째 섹션 : 중요문법 패턴!

5th Section 은 **중요문법**을 정리하였습니다.
문법적으로 **난이도**도 높고, **사용빈도**도 높은 **표현**들을 정리했습니다.

P 128

 ③ 기본패턴의 확장!

| p128-09 | **Allons-y!** | 가자! |

| p128-10 | **Allons fêter ton anniversaire!** | 너의 생일을 축하하러 가자! |

● **Allons-y!** (가자!)의 **y** (거기에)는 앞에 언급된 장소를 받는 중성대명사입니다.
하지만 일반적으로 해석은 하지 않습니다. 영어의 **Let's go!** 와 비슷합니다.
● 소유형용사는 명사의 성수에 따라 변화합니다. **ton** (너의 : 남성) / **ta** (여성) / **tes** (남/녀 복수)
● **fêter** (축하하다/기념하다), **l'anniversaire** (생일/기념일)

 ④ 기본패턴의 응용!

| p128-11 | **A) J'ai faim.** | 나는 배가 고파. |

| p128-12 | **B) Allons manger quelque chose!** | 우리 뭐 좀 먹으러 가자! |

- -

| p128-13 | **A) Il fait beau aujourd'hui.** | 오늘 날씨가 좋다. |

| p128-14 | **B) Allons faire une promenade!** | 우리 산책하러 가자! |

● **avoir faim** (배고프다), (**J'ai faim. = Je + ai faim.** : 모음축약)
● **Il fait ~.** (날씨가 ~하다.) **il** 은 비인칭주어
● **la faim** (굶주림/허기), **beau** (아름다운/멋진), **aujourd'hui** (오늘)

Learn foreign language!
French

Part 1. It's a completely new way to learn foreign language! | **Pattern 129**

Laissez-moi ~!
[레쎄-무아 ~!]
나를 ~하게 해주세요!

Fren

 ❶ 기본패턴의 핵심!

❶ **laisser** 은 영어의 **let** (~하게 하다)에 해당합니다.
❷ **Laissez-moi ~!** 는 '(당신이) 나를 ~하게 해주세요!' (제가 ~ 해볼게요!)의 뜻입니다.
❸ 직접목적보어 **me** (나를)은 명령문에서 강세형(**moi**)로 바뀝니다.
강세형을 동사 뒤로 도치시켜 - 으로 표시합니다. **moi** 다음에는 형용사/동사가 올 수 있습니다.
❹ 2인칭 단수는 **Laisse-moi ~!** ((너는) 나를 ~하게 해라!)가 됩니다.

 ❷ 기본패턴의 연습!

p129-01	○	**Laissez-moi**	**seul(e)!**	(당신이) 나를 홀로 놔두세요!
p129-02	○	**Laissez-moi**	**tranquille!**	나를 조용히 놔두세요!
p129-03	○	**Laissez-moi**	**faire!**	나를 하게 해주세요!
p129-04	○	**Laissez-moi**	**parler!**	나를 말하게 해주세요!
p129-05	○	**Laissez-moi**	**passer!**	나를 지나가게 해주세요!
p129-06	○	**Laissez-moi**	**goûter!**	나를 맛보게 해주세요! (제가 맛 좀 볼게요!)
p129-07	○	**Laissez-moi**	**entrer!**	나를 들어가게 해주세요!
p129-08	○	**Laissez-moi**	**commencer!**	나를 시작하게 해주세요!

● 나를 조용히 놔두세요! 〉 귀찮게 굴지 마세요!
● 나를 맛보게 해주세요! 〉 내가 맛 좀 볼게요!
● **seul(e)** (혼자인/홀로인), **tranquille** (조용한/평온한), **faire** (하다), **parler** (말하다),
passer (지나가다), **goûter** (맛보다/음미하다), **entrer** (들어가다), **commencer** (시작하다)

다섯 번째 섹션 : 중요문법 패턴!

5th Section 은 **중요문법**을 정리하였습니다.
문법적으로 **난이도**도 높고, **사용빈도**도 높은 **표현**들을 정리했습니다.

P 129

---

 ❸ 기본패턴의 확장!

p129-09 ○ **Laissez-moi vous expliquer!**   내가 당신(들)에게 설명하게 해주세요!

p129-10 ○ **Laissez-moi réfléchir une seconde!**   내가 잠깐 숙고하게 해주세요!

● 명령문에서 간접목적보어 **vous** (당신(들)에게)의 위치는 본동사 앞입니다.
(**me** (나에게), **te** (너에게), **lui** (그(녀)에게)), **nous** (우리에게), **vous** (당신(들)에게), **leur** (그(녀)들에게))
● **expliquer** (설명하다), **réfléchir** (숙고하다), **une** (하나의), **la seconde** (초/잠깐/순간)

---

 ❹ 기본패턴의 응용!

p129-11 **A) Qu'est-ce que vous pensez de ce vin?**   당신은 이 포도주에 대해 어떻게 생각하세요?

p129-12 **B) Laissez-moi goûter!**   내가 맛 좀 볼게요!

- -

p129-13 **A) Qu'est-ce qu'il y a?**   무슨 일입니까?

p129-14 **B) Laissez-moi vous expliquer!**   내가 당신에게 설명하게 해주세요!

● **penser de ~** (~에 대해 생각하다)
● **Il y a ~.** (~있다.) 숙어표현이며, **il** 은 비인칭주어입니다.
Qu'est-ce qu'il y a? (무엇이 있습니까?)는 '무슨 일입니까?'의 뜻으로도 사용합니다.
(**Qu'est-ce qu'il y a?** = **Qu'est-ce que** + **il y a?** : 모음축약)
● **qu'est-ce que** (무엇), **vous** (당신), **le vin** (포도주)

● The focus is on **conversation** and **communication**.

● Start **speaking languages** immediately using **essential phrases**.

Learn foreign language!
French

Part 1. It's a completely new way to learn foreign language! | **Pattern 130**

Soyez ~! [스와이에 ~!]
당신은 ~하세요!

 ❶ 기본패턴의 핵심!

❶ **soyez** 는 **être** (~이다/하다) 동사의 2인칭 복수(단수로는 존칭) 명령형입니다.
❷ **Soyez** + 형용사! 는 '당신(들)은 ~하세요!'의 뜻입니다. 형용사는 상대방의 성수에 일치시킵니다.
❸ 2인칭 단수와 1인칭 복수의 명령형은 **Sois ~!** (너는 ~해라!), **Soyons ~!** (우리 ~합시다!)입니다.

 ❷ 기본패턴의 연습!

p130-01	○	**Soyez**	**sage!**	(당신(들)은) 현명해지세요!
p130-02	○	**Soyez**	**poli!**	공손하세요!
p130-03	○	**Soyez**	**calme!**	진정하세요!
p130-04	○	**Soyez**	**gentil!**	친절하세요!
p130-05	○	**Soyez**	**créatif!**	창조적이세요! (창조적으로 하세요!)
p130-06	○	**Soyez**	**prudent!**	신중하세요!
p130-07	○	**Soyez**	**heureux!**	행복하세요!
p130-08	○	**Soyez**	**généreux!**	너그러워지세요!

● 형용사의 여성형은 대부분 남성형에 **-e** 를 붙이지만, 예외도 있습니다.
gentil > gentille (친절한) / **créatif > créative** (창조적인) / **heureux > heureuse** (행복한)
● 형용사의 남성형이 **-e** 로 끝난 경우의 여성형은 동일한 형태입니다.
● **sage** (현명한/착한), **poli(e)** (예의바른/공손한), **calme** (조용한/차분한),
prudent(e) (신중한), **généreux(se)** (너그러운/관용적인)

다섯 번째 섹션 : 중요문법 패턴!

5th Section 은 **중요문법**을 정리하였습니다.
문법적으로 **난이도**도 높고, **사용빈도**도 높은 **표현**들을 정리했습니다.

P 130

 ❸ 기본패턴의 확장!

p130-09 ○ Ne soyez pas déçu! 실망하지 마세요!

p130-10 ○ Soyez à l'heure! 시간을 지키세요!

- 부정문은 동사 앞뒤에 각각 부정부사 **ne ~ pas** (~아니다)를 붙입니다.
- **à l'heure** (정각에/제시간에)
- **déçu(e)** (실망한), **l'heure** (시간)

 ❹ 기본패턴의 응용!

p130-11 A) Je suis en colère! 나는 화가 납니다.

p130-12 B) Soyez calme! 진정하세요!

p130-13 A) Je me marie en juin. 나는 6월에 결혼합니다.

p130-14 B) Félicitations! Soyez heureux! 축하해요! 행복하세요!

- **être en colère** (화가 나다)
- **se marier** (~와 결혼하다 : 대명동사)
- **en juin** (6월에), 달 앞에는 전치사 **en** 을 씁니다.
- **la colère** (분노/화), **juin** (6월), **les félicitations** (축하)

 The focus is on **conversation** and **communication**. / Start **speaking languages** immediately using **essential phrases**.

Learn foreign language!
French

Part 1.
It's a completely new way
to **learn** foreign language!

| **Pattern 131**

Ayez ~! [에이에 ~!]
당신은 ~ 가지세요!

---

 ❶ 기본패턴의 핵심!

❶ **ayez** 는 **avoir** (가지다) 동사의 2인칭 복수(단수로는 존칭) 명령형입니다.
❷ **Ayez** + 명사! (당신(들)은 ~가지세요!)의 뜻입니다.
❸ 2인칭 단수와 1인칭 복수의 명령형은
Aie ~! (너는 ~가져라!), **Ayons ~!** (우리 ~가집시다!)가 됩니다.

---

 ❷ 기본패턴의 연습!

p131-01	◯ Ayez	pitié!	(당신은) 동정심을 가지세요!
p131-02	◯ Ayez	du cœur!	용기를 가지세요!
p131-03	◯ Ayez	le sourire!	미소를 지으세요!
p131-04	◯ Ayez	du courage!	용기를 가지세요! (힘내세요!)
p131-05	◯ Ayez	de la passion!	열정을 가지세요!
p131-06	◯ Ayez	de la patience!	인내를 가지세요! (참으세요!)
p131-07	◯ Ayez	de l'indulgence!	관용을 가지세요!
p131-08	◯ Ayez	la fierté de votre travail!	당신의 일(직업)에 자부심을 가지세요!

● 셀 수 없는 명사 앞에는 부분관사를 사용합니다.
du (남성단수) / **de la** (여성단수) / **de l'** (모음/무성 h 시작명사)
● **la pitié** (동정심/연민), **le cœur** (심장/마음/용기), **le sourire** (미소), **le courage** (용기),
la passion (열정), **la patience** (인내), **l'indulgence** (관용), **la fierté** (자부심),
de (~의/~에 대한), **votre** (당신의), **le travail** (일/직업)

  Presenting the **core concepts** you need to **write** and **speak**.
It focuses on the **core concepts** you need to **communicate**. *Start speaking languages immediately using essential phrases.*

다섯 번째 섹션 : 중요문법 패턴!

5th Section 은 **중요문법**을 정리하였습니다.
문법적으로 **난이도**도 높고, **사용빈도**도 높은 **표현**들을 정리했습니다.

P 131

 ❸ 기본패턴의 확장!

| p131-09 | N'ayez pas peur! | 두려움을 갖지 마세요!(염려 마세요!/안심하세요!) |

| p131-10 | Ayez confiance en vous! | 자신감을 가지세요! |

● 두려움을 갖지 마세요! > 염려 마세요!/안심하세요!
● 부정문은 동사 앞뒤에 각각 부정부사 **ne ~ pas** (~ 아니다)를 붙입니다.
● **avoir confiance en soi** (자신감을 갖다, **soi** > 자기 자신 (강세형))
● 전치사 뒤에는 인칭대명사 강세형을 사용합니다.
(**moi** (나) / **toi** (너) / **lui** (그) / **elle** (그녀) / **nous** (우리) / **vous** (당신(들)) / **eux** (그들) / **elles** (그녀들))
● **la peur** (두려움/공포), **la confiance** (자신감/신뢰)

 ❹ 기본패턴의 응용!

| p131-11 | A) Je m'ennuie dans mon travail. | 나는 내 직업에 싫증이 납니다. |

| p131-12 | B) Ayez de la passion! | 열정을 가지세요! |

| p131-13 | A) J'ai peur de parler en public. | 나는 사람들 앞에서 말하는 것이 두렵습니다. |

| p131-14 | B) Ayez confiance en vous! | 자신감을 가지세요! |

● **s'ennuyer** (싫증나다/지겹다) 대명동사의 재귀대명사는 인칭에 따라 다른 형태입니다.
(Je m'ennuie, Tu t'ennuies, Il/Elle s'ennuie, Nous nous ennuyons, Vous vous ennuyez, Ils/Elles s'ennuient)
● **en public** (사람들 앞에서/공적으로)
● 소유형용사는 명사의 성수에 따라 변화합니다. **mon** (나의 : 남성) / **ma** (여성) / **mes** (남/녀 복수)
● **parler** (말하다), **dans** (~안에서)

It focuses on conversation with fluency and confidence.

With this book you will **learn languages** with thousands **of customizable phrases**.

301

Learn foreign language!
French

Part 1. It's a completely new way to **learn** foreign language! | **Pattern 132**

Parlez ~!
[빠흘레 ~!]
당신(들)은 ~ 말하세요!

❶ 기본패턴의 핵심!

❶ **parlez** 는 동사 **parler** (말하다)의 2인칭 복수(단수로는 존칭) 명령형입니다.
❷ **Parlez ~!** (당신(들)은 ~ 말하세요!)의 뜻입니다.
❸ 2인칭 단수와 1인칭 복수의 명령형은
Parle ~! (너는 ~ 말해라!), **Parlons ~!** (우리 ~말합시다!)가 됩니다.

❷ 기본패턴의 연습!

p132-01	**Parlez,**	**s'il vous plaît!**	(당신은) 말씀해 주세요!
p132-02	**Parlez**	**clairement!**	분명하게 말하세요!
p132-03	**Parlez**	**d'abord!**	(당신이) 먼저 말하세요!
p132-04	**Parlez**	**plus fort!**	좀 더 크게 말하세요!
p132-05	**Parlez**	**plus bas!**	좀 더 작게 말하세요!
p132-06	**Parlez**	**en français!**	프랑스어로 말하세요!
p132-07	**Parlez**	**sans gêne!**	거리낌 없이 말하세요!
p132-08	**Parlez**	**plus lentement!**	좀 더 천천히 말하세요!

● **s'il vous plaît** 는 정중함을 더하는 표현입니다. (= 영어의 **please**)
● **en français** (프랑스어로) / **en anglais** (영어로)
● **clairement** (명백하게/분명하게), **d'abord** (우선/먼저), **plus** (~보다 더/좀 더), **fort** (소리가 크게),
bas (낮게/작게), **sans** (~ 없이), **la gêne** (불편/곤란/장애), **lentement** (천천히)

pattern

다섯 번째 섹션 : 중요문법 패턴!

5th Section 은 **중요문법**을 정리하였습니다.
문법적으로 **난이도도** 높고, **사용빈도**도 높은 **표현**들을 정리했습니다.

---

 ③ 기본패턴의 확장!

| p132-09 | ● **Ne parlez plus!** | 더 이상 말하지 마세요! |
| p132-10 | ● **Ne parlez pas la bouche pleine!** | 가득 찬 입으로 말하지 마세요! |

- 부정문은 동사 앞뒤에 각각 부정부사 **ne ~ pas** (~아니다)를 붙입니다.
- 가득 찬 입으로 말하지 마세요! > 음식을 입에 가득 담고 말하지 마세요!
- **ne ~ pas** (더 이상 ~ 아니다)
- **la bouche** (입), **pleine** (가득 찬)

---

 ④ 기본패턴의 응용!

| p132-11 | A) **Puis-je parler en anglais?** | 영어로 말해도 됩니까? |
| p132-12 | B) **Parlez en français!** | 프랑스어로 말하세요! |

- -

| p132-13 | A) **À mon avis …** | 내 생각에 … |
| p132-14 | B) **Ne parlez pas la bouche pleine!** | 음식을 입에 가득 담고 말하지 마세요! |

- **Puis-je** + 동사원형? (내가 ~할 수 있습니까?) 인칭대명사와 동사가 도치되는 경우 - 으로 연결합니다.
- **à mon avis ~** (내 생각에는 ~)
- 소유형용사는 명사의 성수에 따라 변화합니다. **mon** (나의 : 남성) / **ma** (여성) / **mes** (남/녀 복수)
- **pouvoir** (할 수 있다), **l'anglais** (영어), **à** (~에 의하면), **l'avis** (생각/의견)

Learn foreign language!
French

Part 1.
It's a completely new way to learn foreign language!

Pattern 133

Faites ~! [페뜨 ~!]
당신(들)은 ~하세요!

---

 ❶ 기본패턴의 핵심!

❶ **faites** 는 동사 **faire** (하다)의 2인칭 복수(단수로는 존칭) 명령형입니다.
❷ **Faites ~!** (당신(들)은 ~하세요!)의 뜻입니다.
❸ 2인칭 단수와 1인칭 복수의 명령형은 **Fais ~!** (너는 ~해라!), **Faisons ~!** (우리 ~합시다!)가 됩니다.

---

 ❷ 기본패턴의 연습!

p133-01	◉ Faites	attention!	(당신은) 주의하세요!
p133-02	◉ Faites	au mieux!	최선을 다하세요!
p133-03	◉ Faites	une pause!	잠깐 쉬세요!
p133-04	◉ Faites	confiance!	믿으세요!
p133-05	◉ Faites	le silence!	조용하세요!
p133-06	◉ Faites	un effort!	노력하세요!
p133-07	◉ Faites	comme ça!	이렇게 해보세요!
p133-08	◉ Faites	quelque chose!	뭔가를 하세요!

● **faire au mieux** (최선을 다하다) / **au mieux** (최선으로/최고로) 숙어표현입니다.
● **ça** 는 지시대명사 **cela** (이것/저것/그것)의 구어체 표현입니다.
● **l'attention** (주의/조심), **le mieux** (최선/최고), **un/une** (하나의/어떤), **la pause** (중지/휴식), **la confiance** (신뢰), **le silence** (고요/침묵), **l'effort** (노력/수고), **comme** (~와 같이/~처럼), **quelque chose** (무엇인가)

● The **basics** of **grammar** and **sentence construction**!

● The most useful **phrases** and **expressions**!

다섯 번째 섹션 : 중요문법 패턴!

5th Section 은 **중요문법**을 정리하였습니다.
문법적으로 **난이도**도 높고, **사용빈도**도 높은 **표현**들을 정리했습니다.

P 133

 ❸ 기본패턴의 확장!

| p133-09 | Faites un bon voyage! | 좋은 여행 하세요! |

| p133-10 | Ne faites pas ça! | 그것을 하지 마세요! |

● 간단히 **Bon voyage!** (좋은 여행! 여행 잘하세요!)라고도 말합니다.
● 그것을 하지 마세요! 〉 그러지 마세요!
● bon (좋은), le voyage (여행)

 ❹ 기본패턴의 응용!

| p133-11 | A) Je suis fatigué(e). | 나는 피곤합니다. |

| p133-12 | B) Faites une pause! | 잠깐 쉬세요! |

- -

| p133-13 | A) Je pars pour Paris la semaine prochaine. | 나는 다음 주에 파리로 떠납니다. |

| p133-14 | B) Faites un bon voyage! | 좋은 여행 하세요! |

● **être fatigué(e)** (피곤하다)
● **partir pour ~** (~로 떠나다)
● **pour** (~를 향해), **la semaine** (주/일주일간), **prochaine** (다음의)

Learn foreign language!
French

Donnez-moi ~! [도네-무아 ~!]
당신(들)은 나에게 ~를 주세요!

The basics of **grammar** and **sentence construction**!

❶ 기본패턴의 핵심!

❶ **donner** (주다)는 주로 **donner + A + à B** (**A** 를 **B** 에게 주다)의 형식으로 사용하는 수여동사입니다.
❷ **Donnez-moi ~!** (당신(들)은 나에게 ~를 주세요!)입니다.
❸ 간접목적보어 **me** (나에게)는 명령문에서 강세형(**moi**)로 바뀝니다.
❹ 2인칭 단수는 **Donne-moi ~!** (너는 나에게 ~를 줘!)가 됩니다.

❷ 기본패턴의 연습!

● The most useful **phrases** and **expressions**!

p134-01	**Donnez-moi**	**cela!**	(당신은) 나에게 그것을 주세요!
p134-02	**Donnez-moi**	**une idée!**	나에게 아이디어를 주세요!
p134-03	**Donnez-moi**	**le temps!**	나에게 시간을 주세요!
p134-04	**Donnez-moi**	**de l'argent!**	나에게 돈 좀 주세요!
p134-05	**Donnez-moi**	**un exemple!**	나에게 예를 들어 주세요!
p134-06	**Donnez-moi**	**votre adresse!**	나에게 당신의 주소를 주세요!
p134-07	**Donnez-moi**	**plus d'informations!**	나에게 더 많은 정보를 주세요!
p134-08	**Donnez-moi**	**votre numéro de téléphone!**	나에게 당신의 전화번호를 주세요!

● 셀 수 없는 명사 앞에는 부분관사를 씁니다. **du** (남성단수) / **de la** (여성단수) / **de l'** (모음/무성 h 시작명사)
● **plus de** + 무관사명사 (더 많은 ~)
● **cela** (이것/저것/그것 : 지시대명사), **un/une** (하나의), **l'idée** (아이디어), **le temps** (시간), **l'argent** (돈), **l'exemple** (사례/예시), **votre** (당신의), **l'adresse** (주소), **l'information** (정보), **le numéro** (번호), **de** (~의), **le téléphone** (전화)

It focuses on **conversation** with **fluency** and confidence.

다섯 번째 섹션 : 중요문법 패턴!

5th Section 은 **중요문법**을 정리하였습니다.
문법적으로 **난이도도** 높고, **사용빈도도** 높은 **표현**들을 정리했습니다.

P 134

 ❸ 기본패턴의 확장!

p134-09　◯　**Donnez-moi un coup de main!**　　나에게 손길을 주세요! (도와주세요!)

p134-10　◯　**Donnez-moi quelque chose à manger!**　　나에게 무엇인가 먹을 것을 주세요!

- **un coup de main** (도움/조력), (= **un coup** 행동/몸짓) + **de** (~의) + **la main** (손))
- **quelque chose à** + 동사원형 (~할 무엇인가)
- **un** (하나의/어떤), **quelque chose** (무엇인가), **manger** (먹다)

 ❹ 기본패턴의 응용!

p134-11　**A) Vous avez faim?**　　당신 배가 고픈가요?

p134-12　**B) Oui, donnez-moi quelque chose à manger!**　네, 나에게 무엇인가 먹을 것을 주세요!

p134-13　**A) Vous devez choisir entre les deux options.**　당신은 두 개 옵션 중에서 골라야 합니다.

p134-14　**B) Donnez-moi le temps!**　　나에게 시간을 주세요!

- **avoir faim** (배고프다)
- **devoir** + 동사원형 (~해야만 한다 : 준조동사)
- **vous** (당신), **la faim** (굶주림/허기), **oui** (네), **choisir** (고르다/선택하다), **entre** (~ 사이에서), **deux** (2), **l'option** (옵션/선택)

With this book you will **learn languages** with thousands **of customizable phrases**.

Learn foreign language!
French

Part 1.   It's a completely new way to **learn** foreign language! | **Pattern 135**

Montrez-moi ~!
[몽트헤-무아 ~!]
당신(들)은 나에게 ~를 보여주세요!

The **basics** of **grammar** and **sentence construction!**

The most useful **phrases** and **expressions!**

 ❶ 기본패턴의 핵심!

❶ montrer (보여주다) 동사는 주로 **montrer + A + à B** (A 를 B 에게 보여주다)의 형식으로 사용합니다.
❷ **Montrez-moi ~!** (당신(들)은 나에게 ~를 보여주세요!)입니다.
❸ 간접목적보어 **me** (나에게)는 명령문에서 강세형(**moi**)로 바뀝니다.
동사 뒤로 보내 - 으로 연결한 형태입니다.
❹ 2인칭 단수는 **Montre-moi ~!** (너는 나에게 ~를 보여줘!)가 됩니다.

 ❷ 기본패턴의 연습!

p135-01	**Montrez-moi**	cela!	(당신은) 나에게 그것을 보여주세요!
p135-02	**Montrez-moi**	des photos!	나에게 사진들을 보여주세요!
p135-03	**Montrez-moi**	des tableaux!	나에게 그림들을 보여주세요!
p135-04	**Montrez-moi**	le chemin!	나에게 길을 보여주세요!(알려주세요!)
p135-05	**Montrez-moi**	votre ticket!	나에게 당신의 티켓을 보여주세요!
p135-06	**Montrez-moi**	votre passeport!	나에게 당신의 여권을 보여주세요!
p135-07	**Montrez-moi**	votre carte d'identité!	나에게 당신의 신분증을 보여주세요!
p135-08	**Montrez-moi**	votre permis de conduire!	나에게 당신의 운전면허증을 보여주세요!

● -eau 로 끝나는 남성 명사의 복수형 어미는 보통 -eaux 입니다. (le tableau (그림) > les tableaux)
● **la carte d'identité** (신분증) / **le permis de conduire** (운전면허증)
● **cela** (이것/저것/그것 : 지시대명사), **des** (약간의), **la photo** (사진), **le chemin** (길),
votre (당신의), **le ticket** (표/티켓), **le passeport** (여권), **la carte** (증명서/표), **de** (~의),
l'identité (신분), **le permis** (면허증), **conduire** (운전하다)

다섯 번째 섹션 : 중요문법 패턴!

5th Section 은 **중요문법**을 정리하였습니다.
문법적으로 **난이도**도 높고, **사용빈도**도 높은 **표현**들을 정리했습니다.

P 135

---

 ❸ 기본패턴의 확장!

p135-09	**Montrez-moi quelque chose de moins cher!**	나에게 좀 더 싼 것을 보여주세요!
p135-10	**Montrez-moi d'autres modèles!**	나에게 다른 모델들을 보여주세요!

- **quelque chose de** + 형용사 (~한 무엇인가/~한 어떤 것)
- **moins** (덜~/더 적은 : **peu** (적게/적은)의 비교급)) **moins cher** (덜 비싼) / **moins grand** (덜 큰)
- **d'autres** (그 외의) 다른 = **de + autre** : 모음축약
- **quelque chose** (무엇인가/어떤 것), **cher** (비싼), **le modèle** (형/형식/모델)

---

 ❹ 기본패턴의 응용!

p135-11	**A) Montrez-moi votre passeport!**	나에게 당신의 여권을 보여주세요!
p135-12	**B) Je ne l'ai pas sur moi.**	나는 그것을 (수중에) 지니고 있지 않습니다.

- - - - - - - - - - - - - - - - - - -

p135-13	**A) Puis-je entrer maintenant?**	이제 제가 입장할 수 있습니까?
p135-14	**B) Montrez-moi votre ticket!**	나에게 당신의 티켓을 보여주세요!

- 부정문은 동사 앞뒤에 각각 부정부사 **ne ~ pas** (~아니다)를 붙입니다.
- 직접목적보어 **le** (그것을)의 위치는 동사 바로 앞입니다. (**l'ai = le+ ai** : 모음축약)
- **sur moi** (내 수중에) (**sur** (~에) / **moi** (**je** 의 강세형 인칭대명사))
- **Puis-je** + 동사원형? (내가 ~할 수 있습니까?) 인칭대명사와 동사가 도치되는 경우 - 으로 연결합니다.
- **avoir** (가지다), **entrer** (들어가다), **maintenant** (지금/이제)

Learn foreign language!
French

Part 1.
It's a completely new way
to **learn foreign language!**

Pattern 136

Apportez-moi ~! [아뽀흐떼-무아 ~!]
당신은 나에게 ~를 가져오세요!

❶ 기본패턴의 핵심!

❶ **apporter** (가져오다)는 주로 **apporter + A + à B** (A 를 B 에게 가져오다)의 형식으로 사용합니다.
❷ **Apportez-moi ~!** (당신(들)은 나에게 ~를 가져오세요!)입니다.
❸ 간접목적보어 **me** (나에게)는 명령문에서 강세형(**moi**)으로 바뀝니다.
동사 뒤로 보내 - 으로 연결한 형태입니다.
❹ 2인칭 단수는 **Apporte-moi ~!** (너는 나에게 ~를 가져와!)가 됩니다.

❷ 기본패턴의 연습!

p136-01	**Apportez-moi**	**cela!**	(당신은) 나에게 그것을 가져오세요!
p136-02	**Apportez-moi**	**le vin!**	나에게 와인을 가져오세요!
p136-03	**Apportez-moi**	**le journal!**	나에게 신문을 가져오세요!
p136-04	**Apportez-moi**	**le magazine!**	나에게 잡지를 가져오세요!
p136-05	**Apportez-moi**	**le petit-déjeuner!**	나에게 아침 식사를 가져오세요!
p136-06	**Apportez-moi**	**un verre d'eau!**	나에게 물 한 잔을 가져오세요!
p136-07	**Apportez-moi**	**une tasse de thé!**	나에게 차 한 잔을 가져오세요!
p136-08	**Apportez-moi**	**une bouteille de vin!**	나에게 와인 한 병을 가져오세요!

● **un verre d'eau** (물 한 잔), **une tasse de thé** (차 한 잔), **une bouteille de vin** (포도주 한 병)
● **cela** (이것/저것/그것 : 지시대명사), **le vin** (포도주), **le journal** (신문), **le magazine** (잡지),
le petit-déjeuner (아침 식사), **un/une** (하나의/어떤), **le verre** (유리잔/컵), **de** (~의),
l'eau (물), **la tasse** (찻잔), **le thé** (차), **la bouteille** (병)

Presenting the **core concepts** you need to **write** and **speak**.
It focuses on the **core concepts** you need to **communicate**. *Start speaking languages immediately using essential phrases.*

다섯 번째 섹션 : 중요문법 패턴!

5th Section 은 **중요문법**을 정리하였습니다.
문법적으로 **난이도**도 높고, **사용빈도**도 높은 **표현**들을 정리했습니다.

P 136

❸ 기본패턴의 확장!

| p136-09 | ○ **Apportez-moi de bonnes nouvelles!** | 나에게 좋은 소식들을 가져오세요! |
| p136-10 | ○ **Apportez-moi le journal du jour, s'il vous plaît.** | 나에게 오늘의 신문을 가져다 주세요. |

- 부정관사 **des** 는 형용사 앞에서 **de** 로 바뀝니다. **de bonnes nouvelles** (좋은 소식들)
- 전치사 **de** 는 정관사 **le** 와 만나면 **du** 로 축약합니다. (**de + le jour** (날/하루) = **du jour** (당일의))
- **s'il vous plaît** 를 붙이면 좀 더 공손한 표현이 됩니다. (= 영어의 **please**)
- **bonne** (좋은), **la nouvelle** (소식/뉴스)

❹ 기본패턴의 응용!

| p136-11 | A) **Qu'est-ce que vous voulez comme boisson?** | 음료로는 무엇을 원하십니까? |
| p136-12 | B) **Apportez-moi un verre d'eau!** | 나에게 물 한 잔을 가져오세요! |

| p136-13 | A) **Avez-vous besoin de quelque chose?** | 당신은 무엇인가 필요합니까? |
| p136-14 | B) **Oui, apportez-moi le journal, s'il vous plaît.** | 네, 나에게 신문을 가져다 주세요. |

- **avoir besoin de** + 명사 (~이 필요하다)
- 의문형에서 인칭대명사와 동사가 도치되는 경우 - 으로 연결하여 표시합니다.
- **qu'est-ce que** (무엇), **vous** (당신), **vouloir** (원하다/바라다), **comme** (~로서), **la boisson** (음료), **oui** (네), **quelque chose** (무엇인가)

Learn foreign language!
French

Part 1. It's a completely new way to learn foreign language! | **Pattern 137**

Appelez ~! [아쁠레 ~!]
당신은 ~ 불러주세요!

● The **basics** of **grammar** and **sentence construction**!

● The most useful **phrases** and **expressions**!

 ❶ 기본패턴의 핵심!

❶ **appelez** 는 동사 **appeler** (부르다)의 2인칭 복수(단수로는 존칭) 명령형입니다.
❷ **Appelez ~!** (당신(들)은 ~를 불러주세요!)입니다.
❸ 2인칭 단수와 1인칭 복수의 명령형은
Appelle ~! (너는 ~ 불러라!), **Appelons ~!** (우리 ~를 부릅시다!)가 됩니다.

 ❷ 기본패턴의 연습!

p137-01	○ **Appelez**	**la police!**	(당신은) 경찰을 불러주세요!
p137-02	○ **Appelez**	**le gérant!**	지배인을 불러주세요!
p137-03	○ **Appelez**	**le voiturier!**	주차담당자를 불러주세요!
p137-04	○ **Appelez**	**un médecin!**	의사를 불러주세요!
p137-05	○ **Appelez**	**les pompiers!**	소방관들을 불러주세요!
p137-06	○ **Appelez**	**une ambulance!**	구급차를 불러주세요!
p137-07	○ **Appelez**	**le professeur!**	선생님을 불러주세요!
p137-08	○ **Appelez**	**le responsable!**	책임자를 불러주세요!

● **la police** (경찰), **le gérant** (지배인), **le voiturier** (주차담당자), **un/une** (하나의),
le médecin (의사), **le pompier** (소방관), **l'ambulance** (구급차), **le professeur** (교사),
le responsable (책임자)

Presenting the **core concepts** you need to **write** and **speak**.
It focuses on the **core concepts** you need to **communicate**. *start speaking languages immediately using essential phrases*

다섯 번째 섹션 : 중요문법 패턴!

5th Section 은 **중요문법**을 정리하였습니다.
문법적으로 **난이도**도 높고, **사용빈도**도 높은 **표현**들을 정리했습니다.

P 137

 ❸ 기본패턴의 확장!

| p137-09 | Appelez-moi un taxi! | 나에게 택시를 불러주세요! |
| p137-10 | Appelez un médecin le plus vite possible! | 가능한 가장 빨리 의사를 불러주세요! |

● 간접목적보어 **me** (나에게는)는 명령문에서 강세형(**moi**)로 바뀝니다.
위치는 동사 뒤이며, - 으로 연결합니다.
● **le plus vite possible** (가능한 가장 빨리). **le plus** 는 **beaucoup** (많이/대단히)의 우등최상급입니다.
● **le taxi** (택시), **vite** (빨리), **possible** (가능한)

 ❹ 기본패턴의 응용!

| p137-11 | A) Appelez-moi un taxi! | 나에게 택시를 불러주세요! |
| p137-12 | B) Tout de suite! | 즉시 (하겠습니다)! |

| p137-13 | A) Vous avez des problèmes? | 당신은 문제가 있습니까? |
| p137-14 | B) Appelez-moi un médecin! Je suis blessé! | 나에게 의사를 불러주세요! 나는 다쳤습니다! |

● **tout de suite** (즉시/당장)
● **être blessé(e)** (다치다/상처 입다)
● **vous** (당신), **avoir** (가지다), **des** (약간의), **le problème** (문제), **être** (~이다), **blessé(e)** (상처 입은/다친)

Learn foreign language!
French

Part 2. It's a completely new way to **learn** foreign language! | **Pattern 138**

Je serai ~. [즈 쓰헤 ~.]
나는 ~가 될 것입니다.

 ❶ 기본패턴의 핵심!

❶ **serai** 는 동사 **être** (~이다/있다)의 단순미래 1인칭 단수형입니다.
❷ **Je serai** + 명사/형용사. (나는 ~이 될 것입니다.)로 표현할 수 있습니다.
❸ 단순미래시제는 '어간 + 규칙어미' 조합의 형태입니다.
❹ **être** 동사의 단순미래 인칭변화형을 활용하여 다양한 주어의 문장을 만들 수 있습니다.
(**Je serai, Tu seras, Il/Elle sera, Nous serons, Vous serez, Ils/Elles seront** 등입니다.)

 ❷ 기본패턴의 연습!

p138-01	**Je serai** artiste.	나는 예술가가 될 것입니다.
p138-02	**Je serai** pilote.	나는 조종사가 될 것입니다.
p138-03	**Je serai** cuisinier (cuisinière).	나는 요리사가 될 것입니다.
p138-04	**Je serai** pompier.	나는 소방관이 될 것입니다.
p138-05	**Je serai** âgé(e).	나는 나이 들 것입니다.
p138-06	**Je serai** belle.	나는 아름다워질 것입니다.
p138-07	**Je serai** mince.	나는 날씬해질 것입니다.
p138-08	**Je serai** en forme.	나는 건강해질 것입니다.

● 형용사는 관계되는 명사의 성수에 일치시킵니다. (**beau** (아름다운/멋진)의 여성형은 **belle** 입니다.)
● **être en forme** (건강하다/컨디션이 좋다)
● **l'artiste** (예술가), **le pilote** (조종사/파일럿), **le cuisinier(ère)** (요리사), **le pompier** (소방관),
âgé(e) (나이 든), **mince** (날씬한)

다섯 번째 섹션 : 중요문법 패턴!

5th Section 은 **중요문법**을 정리하였습니다.
문법적으로 **난이도도** 높고, **사용빈도도** 높은 **표현**들을 정리했습니다.

P 138

---

 ❸ 기본패턴의 확장!

p138-09 ○ **Je serai maman.**　　　　나는 엄마가 될 것입니다.

p138-10 ○ **Plus tard, je serai actrice.**　　　　나중에 나는 배우가 될 것입니다.

- **plus tard** (나중에) > **plus** (보다 더) + **tard** (늦게)
- **l'acteur** (남자배우), **l'actrice** (여자배우)
- **le papa** (아빠), **la maman** (엄마)

---

 ❹ 기본패턴의 응용!

p138-11 A) **Quel est votre rêve?**　　　　당신의 꿈은 어떤 것입니까?

p138-12 B) **Je serai actrice.**　　　　나는 배우가 될 것입니다.

- -

p138-13 A) **Qu'est-ce que vous voulez devenir?**　　　　당신은 무엇이 되고 싶습니까?

p138-14 B) **Je serai pilote.**　　　　나는 조종사가 될 것입니다.

- **quel** (의문형용사 : 어떤)은 다음에 오는 명사에 따라 어미변화를 합니다.
(**quel** (남성단수), **quels** (남성복수), **quelle** (여성단수), **quelles** (여성복수))
- **vouloir** (원하다) + 동사원형 (~하기를 원하다)
- **être** (~이다), **votre** (당신의), **le rêve** (꿈), **qu'est-ce que** (무엇), **vous** (당신), **devenir** (~이 되다)

Learn foreign language!
French

Part 2. It's a completely new way to **learn foreign language!** | **Pattern 139**

Je vais ~. [즈베~.]
나는 ~할 것입니다.

The basics of **grammar** and **sentence construction**!

The most useful **phrases** and **expressions**!

❶ **기본패턴의 핵심!**

❶ **Je vais** + 동사원형.은 '나는 ~할 것입니다.'의 의미입니다.
❷ **aller** (가다)는 준조동사로서 미래시제를 표현합니다. 이를 근접미래라고 합니다.
❸ **aller** 동사는 불규칙변화동사이며, 인칭변화형을 활용하여 다양한 주어의 문장을 만들 수 있습니다.
(**Je vais, Tu vas, Il/Elle va, Nous allons, Vous allez, Ils/Elles vont** 등입니다.)

❷ **기본패턴의 연습!**

p139-01	Je vais	être là.	나는 거기에 있을 것입니다.
p139-02	Je vais	essayer.	나는 시도해볼 것입니다. (해보겠습니다.)
p139-03	Je vais	visiter Paris.	나는 파리를 방문할 것입니다.
p139-04	Je vais	partir demain.	나는 내일 떠날 것입니다.
p139-05	Je vais	déménager.	나는 이사할 것입니다.
p139-06	Je vais	faire un effort.	나는 노력을 할 것입니다.
p139-07	Je vais	rester à la maison.	나는 집에 머물 것입니다.
p139-08	Je vais	rencontrer mon ami.	나는 나의 친구를 만날 것입니다.

● 소유형용사는 명사의 성수에 따라 변화합니다. **mon** (나의 : 남성) / **ma** (여성) / **mes** (남/녀 복수)
● **être** (~이다/있다), **là** (거기에), **essayer** (시도하다), **visiter** (방문하다), **partir** (떠나다),
demain (내일), **déménager** (이사하다), **faire** (하다), **un** (하나의/어떤), **l'effort** (노력/수고),
rester (머물다), **à** (~에), **la maison** (집), **rencontrer** (만나다), **l'ami** (친구)

다섯 번째 섹션 : 중요문법 패턴!

5th Section 은 **중요문법**을 정리하였습니다.
문법적으로 **난이도**도 높고, **사용빈도**도 높은 **표현**들을 정리했습니다.

P
139

 ③ 기본패턴의 확장!

p139-09 ⦿ **Je vais voyager en Europe.**   나는 유럽으로 여행갈 것입니다.

p139-10 ⦿ **Je vais travailler chez Michelin.**   나는 미슐랭에서 일할 것입니다.

● 대륙명 앞에는 전치사 **en** 을 사용합니다.
en Europe (유럽에), **en Afrique** (아프리카에), **en Asie** (아시아에)
● 전치사 **chez** + 사람/회사는 '~네 집에/~회사에'입니다.
● **voyager** (여행하다), **travailler** (일하다)

 ④ 기본패턴의 응용!

p139-11 **A) Qu'est-ce que vous faites ce soir?**   당신은 오늘 저녁에 무엇을 할 것입니까?

p139-12 **B) Je vais aller au concert.**   나는 콘서트에 갈 것입니다.

p139-13 **A) Où travaillez-vous à partir de janvier?**   당신은 1월부터 어디에서 일합니까?

p139-14 **B) Je vais travailler chez Michelin.**   나는 미슐랭에서 일할 것입니다.

● '지시형용사 **ce** (이/그/저) + 때를 나타내는 명사'는 가까운 그 때를 표현합니다.
지시형용사는 명사의 성수에 따라 변화합니다. **ce soir** (오늘 저녁) / **cette semaine** (이번 주)
● 전치사 **à** 는 정관사 **le** 와 만나면 **au** 로 축약합니다. (**à + le concert** (콘서트) = **au concert**)
● **à partir de ~** (~로 부터) 숙어표현입니다.
● **qu'est-ce que** (무엇), **vous** (당신), **le soir** (저녁), **à** (~에), **le concert** (콘서트), **où** (어디), **janvier** (1월)

Learn foreign language!
French

Part 2. It's a completely new way to **learn foreign language!** | **Pattern 140**

Je suis p.p. ~. [즈 쒸 ~.]
나는 ~ 했습니다.

❶ 기본패턴의 핵심!

❶ **Je suis + p.p.** (과거분사)로 복합과거 시제를 만듭니다.
❷ 장소 이동/상태 변화를 나타내는 동사/대명동사 등 몇 가지는 **être** 동사로 과거형을 만듭니다.
❸ **être** 동사로 과거형을 만들 때 **p.p.** 는 반드시 주어의 성수에 일치시켜야 합니다.
❹ **être** 동사의 인칭변화형을 활용하여 다양한 주어의 문장을 만들 수 있습니다.
(**Je suis, Tu es, Il/Elle est, Nous sommes, Vous êtes, Ils/Elles sont** 등입니다.)

❷ 기본패턴의 연습!

p140-01	○ Je suis né(e) à Séoul.	나는 서울에서 태어났습니다.
p140-02	○ Je suis arrivé(e) à l'heure.	나는 제시간에 도착했습니다.
p140-03	○ Je suis resté(e) à Paris.	나는 파리에 머물렀습니다.
p140-04	○ Je suis allé(e) au musée.	나는 박물관에 갔습니다.
p140-05	○ Je suis devenu(e) médecin.	나는 의사가 되었습니다.
p140-06	○ Je suis monté(e) dans l'avion.	나는 비행기에 올랐습니다.
p140-07	○ Je suis entré(e) à l'université.	나는 대학에 들어갔습니다.
p140-08	○ Je suis parti(e) en vacances.	나는 휴가를 떠났습니다.

● **à l'heure** (제시간에/정각에)
● 전치사 **à** 는 정관사 **le** 와 만나면 **au** 로 축약합니다. (**à + le musée** (박물관) = **au musée**)
● **naître** (태어나다), **à** (~에), **arriver** (도착하다), **l'heure** (시간), **rester** (머물다), **aller** (가다),
devenir (~이 되다), **le médecin** (의사), **monter** (올라가다), **dans** (~안에), **l'avion** (비행기),
entrer (들어가다), **l'université** (대학), **partir** (떠나다), **en** (~으로), **les vacances** (휴가/방학)

The **basics** of **grammar** and **sentence construction**!

The most useful **phrases** and **expressions**!

다섯 번째 섹션 : 중요문법 패턴!

5th Section 은 **중요문법**을 정리하였습니다.
문법적으로 **난이도**도 높고, **사용빈도**도 높은 **표현**들을 정리했습니다.

P
140

---

 ③ 기본패턴의 확장!

| p140-09 | Je suis venu(e) vous voir. | 나는 당신을 보러(만나러) 왔습니다. |
| p140-10 | Je ne suis pas sorti(e) ce matin. | 나는 오늘 아침에 외출하지 않았습니다. |

- 복합시제의 경우 직접목적어 **vous** (당신을)의 위치는 본동사 앞입니다.
- 부정문은 조동사인 **être** 앞뒤에 각각 부정부사 **ne ~ pas** (~아니다)를 붙입니다.
- '지시형용사 **ce** (이/그/저) + 때를 나타내는 명사'는 가까운 그때를 표현합니다.
  지시형용사는 명사의 성수에 따라 변화합니다. **ce matin** (오늘 아침) / **cette semaine** (이번 주)
- **venir** (오다), **voir** (보다/만나다), **sortir** (나가다/외출하다)

 ④ 기본패턴의 응용!

| p140-11 | A) Quel est votre lieu de naissance? | 당신의 출생지는 어디입니까? |
| p140-12 | B) Je suis né(e) à Séoul en Corée. | 나는 한국의 서울에서 태어났습니다. |

- -

| p140-13 | A) Où êtes-vous allé(e) hier? | 당신은 어제 어디에 갔습니까? |
| p140-14 | B) Je suis allé(e) au musée. | 나는 박물관에 갔습니다. |

- **quel** (어떤 : 의문형용사)는 다음에 오는 명사에 따라 어미변화를 합니다.
  (**quel** (남성단수), **quels** (남성복수), **quelle** (여성단수), **quelles** (여성복수))
- **à** + 도시명 + **en** + 여성국가. **à Séoul en Corée** (한국의 서울에서)
- 의문사가 문장 앞에 오면 인칭대명사와 조동사를 도치시키고 - 으로 연결하여 표시합니다.
- **votre** (당신의), **le lieu** (장소), **de** (~의), **la naissance** (출생), **où** (어디에), **hier** (어제)

Learn foreign language!
French

Part 2. It's a completely new way to learn foreign language! | **Pattern 141**
Êtes-vous ~ p.p.? [에뜨-부 ~?]
당신은 ~ 했습니까?

❶ 기본패턴의 핵심!

❶ **Êtes-vous + p.p.~?** 는 '당신은 ~ 했습니까?'로 복합과거 의문문입니다.
(주어와 조동사를 도치하고 - 으로 연결하여 표시한 형태입니다.)
❷ 장소이동/상태변화를 나타내는 동사/대명동사 등 몇 가지는 **être** 동사로 과거형을 만듭니다.
❸ **être** 동사로 과거형을 만들 때 **p.p.** (과거분사)는 반드시 주어의 성수에 일치시켜야 합니다.
❹ **être** 동사의 인칭변화형을 활용하여 다양한 주어의 문장을 만들 수 있습니다.
(**Je suis, Tu es, Il/Elle est, Nous sommes, Vous êtes, Ils/Elles sont** 등입니다.)

❷ 기본패턴의 연습!

| p141-01 | ○ **Êtes-vous** **arrivé(e)?** | 당신은 도착했습니까? |

| p141-02 | ○ **Êtes-vous** **venu(e) seul(e)?** | 당신은 혼자서 왔습니까? |

| p141-03 | ○ **Êtes-vous** **allé(e) au cinéma hier?** | 당신은 어제 극장에 갔습니까? |

| p141-04 | ○ **Êtes-vous** **resté(e) longtemps ici?** | 당신은 여기서 오래 머물렀습니까? |

| p141-05 | ○ **Êtes-vous** **entré(e) dans la salle?** | 당신은 방에 들어 갔습니까? |

| p141-06 | ○ **Êtes-vous** **parti(e) en voyage?** | 당신은 여행을 떠났습니까? |

| p141-07 | ○ **Êtes-vous** **rentré(e) à la maison?** | 당신은 집에 돌아왔습니까? |

| p141-08 | ○ **Êtes-vous** **monté(e) dans le train?** | 당신은 기차에 올라갔습니까? (탔습니까?) |

● 전치사 **à** 는 정관사 **le** 와 만나면 **au** 로 축약합니다. (**à + le** cinéma (극장) = **au** cinéma)
● **partir en voyage** (여행을 떠나다)
● **arriver** (도착하다), **venir** (오다), **seul(e)** (혼자인/홀로인), **aller** (가다), **hier** (어제), **rester** (머물다),
longtemps (오랫동안), **ici** (여기), **entrer** (들어가다), **dans** (~안에), **la salle** (방), **partir** (떠나다),
le voyage (여행), **rentrer** (돌아오다), **à** (~에), **la maison** (집), **monter** (올라가다), **le train** (기차)

pattern

다섯 번째 섹션 : 중요문법 패턴!

5th Section 은 **중요문법**을 정리하였습니다.
문법적으로 **난이도**도 높고, **사용빈도**도 높은 **표현**들을 정리했습니다.

P
141

❸ 기본패턴의 확장!

p141-09 ○ **Êtes-vous né(e) à Séoul?** 당신은 서울에서 태어났습니까?

p141-10 ○ **Êtes-vous venu(e) du bureau?** 당신은 사무실에서 왔습니까?

- 도시명 앞에는 항상 전치사 **à** 입니다. **à Séoul / à Paris / à New York**
- **venir de ~** (~로부터 오다)
- 전치사 **de** 는 정관사 **le** 와 만나면 **du** 로 축약합니다. (**de + le bureau** (사무실) = **du bureau**)
- **naître** (태어나다)

❹ 기본패턴의 응용!

p141-11 A) **Êtes-vous resté(e) à la maison hier?** 당신은 어제 집에서 머물렀습니까?

p141-12 B) **Non, je suis allé(e) au cinéma.** 아니오, 나는 영화관에 갔습니다.

- -

p141-13 A) **Êtes-vous entré(e) dans la salle?** 당신은 방에 들어갔습니까?

p141-14 B) **Non, je suis sorti(e) de la salle.** 아니오, 나는 방에서 나왔습니다.

- **sortir de ~** (~로부터 나오다)
- **non** (아니오), **sortir** (나오다)

The focus is on **conversation** and **communication**.

Start **speaking languages** immediately using **essential phrases**.

Learn foreign language!
French

Part 2. It's a completely new way to **learn foreign language!** | **Pattern 142**

J'ai p.p. ~. [줴 ~.]
나는 ~ 했습니다.

❶ 기본패턴의 핵심!

❶ J'ai + p.p. (과거분사).는 '나는 ~ 했다.'로 복합과거 시제입니다.
❷ avoir + p.p. 로 복합과거를 만드는 경우는 본동사가 '타동사/준조동사/비인칭동사/
(**être** 를 조동사로 쓰는 경우를 제외한 거의 모든) 자동사일 때입니다.
❸ avoir 동사의 인칭변화형을 활용하여 다양한 주어의 문장을 만들 수 있습니다.
(**J'ai, Tu as, Il/Elle a, Nous avons, Vous avez, Ils/Elles ont** 등입니다.)

❷ 기본패턴의 연습!

p142-01	J'ai mangé du pain.	나는 빵을 먹었습니다.
p142-02	J'ai acheté un sac.	나는 가방을 샀습니다.
p142-03	J'ai fini mes études.	나는 나의 학업을 마쳤습니다.
p142-04	J'ai étudié le droit.	나는 법을 공부했습니다.
p142-05	J'ai réussi l'examen.	나는 시험에 성공했습니다. (합격했습니다.)
p142-06	J'ai envoyé un e-mail.	나는 이메일을 보냈습니다.
p142-07	J'ai rencontré le responsable des R.H..	나는 인사 책임자를 만났습니다.
p142-08	J'ai obtenu mon diplôme d'économie.	나는 나의 경제학 학위를 취득했습니다.

● **R.H.** (= les ressources humaines 인적 자원/인사부)
● **manger** (먹다), **du** (약간의 : 부분관사 남성형), **le pain** (빵), **acheter** (사다), **un** (하나의), **le sac** (가방),
finir (끝내다), **mon/mes** (나의), **les études** (학업), **étudier** (공부하다), **le droit** (법), **réussir** (성공하다),
l'examen (시험), **envoyer** (보내다), **l'e-mail** (이메일), **rencontrer** (만나다), **le responsable** (책임자),
des (de (~의) + les : 관사축약), **obtenir** (얻다/취득하다), **le diplôme** (학위), **l'économie** (경제)

  Presenting the **core concepts** you need to **write** and **speak**. It focuses on the **core concepts** you need to **communicate**. *start speaking languages immediately using essential phrases.*

다섯 번째 섹션 : 중요문법 패턴!

5th Section 은 **중요문법**을 정리하였습니다.
문법적으로 **난이도**도 높고, **사용빈도**도 높은 **표현**들을 정리했습니다.

P 142

 ❸ 기본패턴의 확장!

| p142-09 | ○ **J'ai passé un entretien d'embauche.** | 나는 취업인터뷰를 했습니다. |

| p142-10 | ○ **J'ai répondu aux questions des recruteurs.** | 나는 채용담당자들의 질문에 대답했습니다. |

● **l'entretien d'embauche** (취업인터뷰/면접)
● 전치사 **à** 는 정관사 **les** 와 만나면 **aux** 로 축약합니다. (à + les questions (질문) = aux questions)
● **passer** (치르다/(심사)받다), **l'entretien** (인터뷰/면담), **l'embauche** (고용/채용)
répondre (대답하다), **le recruteur** (채용담당자)

 ❹ 기본패턴의 응용!

| p142-11 | **A) Avez-vous terminé vos études?** | 당신은 당신의 학업을 마쳤습니까? |

| p142-12 | **B) Oui, j'ai obtenu mon diplôme d'économie.** | 네, 나는 나의 경제학 학위를 취득했습니다. |

- -

| p142-13 | **A) Qu'est-ce que vous avez fait hier?** | 당신은 어제 무엇을 했습니까? |

| p142-14 | **B) J'ai passé un entretien d'embauche.** | 나는 취업인터뷰를 했습니다. |

● **terminer** (마치다/끝내다), **vos** (당신의), **oui** (네), **qu'est-ce que** (무엇), **faire** (~하다), **hier** (어제)

● The focus is on **conversation** and **communication**.

● The focus is on **conversation** and **communication**.

● Start **speaking languages** immediately using **essential phrases**.

Learn foreign language!
French

Part 2. It's a completely new way to **learn** foreign language! | **Pattern 143**

Avez-vous p.p. ~? [아베-부 ~?]
당신은 ~ 했습니까?

❶ 기본패턴의 핵심!

❶ **Avez-vous + p.p.?** (**p.p.** 는 과거분사)는 '당신은 ~ 했습니까?'로 복합과거 의문문입니다.
❷ 주어와 동사를 도치하고 -으로 연결하여 표시한 형태입니다.
❸ **avoir + p.p.** 로 복합과거를 만드는 경우는 본동사가 '타동사/준조동사/비인칭동사/
(**être** 를 조동사로 쓰는 경우를 제외한 거의 모든) 자동사일 때입니다.
❹ **avoir** 동사의 인칭변화형을 활용하여 다양한 주어의 문장을 만들 수 있습니다.
(**J'ai, Tu as, Il/Elle a, Nous avons, Vous avez, Ils/Elles ont** 등입니다.)

❷ 기본패턴의 연습!

p143-01	**Avez-vous décidé?**	당신은 결정했습니까?
p143-02	**Avez-vous mangé?**	당신은 먹었습니까?
p143-03	**Avez-vous réservé?**	당신은 예약했습니까?
p143-04	**Avez-vous compris?**	당신은 이해했습니까?
p143-05	**Avez-vous déjà vu ce film?**	당신은 벌써 그 영화를 봤습니까?
p143-06	**Avez-vous arrêté de fumer?**	당신은 흡연을 중지했습니까?
p143-07	**Avez-vous attendu longtemps?**	당신은 오랫동안 기다렸습니까?
p143-08	**Avez-vous entendu les rumeurs?**	당신은 그 소문들을 들었습니까?

● 지시형용사는 명사의 성수에 따라 변화합니다. **ce** (이/그/저 : 남성단수), **cette** (여성단수), **ces** (남/녀복수)
● **arrêter de** + 동사원형~ (~하는 것을 멈추다) **arrêter de fumer** (흡연을 멈추다)
● **décider** (결정하다), **manger** (먹다), **réserver** (예약하다), **comprendre** (이해하다),
déjà (이미/벌써), **voir** (보다), **le film** (영화), **fumer** (흡연하다), **attendre** (기다리다),
longtemps (오랫동안), **entendre** (듣다), **la rumeur** (소문/루머)

324
Presenting the **core concepts** you need to **write** and **speak.**
It focuses on the **core concepts** you need to **communicate.** start speaking languages immediately using essential phrases

 P 143

다섯 번째 섹션 : 중요문법 패턴!

5th Section 은 **중요문법**을 정리하였습니다.
문법적으로 **난이도**도 높고, **사용빈도**도 높은 **표현**들을 정리했습니다.

 ❸ 기본패턴의 확장!

p143-09 ◯ **Avez-vous entendu parler de ça?** 　당신은 그것에 대해 말하는 것을 들었습니까?

p143-10 ◯ **Avez-vous réfléchi à votre avenir?** 　당신은 당신의 미래에 대해 곰곰이 생각해봤습니까?

- **entendre parler de** (~에 대해서 말하는 것을 듣다)
- **ça** 는 지시대명사 **cela** (이것/저것/그것)의 구어체 표현입니다.
- **réfléchir à ~** (~에 대해 숙고하다/곰곰이 생각하다)
- **entendre** (듣다), **parler** (말하다), **votre** (당신의), **l'avenir** (미래/장래)

 ❹ 기본패턴의 응용!

p143-11 A) **Avez-vous compris?** 　당신은 이해했습니까?

p143-12 B) **Non, je n'ai pas encore compris.** 　아니오, 나는 아직 이해하지 못했습니다.

p143-13 A) **Avez-vous réfléchi à votre avenir?** 　당신은 당신의 미래에 대해 곰곰이 생각해봤습니까?

p143-14 B) **Oui, je serai artiste.** 　네, 나는 예술가가 될 것입니다.

- 부정문은 조동사 **avoir** 앞뒤에 각각 부정부사 **ne ~ pas** (~아니다)를 붙입니다.
- **serai** 는 동사 **être** (~이다)의 1인칭 단수 단순미래형입니다. (~일 것이다/~이 될 것이다)
- **non** (아니오), **encore** (아직/여전히), **oui** (네), **l'artiste** (예술가)

Learn foreign language!
French

Part 2. It's a completely new way to **learn** foreign language! | **Pattern 144**

J'étais ~. [제떼 ~.]
나는 ~였습니다.

 ❶ 기본패턴의 핵심!

❶ **étais** 는 동사 **être** (~이다/있다)의 반과거1인칭 단수형입니다.
❷ **J'étais ~.** (나는 ~였습니다/~있었습니다.)로 표현할 수 있습니다.
❸ 반과거는 과거의 지속된 행위(상태)/습관/반복/가정이나 불가능한 사실을 표현합니다.
❹ **être** 동사 반과거의 인칭변화형을 활용하여 다양한 주어의 문장을 만들 수 있습니다.
(**J'étais, Tu étais, Il/Elle était, Nous étions, Vous étiez, Ils/Elles étaient** 등입니다.)

 ❷ 기본패턴의 연습!

p144-01	○	J'étais	dehors.	나는 밖에 있었습니다.
p144-02	○	J'étais	petit(e).	나는 작았습니다. (어렸습니다.)
p144-03	○	J'étais	absent(e).	나는 부재 중이었습니다.
p144-04	○	J'étais	en réunion.	나는 회의 중이었습니다.
p144-05	○	J'étais	en vacances.	나는 휴가 중이었습니다.
p144-06	○	J'étais	en déplacement.	나는 출장 중이었습니다.
p144-07	○	J'étais	chez mes parents.	나는 나의 부모님 댁에 있었습니다.
p144-08	○	J'étais	assis(e) sur le banc.	나는 벤치 위에 앉아있었습니다.

● **être en réunion / être en vacances / être en déplacement** (회의/휴가/출장 중이다)
● 소유형용사는 명사의 성수에 따라 변화합니다. **mon** (나의 : 남성) / **ma** (여성) / **mes** (남/녀 복수)
● **dehors** (바깥에), **petit(e)** (작은/어린), **absent(e)** (부재하는), **la réunion** (회의),
les vacances (휴가/방학), **le déplacement** (출장/외근), **chez** (~집에),
les parents (부모님), **assis(e)** (앉아있는), **sur** (~위에), **le banc** (벤치)

다섯 번째 섹션 : 중요문법 패턴!

5th Section 은 **중요문법**을 정리하였습니다.
문법적으로 난이도도 높고, **사용빈도**도 높은 **표현**들을 정리했습니다.

P 144

 ❸ 기본패턴의 확장!

| p144-09 | J'étais plus mince. | 나는 더 날씬했습니다. |
| p144-10 | J'étais occupé(e) à finir un projet. | 나는 프로젝트를 끝내느라 바빴습니다. |

- **être occupé(e) à** + 동사원형 (~하느라 바쁘다)
- **plus** (더욱/더), **mince** (날씬한), **occupé(e)** (바쁜), **finir** (끝내다), **un** (하나의), **le projet** (프로젝트)

 ❹ 기본패턴의 응용!

| p144-11 | A) Où étiez-vous hier soir? | 당신은 어제 저녁에 어디에 있었습니까? |
| p144-12 | B) J'étais chez mes parents. | 나는 나의 부모님 댁에 있었습니다. |

- -

| p144-13 | A) Comment allez-vous? | 어떻게 지내십니까? |
| p144-14 | B) J'étais occupé(e) à finir un projet. | 나는 프로젝트를 끝내느라 바빴습니다. |

- 의문사가 문장 앞에 오면 인칭대명사와 동사는 도치시키고 - 으로 연결하여 표시합니다.
- **Comment allez-vous?** (어떻게 지내십니까? / 안녕하세요?)
동사 **aller** (가다)는 안부를 표현할 수도 있습니다.
- **où** (어디), **vous** (당신), **hier** (어제), **le soir** (저녁), **comment** (어떻게)

Learn foreign language!
French

Part 2. It's a completely new way to **learn** foreign language! | **Pattern 145**

J'avais ~. [자베 ~.]
나는 ~ 가지고 있었습니다.

❶ 기본패턴의 핵심!

❶ **avais** 는 동사 **avoir** (가지다)의 반과거1인칭 단수형입니다.
❷ **J'avais ~.** (나는 ~가지고 있었습니다.)로 표현할 수 있습니다.
❸ 반과거는 과거의 지속된 행위(상태)/습관/반복/가정이나 불가능한 사실을 표현합니다.
❹ **avoir** 동사 반과거의 인칭변화형을 활용하여 다양한 주어의 문장을 만들 수 있습니다.
(**J'avais, Tu avais, Il/Elle avait, Nous avions, Vous aviez, Ils/Elles avaient** 등입니다.)

❷ 기본패턴의 연습!

p145-01	J'avais	soif.	나는 갈증이 났습니다.
p145-02	J'avais	froid.	나는 추웠습니다.
p145-03	J'avais	honte.	나는 창피했습니다.
p145-04	J'avais	17 ans.	나는 17세였습니다.
p145-05	J'avais	de l'argent.	나는 돈이 있었습니다.
p145-06	J'avais	peur du noir.	나는 어둠에 대한 공포가 있었습니다.
p145-07	J'avais	besoin de temps.	나는 시간이 필요했습니다.
p145-08	J'avais	mal à la tête le matin.	나는 아침마다 머리가 아팠습니다.

● 모음/무성 h 시작명사의 부분관사는 **de l'** 를 사용합니다. de l'argent (돈) / de l'eau (물)
● avoir peur de ~ (~ 두렵다) / avoir besoin de ~ (~ 필요하다) / avoir mal à ~ (~가 아프다)
● 전치사 **de** 는 정관사 **le** 와 만나면 **du** 로 축약합니다. (de + le noir (어둠) = du noir)
● la soif (갈증), le froid (추위), la honte (수치/치욕), dix-sept (17), l'an (해/년), la peur (공포),
le besoin (필요/욕구), le temps (시간), le mal (고통/통증), la tête (머리), le matin (아침)

다섯 번째 섹션 : 중요문법 패턴!

5th Section 은 **중요문법**을 정리하였습니다.
문법적으로 **난이도**도 높고, **사용빈도**도 높은 **표현**들을 정리했습니다.

P 145

❸ 기본패턴의 확장!

p145-09 ⬤ **Je n'avais plus de batterie.**   나는 (휴대폰) 배터리가 더 이상 없었습니다.

p145-10 ⬤ **J'avais envie de voyager en Europe.**   나는 유럽에 여행가고 싶었습니다.

- **ne ~ plus** (더 이상 ~ 아니다)
- 부정문에서 직접목적보어 앞에 붙은 부정관사/부분관사는 **de** 로 바뀝니다. (부정의 **de**)
- **avoir envie de** + 동사원형 (~하고 싶다)
- 대륙명 앞에는 전치사 **en** 을 사용합니다. **en Europe** (유럽에), **en Asie** (아시아에)
- **la batterie** (배터리), **l'envie** (욕망/욕구), **voyager** (여행하다)

❹ 기본패턴의 응용!

p145-11 A) **De quoi avez-vous peur?**   당신은 무엇에 공포가 있습니까?

p145-12 B) **Avant, j'avais peur du noir.**   예전에 나는 어둠에 대한 공포가 있었습니다.

p145-13 A) **Pourquoi votre portable était éteint?**   왜 당신의 휴대폰이 꺼져 있었습니까?

p145-14 B) **Je n'avais plus de batterie.**   나는 (휴대폰) 배터리가 더 이상 없었습니다.

- 의문사가 문장 앞에 오면 인칭대명사와 동사는 도치 시키고 - 으로 연결하여 표시합니다.
- **de quoi** (무엇에 대해), **avant** (전에/예전에), **pourquoi** (왜), **votre** (당신의), **le portable** (휴대폰), **était** (**être** ~이다)의 3인칭 단수 반과거), **éteint(e)** (꺼진)

Learn foreign language!
French

Part 3. It's a completely new way to **learn** foreign language! | **Pattern 146**

Je voudrais ~. [즈 부드헤 ~.]
나는 ~를 원합니다.

Fre

 ❶ 기본패턴의 핵심!

❶ **voudrais** 는 동사 **vouloir** (원하다/바라다)의 조건법 현재 1인칭 단수형입니다.
❷ **Je voudrais** + 명사.는 '나는 ~를 원합니다.'이며 공손한 표현입니다.
❸ **vouloir** 동사의 조건법 현재 인칭변화형을 활용하여 다양한 주어의 문장을 만들 수 있습니다.
(**Je voudrais, Tu voudrais, Il/Elle voudrait, Nous voudrions, Vous voudriez, Ils/Elles voudraient**)

 ❷ 기본패턴의 연습!

p146-01	Je voudrais	un café.	나는 커피를 원합니다.
p146-02	Je voudrais	une crêpe.	나는 크레프를 원합니다.
p146-03	Je voudrais	un dessert.	나는 디저트를 원합니다.
p146-04	Je voudrais	une chambre.	나는 방 하나를 원합니다.
p146-05	Je voudrais	une baguette.	나는 바게트 (하나)를 원합니다.
p146-06	Je voudrais	un jus d'orange.	나는 오렌지주스 (하나)를 원합니다.
p146-07	Je voudrais	une autre bière.	나는 맥주 하나 더 원합니다.
p146-08	Je voudrais	un portable neuf.	나는 새 휴대폰을 원합니다.

● **un jus d'orange** (오렌지주스), **un jus de pomme** (사과주스), **un jus de fruit** (과일주스)
● **un/une** (하나의), **le café** (커피), **la crêpe** (크레프), **le dessert** (디저트),
la chambre (방), **la baguette** (바게트), **le jus** (주스), **de** (~의), **l'orange** (오렌지),
autre (또 다른/제2의), **la bière** (맥주), **le portable** (휴대폰), **neuf(ve)** (새로운)

The **basics** of **grammar** and **sentence construction**!
The most useful **phrases** and **expressions**!

다섯 번째 섹션 : 중요문법 패턴!

5th Section 은 **중요문법**을 정리하였습니다.
문법적으로 **난이도**도 높고, **사용빈도**도 높은 **표현**들을 정리했습니다.

P 146

---

 ❸ 기본패턴의 확장!

p146-09 | Je voudrais l'addition, s'il vous plaît. | 나는 계산서를 원합니다.

p146-10 | Je voudrais une chambre pour deux nuits. | 나는 2박할 방을 원합니다.

● **s'il vous plaît** 를 붙이면 더욱 공손한 표현이 됩니다. (= 영어의 **please**)
● **l'addition** (계산서), **pour** (~을 위한), **deux** (2), **la nuit** (밤)

---

 ❹ 기본패턴의 응용!

p146-11 | A) Qu'est-ce que vous voulez prendre? | 당신은 무엇을 먹고 싶습니까?

p146-12 | B) Je voudrais une crêpe. | 나는 크레프를 원합니다.

- -

p146-13 | A) Qu'est-ce que vous désirez? | 당신은 무엇을 원합니까?

p146-14 | B) Je voudrais une chambre pour deux nuits. | 나는 2박할 방을 원합니다.

● **une chambre pour deux nuits** (2박할 방) / **une chambre pour deux personnes** (더블룸)
● **qu'est-ce que** (무엇), **vous** (당신), **prendre** (먹다/잡다/취하다), **désirer** (원하다)

Learn foreign language!
French

Part 3. It's a completely new way to **learn** foreign language! | **Pattern 147**

Je voudrais ~. [즈 부드헤 ~.]
나는 ~하고 싶습니다.

The basics of **grammar** and **sentence construction**!

 ❶ 기본패턴의 핵심!

❶ **voudrais** 는 동사 **vouloir** (원하다/바라다)의 조건법 현재 1인칭 단수형입니다.
❷ **Je voudrais** + 동사.는 '나는 ~하기를 원합니다/~하고 싶습니다.'이며 공손한 표현입니다.
❸ **vouloir** 동사의 조건법 현재 인칭변화형을 활용하여 다양한 주어의 문장을 만들 수 있습니다.
(**Je voudrais, Tu voudrais, Il/Elle voudrait, Nous voudrions, Vous voudriez, Ils/Elles voudraient**)

 ❷ 기본패턴의 연습!

The most useful **phrases** and **expressions**!

p147-01	Je voudrais	voyager.	나는 여행하고 싶습니다.
p147-02	Je voudrais	faire un stage.	나는 연수를 하고 싶습니다.
p147-03	Je voudrais	être spécialiste.	나는 전문가가 되고 싶습니다.
p147-04	Je voudrais	louer un studio.	나는 스튜디오를 임대하고 싶습니다.
p147-05	Je voudrais	ouvrir un compte.	나는 계좌를 열고 싶습니다.
p147-06	Je voudrais	apprendre le français.	나는 프랑스어를 배우고 싶습니다.
p147-07	Je voudrais	développer ma carrière.	나는 나의 (직업) 경력을 발전시키고 싶습니다.
p147-08	Je voudrais	exploiter mes connaissances.	나는 나의 지식을 활용하고 싶습니다.

● 소유형용사는 명사의 성수에 따라 변화합니다. **mon** (나의: 남성) / **ma** (여성) / **mes** (남/녀 복수)
● **voyager** (여행하다), **faire** (하다), **un** (하나의), **le stage** (연수/실습), **être** (~이다),
le spécialiste (전문가), **louer** (임대하다), **le studio** (스튜디오/원룸), **ouvrir** (열다),
le compte (계좌), **apprendre** (배우다), **le français** (프랑스어), **développer** (발전시키다),
la carrière (경력/직업), **exploiter** (활용하다), **les connaissances** (지식)

Presenting the **core concepts** you need to **write** and **speak**.
It focuses on the **core concepts** you need to **communicate**. *start speaking languages immediately using essential phrases*

다섯 번째 섹션 : 중요문법 패턴!

5th Section 은 **중요문법**을 정리하였습니다.
문법적으로 **난이도**도 높고, **사용빈도**도 높은 **표현**들을 정리했습니다.

P 147

 ③ 기본패턴의 확장!

p147-09 ○ **Je voudrais continuer ma carrière.**　　　나는 나의 (직업) 경력을 계속하고 싶습니다.

p147-10 ○ **Je voudrais postuler dans votre entreprise.**　　나는 귀사에 지원하고 싶습니다.

● **continuer** (계속하다), **postuler** (지원하다), **dans** (~안에/~에), **votre** (당신의), **l'entreprise** (회사/기업)

 ④ 기본패턴의 응용!

p147-11 A) **Qu'est-ce que vous voulez faire?**　　　당신은 무엇을 하고 싶습니까?

p147-12 B) **Je voudrais ouvrir un compte.**　　　나는 계좌를 열고 싶습니다.

p147-13 A) **Pourquoi postulez-vous dans notre entreprise?**　당신은 왜 우리 회사에 지원합니까?

p147-14 B) **Je voudrais exploiter mes connaissances.**　나는 나의 지식을 활용하고 싶습니다.

● **voulez** (동사 **vouloir** 의 2인칭 복수 (단수는 존칭))
● **qu'est-ce que** (무엇), **vous** (당신), **pourquoi** (왜), **notre** (우리의)

*The focus is on **conversation** and **communication**.*

*Start **speaking languages** immediately using **essential phrases**.*

Learn foreign language!
French

Voudriez-vous ~? [부드히에-부 ~?]
당신은 ~을 원합니까?

● The **basics** of **grammar** and **sentence construction!**

 ❶ 기본패턴의 핵심!

❶ **voudriez** 는 동사 **vouloir** (원하다/바라다)의 조건법 현재 2인칭 복수형(단수는 존칭)입니다.
❷ **Voudriez-vous** + 명사?는 '당신(들)은 ~를 원합니까?'이며 공손한 표현입니다.
❸ 의문문은 인칭대명사와 동사를 도치시키고 - 으로 연결하여 표시한 형태입니다.
❹ **vouloir** 동사의 조건법 현재 인칭변화형을 활용하여 다양한 주어의 문장을 만들 수 있습니다.
(**Je voudrais, Tu voudrais, Il/Elle voudrait, Nous voudrions, Vous voudriez, Ils/Elles voudraient**)

 ❷ 기본패턴의 연습!

● The most useful **phrases** and **expressions!**

p148-01	**Voudriez-vous**	**du pain?**	당신은 빵을 원합니까?
p148-02	**Voudriez-vous**	**un apéritif?**	당신은 아페리티프(식전주)를 원합니까?
p148-03	**Voudriez-vous**	**un dessert?**	당신은 디저트를 원합니까?
p148-04	**Voudriez-vous**	**de la salade?**	당신은 샐러드를 좀 원합니까?
p148-05	**Voudriez-vous**	**un autre verre?**	당신은 한 잔 더 원합니까?
p148-06	**Voudriez-vous**	**du café maintenant?**	당신은 커피를 지금 원합니까?
p148-07	**Voudriez-vous**	**une nouvelle voiture?**	당신은 새로운 자동차를 원합니까?
p148-08	**Voudriez-vous**	**une chambre pour une personne?**	당신은 싱글룸을 원합니까?

● 셀 수 없는 명사에는 부분관사를 사용합니다. **du** (남성단수)/**de la** (여성단수)/**de l'** (모음/무성 h 시작명사)
● **le pain** (빵), **un/une** (하나의/어떤), **l'apéritif** (아페리티프/식전주), **le dessert** (디저트),
la salade (샐러드), **autre** (또 다른/제2의), **le verre** (유리잔/컵), **le café** (커피), **maintenant** (지금),
nouvelle (새로운), **la voiture** (자동차), **la chambre** (방), **pour** (~를 위한), **la personne** (사람)

다섯 번째 섹션 : 중요문법 패턴!

5th Section 은 **중요문법**을 정리하였습니다.
문법적으로 **난이도**도 높고, **사용빈도**도 높은 **표현**들을 정리했습니다.

P
148

 ❸ 기본패턴의 확장!

| p148-09 | ○ **Voudriez-vous de la bière ou du vin?** | 당신은 맥주 또는 와인을 원합니까? |
| p148-10 | ○ **Voudriez-vous de la viande ou du poisson?** | 당신은 육류 또는 생선을 원합니까? |

● **ou** (혹은/또는 : 접속사)
● **la bière** (맥주), **le vin** (와인), **la viande** (육류), **le poisson** (생선)

 ❹ 기본패턴의 응용!

| p148-11 | A) **Voudriez-vous un autre verre de vin?** | 당신은 포도주 한 잔 더 원합니까? |
| p148-12 | B) **Oui, s'il vous plaît.** | 네, 부탁합니다. |

- -

| p148-13 | A) **Voudriez-vous un dessert?** | 당신은 디저트를 원합니까? |
| p148-14 | B) **Non merci, c'est suffisant.** | 아니오 됐습니다, 충분합니다. |

● **un verre de vin** (포도주 한 잔) / **un verre d'eau** (물 한 잔)
● **s'il vous plaît** (부탁합니다)를 붙이면 더욱 공손한 표현이 됩니다. (= 영어의 **please**)
● **Non, merci.** (아니오, 감사합니다.)는 상대방의 제안을 완곡히 거절할 때 사용합니다.
● **C'est ~.** (이것은 ~입니다.) 구문입니다. **C'est = ce** (이것/저것/그것 : 지시대명사) + **est** : 모음축약
● **oui** (네), **suffisant** (충분한)

Learn foreign language!
French

Part 3.
It's a completely new way to learn foreign language!

| **Pattern 149**

Voudriez-vous ~? [부드히에-부 ~?]
당신은 ~하고 싶습니까?

 ❶ 기본패턴의 핵심!

❶ **voudriez** 는 동사 **vouloir** (원하다/바라다)의 조건법 현재 2인칭 복수형(단수는 존칭)입니다.
❷ **Voudriez-vous** + 동사?는 '당신(들)은 ~하기를 원합니까?/~하고 싶습니까?'이며 공손한 표현입니다.
❸ 의문문은 인칭대명사와 동사를 도치시키고 - 으로 연결하여 표시한 형태입니다.
❹ **vouloir** 동사의 조건법 현재 인칭변화형을 활용하여 다양한 주어의 문장을 만들 수 있습니다.
(**Je voudrais, Tu voudrais, Il/Elle voudrait, Nous voudrions, Vous voudriez, Ils/Elles voudraient**)

 ❷ 기본패턴의 연습!

p149-01	**Voudriez-vous**	**commander?**	당신은 주문하고 싶습니까?
p149-02	**Voudriez-vous**	**boire quelque chose?**	당신은 무엇인가 마시고 싶습니까?
p149-03	**Voudriez-vous**	**goûter le nouveau plat?**	당신은 새로운 요리를 맛보고 싶습니까?
p149-04	**Voudriez-vous**	**prendre un jus de pomme?**	당신은 사과주스를 마시고 싶습니까?
p149-05	**Voudriez-vous**	**vérifier le résultat?**	당신은 결과를 확인하고 싶습니까?
p149-06	**Voudriez-vous**	**laisser un message?**	당신은 메시지를 남기고 싶습니까?
p149-07	**Voudriez-vous**	**compléter le formulaire?**	당신은 서식을 완성하고 싶습니까?
p149-08	**Voudriez-vous**	**annuler un rendez-vous?**	당신은 약속을 취소하고 싶습니까?

● **commander** (주문하다), **boire** (마시다), **quelque chose** (어떤 것/무엇인가), **goûter** (맛보다), **nouveau** (새로운), **le plat** (접시/음식), **prendre** (먹다), **un** (하나의), **le jus** (주스), **de** (~의), **la pomme** (사과), **vérifier** (확인하다), **le résultat** (결과), **laisser** (남기다), **le message** (메시지), **compléter** (완성시키다), **le formulaire** (서식), **annuler** (취소하다), **le rendez-vous** (약속)

다섯 번째 섹션 : 중요문법 패턴!

5th Section 은 **중요문법**을 정리하였습니다.
문법적으로 **난이도**도 높고, **사용빈도**도 높은 표현들을 정리했습니다.

P
149

③ 기본패턴의 확장!

p149-09 | ○ Voudriez-vous jeter un œil sur la carte des vins? 당신은 포도주 리스트를 한번 보시겠습니까?

p149-10 | ○ Voudriez-vous commencer par un apéritif? 당신은 아페리티프(식전주)로 시작하기를 원하십니까?

- **jeter un œil sur ~** (직역하면 '한 눈을 ~에 던지다', 즉 '~에 눈길을 던지다/본다'는 의미입니다.)
- 전치사 **de** 는 정관사 **les** 와 만나면 **des** 로 축약합니다. (**de + les vins** (포도주들) = **des vins**)
- **commencer par ~** (~으로 시작하다/시작을 ~으로 하다)
- **jeter** (던지다), **l'œil** (눈 (한 쪽)), **sur** (~위에), **la carte** (카드/리스트),
commencer (시작하다), **par** (~를 통해서)

④ 기본패턴의 응용!

p149-11 | A) Voudriez-vous goûter le nouveau plat? 당신은 새로운 요리를 맛보고 싶습니까?

p149-12 | B) Avec plaisir! 기꺼이!

p149-13 | A) Voudriez-vous laisser un message? 당신은 메시지를 남기고 싶습니까?

p149-14 | B) Non, je vais rappeler plus tard. 아니오, 내가 나중에 다시 걸겠습니다.

- **Avec plaisir!** (즐거움을 가지고!/기꺼이!)
- **aller** (가다) + 동사원형은 '~할 것이다.'의 근접미래 표현입니다.
- **plus tard** (나중에)
- **non** (아니오), **rappeler** (다시 부르다/(전화) 다시 걸다), **plus** (더/더 많이), **tard** (늦게)

● The focus is on **conversation** and **communication**.

● Start **speaking languages** immediately using **essential phrases**.

Learn foreign language!
French

Part 3. It's a completely new way to learn foreign language! | **Pattern 150**

Je voudrais faire ~. [즈 부드헤 페흐 ~.]
나는 ~시키고 싶습니다.

Free

❶ 기본패턴의 핵심!

❶ **voudriez** 는 동사 **vouloir** (원하다/바라다)의 조건법 현재 2인칭 복수형(단수는 존칭)입니다.
❷ **Je voudrais faire** + 동사원형.은 '나는 ~하는 것을 시키고 싶습니다/~해 주세요.'입니다.
❸ **faire** (하다) 동사는 사역동사로 '~하게 만들다' 의미로 사용됩니다.
❹ **vouloir** 동사의 조건법 현재 인칭변화형을 활용하여 다양한 주어의 문장을 만들 수 있습니다.
(**Je voudrais, Tu voudrais, Il/Elle voudrait, Nous voudrions, Vous voudriez, Ils/Elles voudraient**)

❷ 기본패턴의 연습!

p150-01	Je voudrais faire livrer ce canapé.	나는 이 소파를 배달 시키고 싶습니다.
p150-02	Je voudrais faire partir cette tache.	나는 이 얼룩 빼는 것을 시키고 싶습니다.
p150-03	Je voudrais faire laver ce pantalon.	나는 이 바지를 세탁시키고 싶습니다.
p150-04	Je voudrais faire réparer ma voiture.	나는 나의 차를 수리시키고 싶습니다.
p150-05	Je voudrais faire repasser cette robe.	나는 이 원피스를 다림질 시키고 싶습니다.
p150-06	Je voudrais faire repeindre ma chambre.	나는 내 방을 다시 (페인트) 칠 시키고 싶습니다.
p150-07	Je voudrais faire nettoyer à sec cette veste.	나는 이 재킷을 드라이클리닝 시키고 싶습니다.
p150-08	Je voudrais faire remplacer l'écran de mon portable.	나는 나의 휴대폰 화면을 교체 시키고 싶습니다.

● **nettoyer à sec** (드라이클리닝하다 : **nettoyer** (깨끗이하다) + **à** (~방법으로) + **sec** (건조한))
● **livrer** (배달하다), **ce/cette** (이/그/저 : 지시형용사), **le canapé** (소파), **partir** (떠나다/사라지다),
la tache (얼룩), **laver** (세탁하다), **le pantalon** (바지), **réparer** (수리하다), **mon/ma** (나의 : 소유형용사),
la voiture (자동차), **repasser** (다림질하다), **la robe** (원피스), **repeindre** (다시 칠하다), **la chambre** (방),
la veste (재킷), **remplacer** (대체하다), **l'écran** (화면), **de** (~의), **le portable** (휴대폰)

다섯 번째 섹션 : 중요문법 패턴!

5th Section 은 **중요문법**을 정리하였습니다.
문법적으로 **난이도**도 높고, **사용빈도**도 높은 **표현**들을 정리했습니다.

P 150

---

 ❸ 기본패턴의 확장!

p150-09 ○ Je voudrais me faire rembourser.　　　나는 나를 환불 받게 하고 싶습니다.

p150-10 ○ Je voudrais faire changer un pneu.　　　나는 타이어 하나를 교환 시키고 싶습니다.

- 나는 나를 환불 받게 하고 싶습니다. > 환불해 주세요.
- **se faire rembourser** (스스로를 환불받게 하다) 재귀대명사는 인칭에 따라 형태가 변화합니다.
- (**Je me~, Tu te~, Il/Elle se~, Nous nous~, Vous vous~, Ils/Elles se~** 등입니다.)
- **rembourser** (갚다/상환하다/환불하다), **changer** (~을 바꾸다), **un** (하나의), **le pneu** (타이어)

---

 ❹ 기본패턴의 응용!

p150-11 A) Qu'est-ce que vous voulez?　　　당신은 무엇을 원하십니까?

p150-12 B) Je voudrais faire laver ce pantalon.　　　나는 이 바지를 세탁시키고 싶습니다.

- -

p150-13 A) Je voudrais faire livrer ce canapé.　　　나는 이 소파를 배달 시키고 싶습니다.

p150-14 B) Pas de problème.　　　문제 없습니다.

- **voulez** (**vouloir** 의 직설법 현재 2인칭 복수 (단수는 존칭))
- **Il n'y a pas de problème.** (문제가 없습니다.)는 간단히 **Pas de problème.** 만으로도 사용합니다.
- **qu'est-ce que** (무엇), **vous** (당신), **le problème** (문제)

Right margin text:
- The focus is on **conversation** and **communication**.
- Start **speaking languages** immediately using **essential phrases.**

Learn foreign language!
French

Part 3. It's a completely new way to learn foreign language! | **Pattern 151**

J'aimerais ~. [젬므헤 ~.]
나는 ~하고 싶습니다.

The basics of grammar and sentence construction!

① 기본패턴의 핵심!

❶ **aimerais** 는 동사 **aimer** (좋아하다/사랑하다)의 조건법 현재 1인칭 단수형입니다.
❷ **J'aimerais** + 동사원형.은 '나는 ~하고 싶습니다.'이며, 공손한 표현입니다.
❸ **aimer** 동사의 조건법 현재 인칭변화형을 활용하여 다양한 주어의 문장을 만들 수 있습니다.
(**J'aimerais, Tu aimerais, Il/Elle aimerait, Nous aimerions, Vous aimeriez, Ils/Elles aimeraient**)

② 기본패턴의 연습!

The most useful phrases and expressions!

p151-01	**J'aimerais** danser.	나는 춤추고 싶습니다.
p151-02	**J'aimerais** réussir.	나는 성공하고 싶습니다.
p151-03	**J'aimerais** aller au concert.	나는 콘서트에 가고 싶습니다.
p151-04	**J'aimerais** dormir profondément.	나는 푹 자고 싶습니다.
p151-05	**J'aimerais** regarder la télévision.	나는 TV를 보고 싶습니다.
p151-06	**J'aimerais** travailler tout de suite.	나는 당장 일하고 싶습니다.
p151-07	**J'aimerais** participer au concours.	나는 대회에 참가하고 싶습니다.
p151-08	**J'aimerais** ajouter un commentaire.	나는 코멘트를 덧붙이고 싶습니다.

● 전치사 **à** 는 정관사 **le** 와 만나면 **au** 로 축약합니다. (**à + le concert** (콘서트) = **au concert**)
● **participer à ~** (~에 참가하다/참여하다)
● **danser** (춤추다), **réussir** (성공하다), **aller** (가다), **profondément** (깊이/푹), **dormir** (자다),
regarder (보다), **la télévision** (텔레비젼), **travailler** (일하다), **tout de suite** (당장/즉시),
le concours (대회/선발시험), **ajouter** (첨가하다), **un** (하나의), **commentaire** (코멘트/주석)

다섯 번째 섹션 : 중요문법 패턴!

5th Section 은 **중요문법**을 정리하였습니다.
문법적으로 **난이도**도 높고, **사용빈도**도 높은 **표현**들을 정리했습니다.

P 151

---

 ❸ 기본패턴의 확장!

p151-09 **J'aimerais faire carrière dans ce domaine.** 나는 이 분야에서 (직업)경력을 만들고 싶습니다.

p151-10 **J'aimerais participer au développement de votre entreprise.** 나는 귀사의 발전에 참여하고 싶습니다.

● **faire carrière** 는 직역하면 '직업경력을 만들다' 즉 '종사하다'의 의미입니다.
● 지시형용사는 명사의 성수에 따라 변화합니다. **ce** (이/그/저 : 남성단수), **cette** (여성단수), **ces** (남/녀복수)
● **faire** (하다/만들다), **la carrière** (직업/경력/이력), **dans** (~안에서), **le domaine** (분야),
le développement (발전), **de** (~의), **votre** (당신의), **l'entreprise** (회사/기업)

---

 ❹ 기본패턴의 응용!

p151-11 **A) Nous finissons le séminaire.** 우리는 세미나를 마치겠습니다.

p151-12 **B) J'aimerais ajouter un commentaire.** 나는 코멘트를 덧붙이고 싶습니다.

- -

p151-13 **A) Pourquoi postulez-vous dans notre entreprise?** 당신은 왜 우리 회사에 지원합니까?

p151-14 **B) J'aimerais participer au développement de votre entreprise.** 나는 귀사의 발전에 참여하고 싶습니다.

● 의문사가 문장 앞에 오면 인칭대명사와 동사는 도치시키고 - 으로 연결하여 표시합니다.
● **nous** (우리), **finir** (끝내다/마치다), **le séminaire** (세미나), **pourquoi** (왜), **postuler** (지원하다),
vous (당신), **notre** (우리의)

Learn foreign language!
French

Part 3. It's a completely new way to **learn foreign language!** | **Pattern 152**

J'aimerais avoir ~. [젬므헤 아부아흐 ~.]
나는 ~갖고 싶습니다.

The basics of **grammar** and **sentence construction!**

❶ 기본패턴의 핵심!

❶ **aimerais** 는 동사 **aimer** (좋아하다/사랑하다)의 조건법 현재 1인칭 단수형입니다.
❷ **J'aimerais avoir** + 명사.는 '나는 ~갖고 싶습니다.'이며 공손한 표현입니다.
❸ **avoir** (가지다/소유하다)입니다.
❹ **aimer** 동사의 조건법 현재 인칭변화형을 활용하여 다양한 주어의 문장을 만들 수 있습니다.
(**J'aimerais, Tu aimerais, Il/Elle aimerait, Nous aimerions, Vous aimeriez, Ils/Elles aimeraient**)

❷ 기본패턴의 연습!

The most useful **phrases** and **expressions!**

p152-01	J'aimerais avoir	votre avis.	나는 당신의 의견을 갖고 싶습니다.
p152-02	J'aimerais avoir	des enfants.	나는 아이들을 갖고 싶습니다.
p152-03	J'aimerais avoir	une brochure.	나는 팸플릿을 갖고 싶습니다.
p152-04	J'aimerais avoir	une photocopie.	나는 복사본을 갖고 싶습니다.
p152-05	J'aimerais avoir	un plan de Paris.	나는 파리 지도를 갖고 싶습니다.
p152-06	J'aimerais avoir	les horaires de trains.	나는 기차 시간표를 갖고 싶습니다.
p152-07	J'aimerais avoir	une facture détaillée.	나는 상세한(내역의) 청구서를 갖고 싶습니다.
p152-08	J'aimerais avoir	votre carte de visite.	나는 당신의 명함을 갖고 싶습니다.

● **la carte de visite** (명함)
● **votre** (당신의), **l'avis** (의견), **un/une/des** (하나의/어떤), **l'enfant** (아이), **la brochure** (팸플릿), **la photocopie** (복사본), **le plan** (지도), **de** (~의), **l'horaire** (운행시간표), **le train** (기차), **la facture** (청구서/영수증), **détaillé(e)** (상세한), **la carte** (카드), **la visite** (방문)

다섯 번째 섹션 : 중요문법 패턴!

5th Section 은 **중요문법**을 정리하였습니다.
문법적으로 **난이도**도 높고, **사용빈도**도 높은 **표현**들을 정리했습니다.

P
152

❸ 기본패턴의 확장!

▶ p152-09 ○ **J'aimerais avoir votre opinion à ce sujet.** 나는 이 주제에 대한 당신의 의견을 갖고 싶습니다.

▶ p152-10 ○ **J'aimerais avoir une nouvelle expérience.** 나는 새로운 경험을 갖고 싶습니다.

- ● 지시형용사는 명사의 성수에 따라 변화합니다. **ce** (이/그/저 : 남성단수), **cette** (여성단수), **ces** (남/녀복수)
- ● **l'opinion** (의견/견해), **à** (~에 대해), **le sujet** (주제), **nouvelle** (새로운), **l'expérience** (경험)

❹ 기본패턴의 응용!

▶ p152-11 A) **J'aimerais avoir votre carte de visite.** 나는 당신의 명함을 갖고 싶습니다.

▶ p152-12 B) **Volontiers, tenez!** 기꺼이 (드리죠), 받으세요!

- -

▶ p152-13 A) **Avez-vous quelque chose à me dire?** 당신은 나에게 무엇인가 할 말이 있습니까?

▶ p152-14 B) **Oui, j'aimerais avoir votre opinion.** 네, 나는 당신의 의견을 갖고 싶습니다.

- ● **Volontiers!** (기꺼이!)
- ● **Tenez!** (받으세요!) 동사 **tenir** (잡다/지니다/받다)의 명령형으로 물건을 상대방에게 건넬 때 쓰입니다.
- ● **quelque chose à** + 동사원형 (~할 무엇인가/어떤 것), **quelque chose à dire** (말할 어떤 것)
- ● 간접목적보어 **me** (나에게)의 위치는 본동사 바로 앞입니다.
- ● **dire** (말하다), **oui** (네)

Learn foreign language!
French

Part 3. It's a completely new way to learn foreign language! | **Pattern 153**

Pourriez-vous ~? [뿌히에-부 ~?]
당신은 ~해주실 수 있습니까?

The **basics** of **grammar** and **sentence construction**!

 ❶ 기본패턴의 핵심!

❶ **pourriez** 는 동사 **pouvoir** (할 수 있다)의 조건법 현재 2인칭 복수형(단수는 존칭)입니다.
❷ **Pourriez-vous** + 동사원형?은 '당신(들)은 ~해주실 수 있습니까?' (~해주시겠습니까?)입니다.
❸ 의문문은 인칭대명사와 동사를 도치시키고 - 으로 연결하여 표시한 형태입니다.
❹ **pouvoir** 동사의 조건법 현재 인칭변화형을 활용하여 다양한 주어의 문장을 만들 수 있습니다.
(**Je pourrais, Tu pourrais, Il/Elle pourrait, Nous pourrions, Vous pourriez, Ils/Elles pourraient**)

 ❷ 기본패턴의 연습!

The most useful **phrases** and **expressions**!

p153-01	○ **Pourriez-vous**	**répéter?**	(당신은) 반복해 주시겠습니까?
p153-02	○ **Pourriez-vous**	**rappeler?**	(전화) 다시 걸어주시겠습니까?
p153-03	○ **Pourriez-vous**	**signer ici?**	여기에 서명해 주시겠습니까?
p153-04	○ **Pourriez-vous**	**fermer la porte?**	문을 닫아 주시겠습니까?
p153-05	○ **Pourriez-vous**	**parler plus fort?**	좀 더 크게 말씀해 주시겠습니까?
p153-06	○ **Pourriez-vous**	**revenir plus tard?**	나중에 다시 오시겠습니까?
p153-07	○ **Pourriez-vous**	**remplir cette fiche?**	이 서식을 채워 주시겠습니까?
p153-08	○ **Pourriez-vous**	**éteindre votre cigarette?**	당신의 담배를 꺼주시겠습니까?

● **plus** ((보다) 더/더 많이)는 **beaucoup** (많이)의 우등비교급입니다.
● **plus tard** (더 늦게/즉 나중에)
● **répéter** (반복하다), **rappeler** ((전화) 다시 걸다), **signer** (서명하다), **ici** (여기), **fermer** (닫다),
la porte (문), **parler** (말하다), **fort** (크게), **revenir** (다시 오다), **remplir** (채우다), **cette** (이/그/저),
la fiche (서식), **éteindre** ((불을)끄다), **votre** (당신의), **la cigarette** (담배)

다섯 번째 섹션 : 중요문법 패턴!

5th Section 은 **중요문법**을 정리하였습니다.
문법적으로 **난이도**도 높고, **사용빈도**도 높은 **표현**들을 정리했습니다.

P 153

 ③ 기본패턴의 확장!

p153-09	**Pourriez-vous venir avec moi?**	저와 함께 가시겠습니까?
p153-10	**Pourriez-vous faire attention, s'il vous plaît?**	주의해 주시겠습니까?

- **venir** (오다)는 상대방의 입장에서는 '가다'로 해석할 수 있습니다.
- 전치사 뒤에는 인칭대명사 강세형을 사용합니다. **avec moi** (나와 함께)
(**moi** (나) / **toi** (너) / **lui** (그) / **elle** (그녀) / **nous** (우리) / **vous** (당신(들)) / **eux** (그들) / **elles** (그녀들))
- **faire attention** (주의하다)
- **s'il vous plaît** 를 붙이면 더욱 공손한 표현입니다. (=영어의 **please**)

 ④ 기본패턴의 응용!

p153-11	A) **Pourriez-vous répéter?**	(당신은) 반복해주실 수 있습니까?
p153-12	B) **Oui, je vais expliquer plus lentement.**	네, 좀 더 천천히 설명하겠습니다.

p153-13	A) **Je voudrais m'inscrire.**	나는 등록하고 싶습니다.
p153-14	B) **Pourriez-vous remplir cette fiche?**	이 서식을 채워 주시겠습니까?

- **aller** + 동사원형 (~할 것이다 : 근접미래) **Je vais expliquer.** 나는 설명할 것입니다.
- **s'inscrire** (등록하다)는 대명동사입니다. 재귀대명사는 인칭에 따라 다른 형태입니다.
(**Je m'inscris, Tu t'inscris, Il/Elle s'inscrit, Nous nous inscrivons, Vous vous inscrivez, Ils/Elles s'inscrivent** 등입니다.)
- **oui** (네), **je** (나), **expliquer** (설명하다), **lentement** (천천히)

The focus is on **conversation** and **communication**.

Start speaking languages immediately using **essential phrases**.

Learn foreign language!
French

Part 3. It's a completely new way to learn foreign language! | **Pattern 154**

Pourriez-vous me ~?
[뿌히에-부 므 ~?]
당신은 나에게 ~해주시겠습니까?

 ❶ 기본패턴의 핵심!

❶ **pourriez** 는 동사 **pouvoir** (할 수 있다)의 조건법 현재 2인칭 복수형(단수는 존칭)입니다.
❷ **Pourriez-vous me ~?** 는 '당신(들)은 나에게 ~해주시겠습니까?'입니다.
❸ 의문문은 인칭대명사와 동사를 도치시키고 - 으로 연결하여 표시한 형태입니다.
❹ **pouvoir** 동사의 조건법 현재 인칭변화형을 활용하여 다양한 주어의 문장을 만들 수 있습니다.
(Je pourrais, Tu pourrais, Il/Elle pourrait, Nous pourrions, Vous pourriez, Ils/Elles pourraient)

 ❷ 기본패턴의 연습!

p154-01	**Pourriez-vous me répondre?**	(당신은) 나에게 대답해 주시겠습니까?
p154-02	**Pourriez-vous me conseiller?**	나에게 조언해 주시겠습니까?
p154-03	**Pourriez-vous me rembourser?**	나에게 환불해 주시겠습니까?
p154-04	**Pourriez-vous m'apporter un café?**	나에게 커피를 갖다 주시겠습니까?
p154-05	**Pourriez-vous m'appeler un taxi?**	나에게 택시를 불러 주시겠습니까?
p154-06	**Pourriez-vous m'envoyer un e-mail?**	나에게 이메일 한 통 보내 주시겠습니까?
p154-07	**Pourriez-vous m'indiquer le chemin?**	나에게 길을 가르쳐 주시겠습니까?
p154-08	**Pourriez-vous me donner votre adresse?**	나에게 당신의 주소를 주시겠습니까?

● **répondre** (대답하다), **conseiller** (조언하다), **rembourser** (환불하다),
apporter (가져오다), **un** (하나의), **le café** (커피), **appeler** (부르다), **le taxi** (택시),
envoyer (보내다), **l'e-mail** (이메일), **indiquer** (가르쳐주다), **le chemin** (길), **donner** (주다),
votre (당신의), **l'adresse** (주소)

다섯 번째 섹션 : 중요문법 패턴!

5th Section 은 **중요문법**을 정리하였습니다.
문법적으로 **난이도**도 높고, **사용빈도**도 높은 **표현**들을 정리했습니다.

P 154

---

 ❸ 기본패턴의 확장!

p154-09 ○ **Pourriez-vous me permettre de vous conseiller?** 당신에게 조언하는 것을 허락해주시겠습니까?

p154-10 ○ **Pourriez-vous me montrer votre passeport?** 나에게 당신의 여권을 보여주시겠습니까?

● **Pourriez-vous me permettre de + 동사원형?** (~하는 것을 나에게 허락해주시겠습니까?)
● 간접목적보어의 위치는 본동사 앞입니다.
(**me** (나에게), **te** (너에게), **lui** (그(녀)에게), **nous** (우리들에게), **vous** (당신(들)에게), **leur** (그(녀)들에게))
● **permettre** (허락하다), **conseiller** (조언하다), **montrer** (보여주다), **le passeport** (여권)

---

 ❹ 기본패턴의 응용!

p154-11 A) **Pourriez-vous m'apporter un café?** 나에게 커피를 갖다 주시겠습니까?

p154-12 B) **Tout de suite.** 즉시 (가져오겠습니다).

- -

p154-13 A) **Pourriez-vous me permettre de vous conseiller?** 당신에게조언하는 것을 허락해주시겠습니까?

p154-14 B) **Je vous écoute.** 경청하겠습니다.

● **tout de suite** (즉시/당장)
● 직접목적보어 **vous** (당신(들)을)의 위치는 동사 앞입니다.
(**me** (나를), **te** (너를), **le** (그(것)을), **la** (그녀(것)을), **nous** (우리를), **vous** (당신(들)을), **les** (그(녀/것)들을))
● **écouter** (듣다/경청하다)

Part 3. It's a completely new way to learn foreign language! | **Pattern 155**

Pourriez-vous me dire ~? [뿌히에-부 므 디흐 ~?]
당신은 나에게 ~ 말씀해주시겠습니까?

 ❶ 기본패턴의 핵심!

❶ **pourriez** 는 동사 **pouvoir** (할 수 있다)의 조건법 현재 2인칭 복수형(단수는 존칭)입니다.
❷ **Pourriez-vous me dire ~?** 는 '당신(들)은 나에게 ~ 말씀해주시겠습니까?'입니다.
❸ 의문문은 인칭대명사와 동사를 도치시키고 - 으로 연결하여 표시한 형태입니다.
❹ **pouvoir** 동사의 조건법 현재 인칭변화형을 활용하여 다양한 주어의 문장을 만들 수 있습니다.
(**Je pourrais, Tu pourrais, Il/Elle pourrait, Nous pourrions, Vous pourriez, Ils/Elles pourraient**)

 ❷ 기본패턴의 연습!

p155-01	○ Pourriez-vous me dire quel est le tarif?	(당신은) 가격이 얼마인지 말씀해주시겠습니까?
p155-02	○ Pourriez-vous me dire si c'est possible?	그것이 가능한지 말씀해주시겠습니까?
p155-03	○ Pourriez-vous me dire où est l'ascenseur?	엘리베이터가 어디에 있는지 말씀해주시겠습니까?
p155-04	○ Pourriez-vous me dire où sont les toilettes?	화장실이 어디인지 말씀해주시겠습니까?
p155-05	○ Pourriez-vous me dire quel est votre projet?	당신의 계획이 어떤지 말씀해주시겠습니까?
p155-06	○ Pourriez-vous me dire qui est le responsable?	책임자가 누구인지 말씀해주시겠습니까?
p155-07	○ Pourriez-vous me dire quand commence le film?	영화가 언제 시작하는지 말씀해주시겠습니까?
p155-08	○ Pourriez-vous me dire pourquoi vous êtes en retard?	당신이 왜 늦었는지 말씀해주시겠습니까?

● **être en retard** (지각하다/늦다)
● **quel** (어떤 : 의문형용사), **être** (~이다/있다), **le tarif** (가격), **si** (~인지), **ce** (이것/저것 : 지시대명사),
possible (가능한), **où** (어디), **l'ascenseur** (엘리베이터), **les toilettes** (화장실), **votre** (당신의),
le projet (계획), **qui** (누구), **le responsable** (책임자), **quand** (언제), **commencer** (시작하다),
le film (영화), **pourquoi** (왜), **le retard** (늦음/지각)

다섯 번째 섹션 : 중요문법 패턴!

5th Section 은 **중요문법**을 정리하였습니다.
문법적으로 **난이도**도 높고, **사용빈도**도 높은 **표현**들을 정리했습니다.

P
155

❸ 기본패턴의 확장!

p155-09 ○ **Pourriez-vous me dire à qui est ce livre?**   이 책이 누구의 것인지 말씀해주시겠습니까?

p155-10 ○ **Pourriez-vous me dire où se touve le bureau de Monsieur Martin?**
마르탱 씨 사무실이 어디에 있는지 말씀해주시겠습니까?

- **être à** + 사람 (~의 것이다) / 의문형은 **à qui est** + 명사? (~은 누구의 것인가?)
- **se trouver** (~에 있다 = **être**)
- **ce** (이/그/저 : 지시형용사), **le livre** (책), **le bureau** (사무실), **de** (~의), **Monsieur** (~씨)

❹ 기본패턴의 응용!

p155-11 **A) Pourriez-vous me dire à qui est ce livre?**   이 책이 누구의 것인지 말씀해주시겠습니까?

p155-12 **B) Il est à Monsieur Martin.**   그것은 마르탱 씨의 것입니다.

p155-13 **A) Pourriez-vous me dire où se touve le bureau de Monsieur Martin?**
마르탱 씨 사무실이 어디에 있는지 말씀해주시겠습니까?

p155-14 **B) Au troisième étage.**   4층입니다.

- 전치사 **à** 는 정관사 **le** 와 만나면 **au** 로 축약합니다.
(**à + le troisième étage** (3번 째 층) = **au troisième étage**)
- 프랑스에서는 0층부터 세기 때문에 **troisième étage** (3층)은 우리 방식으로 4층입니다.
- **il** (그(것)), **troisième** (3번 째), **l'étage** (층)

Learn foreign language!
French

Part 3. It's a completely new way to **learn foreign language!** | **Pattern 156**

Si j'étais à votre place, je ~! [씨 제떼 자 보트흐 쁠라스, 즈 ~!]
만약에 내가 당신 입장이라면, 나는 ~!

❶ 기본패턴의 핵심!

❶ **Si j'étais à votre place, ~!** 는 '만약에 내가 당신 입장이라면, ~!'입니다.
❷ **étais** 는 동사 **être** (이다)의 반과거 1인칭 단수형이며, 비현실적 가정을 표현하는 용법입니다.
❸ ~ 이후 절에는 조건법 구문이 옵니다. 조건법 동사는 기본적으로 '단순미래 어간에 반과거 어미'를 붙입니다.
❹ **être** 동사 반과거의 인칭변화형을 활용하여 다양한 주어의 문장을 만들 수 있습니다.
(**J'étais, Tu étais, Il/Elle était, Nous étions, Vous étiez, Ils/Elles étaient** 등입니다.)

❷ 기본패턴의 연습!

p156-01	⬤ Si j'étais à votre place, je refuserais.	당신의 입장이라면, 나는 거절하겠습니다.
p156-02	⬤ Si j'étais à votre place, je continuerais.	당신의 입장이라면, 나는 계속하겠습니다.
p156-03	⬤ Si j'étais à votre place, je dirais la vérité.	당신의 입장이라면, 나는 진실을 말하겠습니다.
p156-04	⬤ Si j'étais à votre place, j'attendrais encore.	당신의 입장이라면, 나는 계속 기다리겠습니다.
p156-05	⬤ Si j'étais à votre place, je respecterais la loi.	당신의 입장이라면, 나는 규칙을 존중하겠습니다.
p156-06	⬤ Si j'étais à votre place, je resterais à la maison.	당신의 입장이라면, 나는 집에 머물겠습니다.
p156-07	⬤ Si j'étais à votre place, je ferais la même chose.	당신의 입장이라면, 나는 똑같은 것을 하겠습니다.
p156-08	⬤ Si j'étais à votre place, j'accepterais la proposition.	당신의 입장이라면, 나는 제안을 받아들이겠습니다.

● **Si j'étais à votre place** (만일 내가 당신의 자리에 있다면/당신 입장이라면)
● **si** (만일/만약), **je** (나), **à** (~에), **votre** (당신의), **la place** (자리/위치), **refuser** (거절하다),
continuer (계속하다), **dire** (말하다), **la vérité** (진실), **attendre** (기다리다), **encore** (여전히),
respecter (존중하다), **la loi** (규칙), **rester** (머물다), **la maison** (집), **faire** (하다), **même** (같은),
la chose (것/일), **accepter** (받아들이다/승낙하다), **la proposition** (제안)

  Presenting the **core concepts** you need to **write** and **speak.**
It focuses on the **core concepts** you need to **communicate.** *Start speaking languages immediately using essential phrases.*

다섯 번째 섹션 : 중요문법 패턴!

5th Section 은 **중요문법**을 정리하였습니다.
문법적으로 **난이도**도 높고, **사용빈도**도 높은 **표현**들을 정리했습니다.

 ❸ 기본패턴의 확장!

p156-09 ◯ **Si j'étais à votre place, je ne ferais jamais comme ça.**
당신의 입장이라면, 나는 결코 그렇게 하지 않겠습니다.

p156-10 ◯ **Si j'étais vous, j'arrêterais de fumer tout de suite.**
내가 당신이라면, 당장 흡연을 멈추겠습니다.

- **ne ~ jamais** (결코 ~아니다)
- **Si j'étais vous ~** (내가 당신이라면 ~) **vous** 는 인칭대명사 강세형입니다.
- **arrêter de** + 동사원형 (~하는 것을 멈추다)
- **tout de suite** (즉시/당장)
- **comme** (~와 같이/처럼), **ça** (이것/저것 : 지시대명사), **fumer** (흡연하다)

 ❹ 기본패턴의 응용!

p156-11 **A) Qu'est-ce que je dois faire?**
내가 무엇을 해야할까요?

p156-12 **B) Si j'étais à votre place, je dirais la vérité.**
당신의 입장이라면 나는 진실을 말하겠습니다.

- -

p156-13 **A) Je tousse beaucoup ces jours-ci.**
나는 요즘 기침을 많이 합니다.

p156-14 **B) Si j'étais vous, j'arrêterais de fumer tout de suite.** 내가 당신이라면, 당장 흡연을 멈추겠습니다.

- **ces jours-ci** (요즘) **ci** 는 지시형용사와 같이 쓰는 명사 뒤에 붙어 '최근의'라는 의미로 쓰입니다.
- **qu'est-ce que** (무엇), **devoir** (~해야만한다), **tousser** (기침하다), **beaucoup** (많이),
ces (이/그/저 : 지시형용사), **le jour** (날/하루), **ci** (최근의)

• The focus is on **conversation** and **communication.**

• Start **speaking languages** immediately using **essential phrases.**

Learn foreign language!
French

Part 3. It's a completely new way to learn foreign language! | **Pattern 157**

Si j'étais ~! [씨 제떼 ~!]
만약에 내가 ~라면!

● The basics of grammar and sentence construction!

 ❶ 기본패턴의 핵심!

❶ **Si j'étais ~!** 는 '만약에 내가 ~라면!'입니다.
❷ **étais** 는 동사 **être** (이다)의 반과거 1인칭 단수형이며, 비현실적 가정을 표현하는 용법입니다.
❸ **être** 동사 반과거의 인칭변화형을 활용하여 다양한 주어의 문장을 만들 수 있습니다.
(**J'étais, Tu étais, Il/Elle était, Nous étions, Vous étiez, Ils/Elles étaient** 등입니다.)

 ❷ 기본패턴의 연습!

● The most useful phrases and expressions!

p157-01	Si j'étais	vous!	만약에 내가 당신이라면!
p157-02	Si j'étais	âgé(e)!	만약에 내가 나이가 든다면!
p157-03	Si j'étais	sage!	만약에 내가 지혜롭다면!
p157-04	Si j'étais	riche!	만약에 내가 부자라면!
p157-05	Si j'étais	libre!	만약에 내가 한가하다면!
p157-06	Si j'étais	marié(e)!	만약에 내가 결혼한다면!
p157-07	Si j'étais	plus mince!	만약에 내가 더 날씬하다면!
p157-08	Si j'étais	plus jeune!	만약에 내가 더 젊다면!

● **vous** (당신)은 강세형입니다. **Si j'étais toi!** (내가 너라면!) **Si j'étais lui!** (내가 그라면!)
● **plus** ((보다) 더/더 많이)는 **beaucoup** (많이)의 우등비교급입니다.
● **âgé(e)** (나이 든), **sage** (현명한), **riche** (부유한), **libre** (한가한/자유로운),
marié(e) (결혼한/기혼의), **mince** (날씬한), **jeune** (젊은)

Presenting the core concepts you need to **write** and **speak**. It focuses on the **core concepts** you need to **communicate**. *start speaking languages immediately using essential phrases*

다섯 번째 섹션 : 중요문법 패턴!

5th Section 은 **중요문법**을 정리하였습니다.
문법적으로 **난이도**도 높고, **사용빈도**도 높은 **표현**들을 정리했습니다.

P 157

---

③ 기본패턴의 확장!

p157-09 ○ **Si j'étais riche, je pourrais vous aider!**　만약에 내가 부자라면, 당신을 도울 수 있을 텐데!

p157-10 ○ **Si j'étais libre, je voyagerais avec toi!**　만약에 내가 한가하다면, 너와 같이 여행 갈 텐데!

- '가정절 + 결과절'의 구조입니다. (만약에 ~라면, ~할 텐데!)
결과절은 생략할 수 있으며, 가정절은 독립적으로 사용할 수 있습니다.
- **pourrais (pouvoir ~할 수 있다) / voyagerais (voyager 여행하다)**는 조건법 현재형입니다.
- 직접목적보어 **vous** (당신(들)을)의 위치는 본동사 앞입니다.
- **aider** (돕다), **avec** (~와 함께), **toi** (너 : 강세형)

---

④ 기본패턴의 응용!

p157-11 **A) Je pars en vacances.**　나 휴가 간다.

p157-12 **B) Si j'étais libre, je voyagerais avec toi!**　만약에 내가 한가하다면, 너와 같이 여행 갈 텐데!

- -

p157-13 **A) J'ai besoin d'argent rapidement.**　나는 급하게 돈이 필요합니다.

p157-14 **B) Si j'étais riche, je pourrais vous aider!**　만약에 내가 부자라면, 당신을 도울 수 있을 텐데!

- **partir en vacances** (휴가를 떠나다)
- **avoir besoin de** + 명사 (~이 필요하다)
- **avoir** (가지다), **le besoin** (필요/요구), **l'argent** (돈), **rapidement** (급하게/빨리)

The focus is on conversation and communication.

Start speaking languages immediately using essential phrases.

appendix

pattern
French

부록

부록 1. 30분 만에 끝내는 알파벳과 발음법!
부록 2. 문법 핵심 한눈에 요약정리!

With this book you will **learn languages** with thousands **of customizable phrases**.

appendix

pattern

French

부록 1.
30분 만에 끝내는 알파벳과 발음법!

보다 더 인상적이고 부담 없는 **알파벳과 발음법 학습**을 위해
가장 선호하는 **이름 베스트 100 리스트**를 활용하여 **학습**해 보겠습니다.

 Presenting the **core concepts** you need to **write** and **speak**.
It focuses on the **core concepts** you need to **communicate**.

부록 1.
30분 만에 끝내는 알파벳과 발음법!

프랑스 사람 이름으로 알파벳과 발음법을 끝내자!

'자신 있게 말씀드릴 수 있는 프랑스어에 대한 진실 한 가지!'

보다 더 인상적이고 부담 없는 프랑스어의 알파벳과 발음법 학습을 위해
프랑스 남녀가 가장 선호하는 이름 베스트 100 리스트를 활용하여 학습해 보겠습니다.
(여러분이 조만간 어차피 만나게 될 프랑스 사람들의 이름입니다.)
자! 그러면 지금 바로 시작할까요?

appendix

Learn foreign language!
French

부록 1.
30분 만에 끝내는 알파벳과 발음법!

It's a completely new way
to learn foreign language!

1. 프랑스어 알파벳, 이미 친하다!

마음만 먹으면 바로 시작할 수 있는 언어가 바로 '프랑스어'입니다.
우리에게 이미 친근한 알파벳이 프랑스어 문자입니다.
프랑스어 기본 알파벳 (L'alphabet) [랄파베]는 영어와 똑같습니다.

문자를 알고 있다는 것은 언제든지 본격적으로 시작할 수 있다는 뜻입니다.
자! 그러면 알파벳의 이름과 발음값을 알아보겠습니다. ([괄호] 안은 우리말에 가장 가까운 음가입니다.)

a1-00

A a 아 [ㅏ]	**B b** 베 [ㅂ]	**C c** 쎄 [ㅆ/ㄲ]
D d 데 [ㄷ]	**E e** 으 [ㅡ]	**F f** 에프 [ㅍ]
G g 제 [ㅈ/ㄱ]	**H h** 아쉬 [묵음]	**I i** 이 [ㅣ]
J j 지 [ㅈ]	**K k** 까 [ㄲ]	**L l** 엘 [ㄹ]
M m 엠 [ㅁ]	**N n** 엔 [ㄴ]	**O o** 오 [ㅗ]
P p 뻬 [ㅃ]	**Q q** 뀌 [ㄲ]	**R r** 에흐 [ㅎ]
S s 에스 [ㅆ/ㅈ]	**T t** 떼 [ㄸ]	**U u** 위 [ㅟ]
V v 베 [ㅂ]	**W w** 두블르베 [ㅂ]	**X x** 익스 [ㅆ/ㄱ,ㅆ/ㄱㅈ]
Y y 이그헥 [ㅣ]	**Z z** 제드 [ㅈ]	

2. 프랑스어 모음, 깔끔하다!

프랑스어 모음의 기본은 **A** (아), **E** (에), **I** (이), **O** (오), **U** (위), **Y** (이) 6개입니다.
음가는 그대로 [ㅏ], [ㅔ], [ㅣ], [ㅗ], [ㅟ], [ㅣ]입니다. [우]는 **ou** 가 합쳐져야 나는 소리입니다.
그리고 **e** 가 단어의 마지막에 오면 발음되지 않는다는 사실을 기억해주세요!

A 01

보다 더 인상적이고 부담 없는 **알파벳**과 **발음법 학습**을 위해
가장 선호하는 **이름 베스트 100 리스트**를 **활용**하여 **학습**해 보겠습니다.

프랑스어 대표 모음의 발음법을 한방에 해결해주는 여자 이름입니다.
자! 그러면 각각의 모음을 알아볼까요?

a2-01	**A a** [아]	**Anne** 안느	a2-02	**E e** [에]	**Emma** 엠마
a2-03	**I i** [이]	**Isabelle** 이자벨	a2-04	**O o** [오]	**Odile** 오딜
a2-05	**U u** [위]	**Ursula** 위흐쉴라	a2-06	**Y y** [이]	**Yves** 이브

 ### 3. 프랑스어의 매력점, 철자부호!

프랑스어 모음에는 한눈에 프랑스어임을 알려주는 독특한 '철자부호'들이 있습니다.
[´] (accent aigu) [악상 떼귀], [`] (accent grave) [악상 그하브], [^] (accent circonflexe) [악상 시흐꽁플렉스],
[¨] (tréma) [트헤마]는 영어에는 없는 철자부호입니다.
어떠한 철자부호가 붙어도 음가는 항상 원래 모음의 발음과 동일합니다.

a3-01	**Céline** 쎌린느	a3-02	**Inès** 이네스

참고로 **c** 의 변형인 **[ç] (cédille)** [쎄디으]는 자음에서 설명드리겠습니다.

 ### 4. 프랑스어의 이중모음과 복모음!

프랑스어에는 모음이 둘 또는 셋이 합쳐져서 하나의 발음을 내는 예가 많습니다.
기본모음에 비해 살짝 까다롭긴 하지만 프랑스어의 느낌이 확실하게 살아나는, 그런 멋진 발음들입니다.
참고로 프랑스어에서는 o 와 e 가 연결되는 경우 붙여서 œ 로 표기합니다.

1) eu, œu : [외]

입술을 '오'로 만들고, 소리는 [에]를 내보세요. 이 발음의 포인트는 입모양을 끝까지 '오'로 유지하는 것입니다.

a4-01	**Mathieu** 마띠외

부록 1.
30분 만에 끝내는 알파벳과 발음법!

Fren

It's a completely new way
to learn foreign language!

2) oi, oî : [와]

정확하게는 [우아]에 해당하는 발음을 빨리 합니다.

a4-02	**Benoît**	a4-03	**Antoine**
	브누아		앙뚜안

3) au, eau : [오]

둘 다 정확하게 우리말의 [오]로 발음합니다.

a4-04	**Pauline**	a4-05	**Claude**
	뽈린느		끌로드

5. 프랑스어 비모음!

이제 프랑스어 발음의 매력덩어리인 비모음, 즉 콧소리를 만나보겠습니다.
'모음 + **m**', 또는 '모음 + **n**'이 그 주인공입니다.

1) an, am, en, em : [엉/앙]

a5-01	**Laurent**	a5-02	**Christian**
	로항		크히스띠앙

2) in, im, ain, aim, yn, ym, ein, (i)en : [엥] 또는 [앵]

a5-03	**Martin**	a5-04	**Vincent**
	마흐땡		벵쌍

3) on, om : [옹]

a5-05	**Dupont**	a5-06	**Simon**
	뒤뽕 (성씨)		씨몽

보다 더 인상적이고 부담 없는 **알파벳**과 **발음법 학습**을 위해
가장 선호하는 **이름 베스트 100 리스트**를 활용하여 **학습**해 보겠습니다.

4) un, um : [윙]

a5-07	**Brun** 브횡 (성씨)

 ### 6. 프랑스어 자음!

영어와 똑같아서 우리에게 익숙한 프랑스어 자음들이 있습니다.
b [ㅂ], **d** [ㄷ], **f** [ㅍ], **j** [ㅈ], **l** [ㄹ], **m** [ㅁ], **n** [ㄴ], **v** [ㅂ], **z** [ㅈ]가 이에 해당합니다.
덕분에 몇 가지만 정리하면 자음도 간단히 해결할 수 있습니다.
지금부터 조금 더 신경을 써줘야 하는 자음들부터 하나씩 설명을 드리겠습니다.
나머지 자음은 우리가 이미 알고 있는 음가 그대로입니다.

1) 발음 대원칙, 마지막 자음은 잊어라!

프랑스어는 원칙적으로 마지막 자음을 발음하지 않습니다.
단 **c, f, l, r, q, x** 는 발음이 되는 경우도 많습니다.

a6-01	**Renault** 흐노(성씨)	a6-02	**Bernard** 베흐나흐

a6-03	**Louis** 루이	a6-04	**Frédéric** 프헤데히끄

2) 영어보다 더 '쌔게' ptk (뻬떼까), 그리고 q (뀌)

프랑스어 자음 중 **p** (뻬), **t** (떼), **k** (까)는 각각 [ㅃ], [ㄸ], [ㄲ]로 된소리로 발음됩니다.
pp, tt 등의 이중 자음도 마찬가지입니다. 단 **p** (뻬), **t** (떼), **k** (까) 뒤에 **r** 이 올 경우에는 [ㅍ], [ㅌ], [ㅋ] 소리가 납니다.
프랑스어에서 **k** 로 시작하는 단어는 매우 드뭅니다. 주로 외국어에서 온 말들이죠.
그리고 **q** 는 영어처럼 **u** 와 붙어서 [ㄲ]라고 발음됩니다.

a6-05	**Pierre** 삐에흐	a6-06	**Tristan** 트히스땅

a6-07	**Kevin** 께벵	a6-08	**Jacques** 작끄

Learn foreign language!
French

부록 1.
30분 만에 끝내는 알파벳과 발음법!

It's a completely new way to learn foreign language!

3) 프랑스어 대표 발음 r

초심자들이 가장 발음하기 어려워하는 프랑스어 자음 **r** 은 [ㅎ]으로 소리 냅니다.
마치 가글할 때처럼 목 깊은 곳에서 목젖을 '흐흐흑~' 굴려야 합니다.
유의할 점은 혀를 아래로 숙이고 움직이지 않아야 합니다.

a6-09	**Roland**	a6-10	**René**
	홀랑		흐네

4) 두 얼굴의 c, ç / g

c 는 2가지 경우의 소리를 갖고 있습니다. 우선 자음과 **a, o, u** 앞에서는 [ㄲ] 소리가 되어
각각 [까/꼬/꾸], **e, i, y** 앞에서는 [ㅆ] 소리가 되어 [쎄/씨/씨]가 됩니다.

a6-11	**Caroline**	a6-12	**Cécile**
	까홀린느		쎄씰

ç [쎄디으], 일명 '돼지꼬리 **c**' 는 자음과 **a, o u** 앞에서 [ㄲ]를 [ㅆ]로 바꿉니다. [싸/쏘/쒸]

a6-13	**François**	a6-14	**Françoise**
	프항쑤아		프항쑤아즈

g 도 2가지 경우의 소리입니다. 자음과 **a, o, u** 앞에서는 [ㄱ] 소리가 되어 각각
[가/고/귀], **e, i, y** 앞에서는 [ㅈ] 소리가 되어, [제/지/지]가 됩니다.

a6-15	**Guillaume**	a6-16	**Gérard**
	기욤		제하흐

5) h 와 친구들 ch, ph, th

프랑스어의 **h** (아쉬)는 음가가 없습니다.
즉, 아예 없다고 생각하고 발음하지 않으면 되는 것이죠. 다른 자음과 만나면
다른 자음의 소리만 납니다. 따라서 무성 **h** 의 정체성은 자음이지만 항상
모음 취급을 해줍니다. **ch** 는 뒤에 모음이 오면 [ㅅ], 자음이 오면 [ㅋ]입니다.
그리고 **ph** 는 영어와 똑같은 [ㅍ]이고, **th** 는 [ㄸ] 소리가 됩니다.

보다 더 인상적이고 부담 없는 **알파벳**과 **발음법 학습**을 위해
가장 선호하는 **이름 베스트 100 리스트**를 활용하여 **학습**해 보겠습니다.

A 01

a6-17	**Hugo** 위고	a6-18	**Hélène** 엘렌느
a6-19	**Charlotte** 샤흘로뜨	a6-20	**Christine** 크히스띤느
a6-21	**Philippe** 필리쁘	a6-22	**Théo** 떼오

6) 그때그때 다른 s

s 는 [ㅆ] 소리입니다. **s** 가 둘일 때도 마찬가지입니다.
단! **s** 가 모음 사이에 낄 때는 [ㅈ]으로 소리납니다.

a6-23	**Sophie** 쏘피	a6-24	**Besson** 베쏭 (성씨)

7) 4가지로 발음되는 x

x 의 발음은 4가지입니다. 우선 단어 맨 처음에 오면 [ㅈ], 끝에 오면 [ㅅ/ㅆ]입니다.

a6-25	**Xavier** 자비에	a6-26	**Astérix** 아스떼힉스

단어 중간과 접두사 **ex-** 뒤에 모음이 오면 [ㄱㅈ]으로 발음합니다.
그러나 **ex-** 뒤에 자음이 오면 [ㄱㅅ / ㄱㅆ]으로 발음합니다.

8) 끝이 **-ille** 로 끝나는 경우

-ille 는 [이으]로 발음합니다.

a6-27	**Camille** 까미으	a6-28	**Mireille** 미헤이으

이상으로 프랑스어 주요 발음의 소개를 마칩니다.
발음은 **MP3** 청취/발음 연습자료를 이용하는 것이 가장 좋습니다.

● The focus is on **conversation** and **communication**.

● Start **speaking languages** immediately using **essential phrases**.

appendix

pattern

French

부록 2.
문법 핵심 한눈에 요약정리!

문법 핵심을 한눈에 파악할 수 있도록 **요약정리**했습니다!
궁금한 **문법사항**은 **그때그때** 찾아서 **확인**이 가능합니다.

Presenting the **core concepts** you need to write and **speak**.
It focuses on the **core concepts** you need to **communicate**.

부록 2.
문법 핵심 한눈에 요약정리!

문법 핵심을 한눈에 파악할 수 있도록 **요약정리**했습니다!
궁금한 **문법사항**은 **그때그때** 찾아서 **확인**이 가능합니다.

1. 프랑스어 인칭대명사
2. 프랑스어 être 동사
3. 프랑스어 **avoir** 동사
4. 프랑스어 동사의 인칭변화 (1군/2군 규칙동사)
5. 프랑스어 동사의 인칭변화 (3군 불규칙동사)
6. 프랑스어 명사의 성과 수
7. 프랑스어 정관사
8. 프랑스어 부정관사
9. 프랑스어 부분관사
10. 프랑스어 보어 인칭대명사

11. 프랑스어 강세형 인칭대명사
12. 프랑스어 형용사
13. 프랑스어 소유형용사
14. 프랑스어 대명동사
15. 프랑스어 준조동사
16. 프랑스어 명령법
17. 프랑스어 시제 (복합과거)
18. 프랑스어 시제 (반과거)
19. 프랑스어 조건법
20. 프랑스어 전치사

21. 프랑스어 접속사
22. 프랑스어 어순

appendix

● The focus is on **conversation** and **communication**.

● Start **speaking languages** immediately using **essential phrases**.

Learn foreign language!
French

부록 2.
문법 핵심 한눈에 요약정리!

It's a completely new way to learn foreign language!

1. 프랑스어 인칭대명사

한줄요약 : 프랑스어 문장의 주어가 될 수 있는 인칭대명사(주격)입니다!

프랑스어 인칭대명사

Je [즈] 나	**Nous** [누] 우리들
Tu [뛰] 너	**Vous** [부] 너희들/당신
Il / Elle [일] 그 / [엘] 그녀	**Ils / Elles** [일] 그들 / [엘] 그녀들

❶ 프랑스어 인칭대명사는 문장의 주어가 될 수 있습니다. (주격인칭대명사)
❷ 인칭대명사 **tu** (너)는 친한 사이의 호칭입니다. 나이에 관계없이 친해지면 쓸 수 있고,
부모나 어른한테도 사용할 수 있습니다.
❸ 인칭대명사 **vous** 는 두 가지 의미가 있습니다. 복수형으로 쓰면 '너희들'이지만,
단수형으로 쓰면 '당신'으로 **tu** (너)의 존칭형입니다. 다음에 오는 동사의 형태는 같습니다.
문맥으로 이해하시면 됩니다.
❹ 인칭대명사 **je** (나)는 뒤에 모음이나 무성 **h** 로 시작되는 동사가 오면 **-e** 가 생략되어 **j'** 로
표기합니다.

2. 프랑스어 **être** 동사

한줄요약 : 프랑스어 **être** (~이다) 동사는 영어의 **be** 동사입니다!

être [에트흐] ~이다

A
02

문법 핵심을 한눈에 파악할 수 있도록 **요약정리**했습니다!
궁금한 **문법사항**은 **그때그때** 찾아서 **확인**이 가능합니다.

Je suis ~ [즈 쒸 ~] 나는 ~이다	**Nous sommes ~** [누 쏨므 ~] 우리들은 ~이다
Tu es ~ [뛰 에 ~] 너는 ~이다	**Vous êtes ~** [부 제뜨 ~] 너희들은/당신은 ~이다
Il / Elle est ~ [일 / 엘 레 ~] 그/그녀는 ~이다	**Ils / Elles sont ~** [일 / 엘 쏭 ~] 그들/그녀들은 ~이다

❶ 프랑스어 **être** 동사는 영어의 **be** 동사에 해당합니다.
❷ 영어의 **be** 동사가 **I am, You are, He is ...**인 것처럼,
프랑스어의 **être** 동사 역시 인칭에 따라 모양이 다른 일종의 불규칙 동사입니다.
❸ **être** 동사를 암기하실 때는 **je suis ~, tu es ~, il/elle est ~ ...**처럼
인칭대명사와 함께 통째로 기억하는 것이 좋습니다.

3. 프랑스어 **avoir** 동사

한줄요약 : 프랑스어 avoir (~가지고 있다) 동사는 영어의 **have** 동사입니다!

avoir [아부아흐] ~가지고 있다

J'ai ~ [줴 ~] 나는 ~가지고 있다	**Nous avons ~** [누 자봉 ~] 우리들은 ~가지고 있다
Tu as ~ [뛰 아 ~] 너는 ~가지고 있다	**Vous avez ~** [부 자베 ~] 너희들은/당신은 ~가지고 있다
Il / Elle a ~ [일 / 엘 라 ~] 그/그녀는 ~가지고 있다	**Ils / Elles ont ~** [일 / 엘 종] 그들/그녀들은 ~가지고 있다

Learn foreign language!
French

부록 2.
문법 핵심 한눈에 요약정리!

It's a completely new way
to learn foreign language!

❶ 프랑스어 **avoir** 동사는 영어의 **have** 동사와 같습니다.
❷ **avoir** 동사는 인칭에 따라 모양이 달라지는 불규칙 동사입니다.
❸ 암기를 하실 때는 **être** 동사와 마찬가지로 인칭대명사와 함께 통째로 기억하는 것이 좋습니다.

 4. 프랑스어 동사의 인칭변화 (1군/2군 규칙동사)

한줄요약 : 프랑스어 동사의 대부분은 인칭에 따라서 규칙적인 어미변화를 합니다!

1군 **parler** (말하다)

인칭	인칭어미		인칭	인칭어미	
Je 나	**-e**	**parle** [빠흘르]	**Nous** 우리들	**-ons**	**parlons** [빠흘롱]
Tu 너	**-es**	**parles** [빠흘르]	**Vous** 너희들/당신	**-ez**	**parlez** [빠흘레]
Il/Elle 그/그녀	**-e**	**parle** [빠흘르]	**Ils/Elles** 그들/그녀들	**-ent**	**parlent** [빠흘르]

2군 **finir** (끝내다)

인칭	인칭어미		인칭	인칭어미	
Je 나	**-is**	**finis** [피니]	**Nous** 우리들	**-issons**	**finissons** [피니쏭]
Tu 너	**-is**	**finis** [피니]	**Vous** 너희들/당신	**-issez**	**finissez** [피니쎄]
Il/Elle 그/그녀	**-it**	**finit** [피니]	**Ils/Elles** 그들/그녀들	**-issent**	**finissent** [피니쓰]

❶ 프랑스어 동사는 인칭에 따라 어미변화를 합니다.
❷ 프랑스어 동사는 '어간+어미'로 되어 있습니다. 동사원형의 어미가 **-er** 로 끝나는 동사는 1군 규칙동사, **-ir** 로 끝나는 동사는 2군 규칙동사로 묶습니다. 규칙동사는 위와 같이 일정한 규칙으로 어미변화를 합니다.
❸ 1군과 2군에 속하지 않는 나머지 동사는 3군 불규칙동사에 해당합니다.
각 인칭 별 동사의 형태를 암기해야 합니다. 하지만 프랑스어 동사 전체에서 약 90%는 규칙동사입니다.

368
Presenting the **core concepts** you need to **write** and **speak**,
It focuses on the **core concepts** you need to **communicate**. *start speaking languages immediately using essential phrases.*

문법 핵심을 한눈에 파악할 수 있도록 **요약정리**했습니다!
궁금한 **문법사항**은 **그때그때** 찾아서 **확인**이 가능합니다.

A
02

5. 프랑스어 동사의 인칭변화 (3군 불규칙동사)

한줄요약 : 프랑스어 동사의 일부는 인칭에 따라 불규칙적인 변화를 합니다!

ouvrir (열다)

인칭	인칭변화형	인칭	인칭변화형
J'ouvre 나	[주브흐]	**Nous** 우리들	**ouvrons** [우브홍]
Tu 너	**ouvres** [우브흐]	**Vous** 너희들/당신	**ouvrez** [우브헤]
Il/Elle 그/그녀	**ouvre** [우브흐]	**Ils/Elles** 그들/그녀들	**ouvrent** [우브흐]

pouvoir (~할 수 있다)

인칭	인칭변화형	인칭	인칭변화형
Je 나	**peux** [쁴]	**Nous** 우리들	**pouvons** [뿌봉]
Tu 너	**peux** [쁴]	**Vous** 너희들/당신	**pouvez** [뿌베]
Il/Elle 그/그녀	**peut** [쁴]	**Ils/Elles** 그들/그녀들	**peuvent** [쁴브]

❶ 프랑스어 동사는 인칭에 따라 어미변화를 합니다.
❷ 일부 프랑스어 동사는 인칭변화를 할때 어미변화가 불규칙하고, 어간모음도 변합니다.
❸ 어미 변화 패턴에 따라 크게 4가지 패턴의 불규칙동사변화를 정리할 수 있습니다.
❹ ouvrir (열다)는 어간 **ouvr-** 을 취하고, 각 인칭의 어미는 1군 규칙동사처럼 변화합니다. (**-e,-es,-e,-ons,-ez,-ent**)
❺ pouvoir (할 수 있다) 동사의 어간은 **peu** 이고, 단수 인칭의 어미는 **-x,-x,-t** 로 변합니다. 복수 인칭 어미는 1군 규칙동사와 같습니다.(**-ons,-ez,-ent**) 단, 복수1인칭과 2인칭에서는 어간이 **pouv** 로 바뀌고, 복수 3인칭의 어간은 **peuv** 입니다.
❻ 이외에 매우 불규칙하게 변화하는 일부 동사들 중 일상생활에서 자주 사용되는 동사들의 인칭변화는 암기하셔야 합니다.

6. 프랑스어 명사의 성과 수

● The focus is on **conversation** and **communication.**

● Start **speaking languages** immediately using **essential phrases.**

Learn foreign language!
French

부록 2.
문법 핵심 한눈에 요약정리!

It's a completely new way
to learn foreign language!

한줄요약 : 프랑스어의 명사는 남성/여성이 있습니다!

프랑스어 명사의 성과 수

un homme [외 놈므] 남자	**une femme** [윈느 팜므] 여자
des hommes [데 좀므] 남자들	**des femmes** [데 팜므] 여자들
un crayon [욍 크헤이옹] 연필	**une gomme** [윈느 곰므] 지우개
des crayons [데 크헤이옹] 연필들	**des gommes** [데 곰므] 지우개들

❶ 프랑스어 명사는 고유명사(사람 이름, 도시 이름 등)을 제외한 모든 명사가 남성/여성으로 구분됩니다.
❷ 생물은 자연성을 따르지만, 무생물은 대부분 임의적으로 부여되어 있습니다. 예를 들면 '아버지'는 남성,
'어머니'는 여성 등으로 자연성을 따릅니다만, '연필'은 남성, '지우개'는 여성 등으로 임의적입니다.
❸ 명사의 여성형을 만드는 가장 기본적인 방법은 남성명사에 **-e** 를 붙이는 것입니다.
(**un étudiant** [외 네뛰디앙] 남학생 > **une étudiante** [위 네뛰디앙뜨]여학생, 이때 묵음이었던
마지막 자음의 발음이 살아나서 소리가 나는 경우도 있습니다.)
❹ 명사의 수는 '단수와 복수'를 말하며, 관사를 통해 구별할 수 있습니다.
❺ 아울러 명사의 단수를 복수로 만들 때는 여러 가지 방법이 있습니다.
복수형 어미(**-s, -x** 등)이 붙는 것, 단수와 복수의 형태가 같은 것, 단수형과 복수형이 완전히 다른 경우 등이 있습니다.
❻ 명사의 복수형을 만드는 방법은 4가지 패턴이 있습니다만, 명사가 나오면 그때그때 암기해 두는 것이 좋습니다.

 7. 프랑스어 정관사

한줄요약 : 프랑스어 정관사는 3가지 형태입니다.

프랑스어 정관사

	남성	여성
단수	**le** [르]	**la** [라]
복수	**les** [레]	

문법 핵심을 한눈에 파악할 수 있도록 **요약정리**했습니다!
궁금한 **문법사항**은 그때그때 찾아서 **확인**이 가능합니다.

❶ 프랑스어의 정관사는 특정명사를 지칭하거나, 어떤 것을 총칭하는 의미로 명사 앞에 붙습니다.
영어의 **the** 에 해당합니다.
❷ 명사 앞에 붙어 명사의 성과 수를 나타내며, 남성/여성의 형태와 복수형이 있습니다.
❸ 모음이나 무성 **h** 로 시작하는 단수 명사 앞에서는 단수형 정관사의 **-e** 또는 **-a** 가 축약되어 **l'** 으로 표기합니다.
❹ 전치사 **à** 또는 **de** 뒤에 정관사가 오면 남성 단수와 복수형이 각각 **au/aux, du/des** 로 관사축약이 일어납니다.
모음 단수가 오면 **à l', de l'** 로 씁니다.

 ### 8. 프랑스어 부정관사

한줄요약 : 프랑스어 부정관사는 3가지 형태입니다.

프랑스어 부정관사

	남성	여성
단수	**un** [욍]	**une** [윈느]
복수	**des** [데]	

❶ 프랑스어의 부정관사는 불특정한 내용의 명사 앞에 사용합니다. '어떤' 또는 '하나의'의 뜻으로 영어의 **a** 에 해당합니다.
❷ 남성/여성의 형태와 복수형이 있습니다.
❸ 남성 단수형 부정관사 **un** 뒤에 모음이나 무성 **h** 로 시작하는 명사가 오는 경우 연음을 합니다.
un arbre [외 나흐브흐] (한 나무)
❹ 복수형 부정관사 **des** 뒤에 모음이나 무성 **h** 로 시작하는 명사가 오는 경우에도 연음을 합니다.
des arbres [데 자흐브흐] (나무들)

 ### 9. 프랑스어 부분관사

한줄요약 : 프랑스어 부분관사는 셀 수 없는 명사나 추상명사 앞에 붙입니다.

프랑스어 부분관사

	남성	여성
단수	**du** [뒤] / **de l'** [드 ㄹ~]	**de la** [드 라] / **de l'** [드 ㄹ~]

Learn foreign language!
French

부록 2.
문법 핵심 한눈에 요약정리!

It's a completely new way
to learn foreign language!

❶ 프랑스어의 부분관사는 '셀 수 없는 명사나 추상명사' 앞에 사용합니다. '약간의' 또는 '어느 정도의'라는 의미입니다.
❷ 부분관사는 수가 아닌 양의 개념을 표현하기 위한 관사로 남성/여성의 형태만 있을 뿐 복수형이 없습니다.
❸ 부득이 복수를 표시해야 할 경우에는 부정관사 **des** 를 붙입니다. **des fruits** [데 프휘](과일들)
❹ 모음이나 무성 **h** 로 시작하는 명사가 오는 경우에는 남성/여성 똑같이 **de l'** 형태를 사용합니다.
발음은 뒤에 오는 모음이나 무성 **h** 와 조화하여 소리냅니다.
de l'eau [드 로] (물) / **de l'huile** [드 륄] (기름)

 ## 10. 프랑스어 보어 인칭대명사

한줄요약 : 프랑스어의 보어 인칭대명사는 직접목적보어와 간접목적보어가 있고, 인칭에 따라 형태가 다릅니다.

프랑스어 직접목적보어 인칭대명사		프랑스어 간접목적보어 인칭대명사	
나를	**me** [므]	나에게	**me** [므]
너를	**te** [뜨]	너에게	**te** [뜨]
그/그녀/그것을	**le/la** [르/라]	그/그녀에게	**lui** [뤼이]
우리를	**nous** [누]	우리에게	**nous** [누]
너희들/당신을	**vous** [부]	너희/당신에게	**vous** [부]
그들/그녀들/그것들을	**les** [레]	그들/그녀들에게	**leur** [뢰흐]

❶ 프랑스어 직접목적보어 인칭대명사(직접보어)는 타동사의 직접목적어를 대신할 수 있습니다.
영어의 목적격에 해당하는 대명사입니다.
❷ 프랑스어 간접목적보어 인칭대명사(간접보어)는 '~에게'에 해당하는 '전치사 **à** (영어의 to)+명사'의 형태를
대신하는 대명사입니다.
❸ 인칭에 따라 다른 형태로 변화합니다. 직접보어 단수형 me, te, le, la 와 간접보어 me, te 는 모음이나
무성 **h** 로 시작되는 단어 앞에서 각각 **m', t', l', l'** 와 **m', t'** 로 모음축약됩니다.
❹ 프랑스어 직접보어와 간접보어의 문장 안에서의 위치는 언제나 동사 바로 앞입니다.
Je t'aime. [즈 뗌므.] 나는 너를 사랑해. **Je lui parle.** [즈 뤼이 빠흘르.] 나는 그(녀)에게 말합니다.

문법 핵심을 한눈에 파악할 수 있도록 **요약정리**했습니다!
궁금한 **문법사항**은 **그때그때** 찾아서 **확인**이 가능합니다.

A 02

 11. 프랑스어 강세형 인칭대명사

한줄요약 : 프랑스어 강세형 인칭대명사는 각 인칭과 성수에 따라 형태가 다릅니다.

프랑스어 강세형 인칭대명사

moi [무아] 나	**nous** [누] 우리들
toi [뚜아] 너	**vous** [부] 너희들/당신
lui/elle [뤼이/엘] 그/그녀	**eux/elles** [외/엘] 그들/그녀들

❶ 프랑스어 강세형 인칭대명사는 각 인칭과 성수에 따라 형태가 다릅니다.
3인칭 단수/복수형의 남성/여성의 형태는 각각 다릅니다.
❷ 강세형 인칭대명사는 다른 인칭대명사의 뜻을 강조합니다.
Moi, je pense comme ça. [무아, 즈 빵스 꼼므 싸.] (난, 나는 그렇게 생각합니다.)
❸ 전치사 뒤에는 항상 강세형 인칭대명사를 사용합니다.
Je parle avec lui. [즈 빠흘르 아베끄 뤼이.] (나는 그와 함께 이야기합니다.)

 12. 프랑스어 형용사

한줄요약 : 프랑스어 형용사는 수식하는 명사의 성수에 따라 변화합니다.

	남성	여성
단수	**grand** [그항] 큰	**grande** [그항드]
복수	**grands** [그항]	**grandes** [그항드]

Learn foreign language!
French

부록 2.
문법 핵심 한눈에 요약정리!

It is a completely new way
to learn foreign language!

The **basics** of **grammar** and **sentence construction**!

	남성	여성
단수	**nouveau (nouvel)** [누보/누벨] 새로운	**nouvelle** [누벨]
복수	**nouveaux** [누보]	**nouvelles** [누벨]

❶ 프랑스어 형용사는 수식하는 명사의 성수에 따라 변화합니다.
❷ 따라서 하나의 형용사는 기본적으로 남성형과 여성형, 그리고 각각의 복수형까지 해서 모두 4가지 형태입니다.
❸ 프랑스어 형용사의 기본형은 남성 단수형입니다. 여성형을 만드는 방법의 기본은 남성형용사에 **-e** 를 붙입니다.
이외에도 남성형의 어미를 바꾸거나 완전히 불규칙적으로 변화하는 유형들이 있습니다.
❹ 프랑스어 형용사의 복수형은 기본적으로 명사의 복수형 만드는 방법과 같습니다.
남성형 단수에 **-s** 또는 **-x** 를 붙입니다.
❺ 일부 형용사는 모음이나 무성 **h** 로 시작하는 일부 남성단수 앞에서 형용사 제2형을 사용하기도 합니다.
이것은 모음충돌을 피하기 위해서입니다. (**un nouvel ordinateur** [욍 누벨 로흐디나뙤흐] 새 컴퓨터)

The most useful **phrases** and **expressions**!

 13. 프랑스어 소유형용사

한줄요약 : 프랑스어 소유형용사는 소유자와 소유대상이 되는 명사의 성수에 따라 변화합니다.

프랑스어 소유형용사

	남성단수	여성단수	남성/여성 복수
나의	**mon** [몽]	**ma** [마]	**mes** [메]
너의	**ton** [똥]	**ta** [따]	**tes** [떼]
그의/ 그녀의	**son** [쏭]	**sa** [싸]	**ses** [쎄]

문법 **핵심**을 한눈에 파악할 수 있도록 **요약정리**했습니다!
궁금한 **문법사항**은 그때그때 찾아서 **확인**이 가능합니다.

우리의	**notre** [노트흐]	**notre** [노트흐]	**nos** [노]
너희의/ 당신의	**votre** [보트흐]	**votre** [보트흐]	**vos** [보]
그들의/ 그녀들의	**leur** [뢰흐]	**leur** [뢰흐]	**leurs** [뢰흐]

❶ 프랑스어 소유형용사는 명사 앞에서 관사 대신 쓰이며, 그 명사의 성과 수에 일치시켜야 합니다.
❷ 영어와 달리 프랑스어 소유형용사의 성은 소유자가 아닌 소유대상인 명사의 성에 의해 결정됩니다.
예를 들어 **son père** [쏭 뻬흐]는 소유자에 따라 '그의 아버지' 또는 '그녀의 아버지' 둘 다 가능합니다.
❸ 모음이나 무성 **h** 로 시작하는 여성명사는 **ma, ta, sa** 대신에 **mon, ton, son** 을 붙입니다.
모음충돌을 피하기 위해서입니다. **ton amie** [또 나미] (너의 여자친구)

14. 프랑스어 대명동사

한줄요약 : 프랑스어 대명동사는 주어를 대표하는 재귀대명사 **se** 를 동반하는 동사입니다.

se laver [쓰 라베] 자기 자신을 씻다

je me lave
[즈 므 라브] 나는 씻는다

nous nous lavons
[누 누 라봉] 우리들은 씻는다

tu te laves
[뛰 뜨 라브] 너는 씻는다

vous vous lavez
[부 부 라베] 너희들은/당신은 씻는다

il/elle se lave
[일/엘 쓰 라브] 그/그녀는 씻는다

ils/ells se lavent
[일/엘 쓰 라브] 그들/그녀들은 씻는다

❶ 프랑스어 대명동사는 동사 앞에 재귀대명사 **se** 가 붙어 '자기 자신을 ~하게 하다'라는 의미가 됩니다.
❷ 재귀대명사는 주어의 인칭에 따라 변화합니다.
❸ 재귀대명사 **me, te, se** 는 뒤에 모음이나 무성 **h** 로 시작되는 동사가 오면 **-e** 가 생략되어
각각 **m', t', s'** 로 표기합니다.

Learn foreign language!
French

부록 2.
문법 핵심 한눈에 요약정리!

It's a completely new way
to learn foreign language!

15. 프랑스어 준조동사

한줄요약 : 프랑스어 준조동사는 동사원형과 결합하여 다양하게 말할 수 있도록 도와줍니다.

프랑스어 준조동사

	pouvoir ~할 수 있다	**vouloir** ~하고 싶다	**devoir** ~해야 한다
Je	peux	veux	dois
Tu	peux	veux	dois
Il/Elle	peut	veut	doit
Nous	pouvons	voulons	devons
Vous	pouvez	voulez	devez
Ils/Elles	peuvent	veulent	doivent

	savoir ~할 줄 안다	**aimer** ~을 좋아하다
Je	sais	aime
Tu	sais	aimes
Il/Elle	sait	aime
Nous	savons	aimons
Vous	savez	aimez
Ils/Elles	savent	aiment

❶ 프랑스어 준조동사는 영어와 마찬가지로 '조동사 + 원형동사'의 순서로 이어집니다.
Je sais parler le français. [즈 쎄 빠흘레 르 프항쎄.] (나는 프랑스어를 말할 줄 안다. :
parler [빠흘레] 말하다, **le français** [르 프항쎄] 프랑스어)
❷ pouvoir [뿌부아흐]는 '~할 수 있다'의 의미로 '가능'을 나타냅니다.
❸ vouloir [불루아흐]는 '~하고 싶다'의 의미로 '의지'를 나타냅니다.
❹ devoir [드부아흐]는 '~해야 한다'의 의미로 '의무'를 나타냅니다.
❺ savoir [싸부아흐]는 '~할 줄 안다'로 '능력'을 나타냅니다.
❻ aimer [에메]는 '~을 좋아하다'는 뜻으로 '기호'를 나타냅니다.

16. 프랑스어 명령법

A
02

문법 핵심을 한눈에 파악할 수 있도록 **요약정리**했습니다!
궁금한 **문법사항**은 **그때그때** 찾아서 **확인**이 가능합니다.

한줄요약 : 명령문은 2인칭 단수/복수형(존칭)과 1인칭 복수형(청유)가 존재합니다.

	venir (오다)	**aller** (가다)	**parler** (말하다)
(Tu)	**Viens!**	**Va!**	**Parle!**
(Nous)	**Venons!**	**Allons!**	**Parlons!**
(Vous)	**Venez!**	**Allez!**	**Parlez!**

	être (~이다)	**avoir** (~을 가지다)	**savoir** (~할 줄 안다)
(Tu)	**Sois!**	**Aie!**	**Sache!**
(Nous)	**Soyons!**	**Ayons!**	**Sachons!**
(Vous)	**Soyez!**	**Ayez!**	**Sachez!**

❶ 명령문을 만드는 방법은 주어를 생략하고 마지막에 '느낌표'를 찍습니다.
❷ 1인칭 복수형 명령문은 '~ 하자!'는 의미의 청유형입니다. (**Allons!** [알롱!] (가자!))
❸ 1군 규칙동사의 2인칭 단수(**tu**)의 경우 마지막 **-s** 를 생략합니다.
(**Tu parles.** [뛰 빠흘르.](너는 말한다.) > **Parle!** [빠흘르!] (말해라!))
❹ 3군 불규칙동사 중 일부도 2인칭 단수형(**tu**) 명령문에서 **-s** 를 생략하는 경우가 있습니다.
(**Tu vas.** [뛰 바.](너는 간다.) > **Va!** [바!] (가라!))
❺ **être** [에트흐] (~이다)/ **avoir** [아부아흐] (~을 가지다)/ **savoir** [싸부아흐] (~할 줄 안다) 등의 동사들은
특수한 명령형 형태를 갖습니다.

 17. 프랑스어 시제 (복합과거)

한줄요약 : 가장 많이 사용하는 시제 중 하나가 '복합과거'입니다.

복합과거 시제
avoir + p.p. (과거분사)   **être + p.p.** (과거분사)

❶ 프랑스어의 시제는 현재, 반과거, 복합과거, 대과거, 단순미래, 전미래 등이 있습니다.
❷ 복합과거는 과거에 일어난 사실이나 과거사실로 인한 현재 상태(영어의 현재완료)를 모두 표현합니다.

부록 2.
문법 핵심 한눈에 요약정리!

❸ 복합과거는 명칭대로 복합시제이며 시제조동사를 필요로 합니다.
영어의 **have + p.p. / be + p.p.** 처럼 조동사 **avoir** 와 **être** 동사가 필요합니다.
❹ 복합과거는 **avoir + p.p.** 또는 **être + p.p.** 로 만듭니다. '장소의 이동', '상태의 변화', '대명동사'는
être + p.p. 로 복합과거를 만들고 그 나머지는 모두 **avoir + p.p.** 로 만듭니다.
❺ **être** 동사로 과거형을 만들 때 **p.p.** 는 반드시 주어의 성수에 일치시켜야 합니다.
❻ **avoir + p.p.** 는 '타동사', '준조동사', '비인칭동사', (**être** 를 조동사로 쓰는 경우를 제외한 거의 모든)
자동사일 때입니다.
❼ 과거분사를 만드는 방법은 1군 규칙동사의 경우 '어간+**é**' 로 만듭니다. (**parler > parlé**)
❽ 2군 규칙동사의 경우 '어간+**i**' 로 만듭니다. (**finir> fini**)
❾ 불규칙동사의 과거분사형은 **é, i, u, s, t** 중 하나를 어미로 취하기 때문에 사전의 프랑스어 불규칙동사변화표를
참고하시면 됩니다. (**partir>parti / venir> venu / prendre> pris** 등)

18. 프랑스어 시제 (반과거)

한줄요약 : 프랑스어의 반과거는 미완료된 과거를 나타내는 시제입니다.

프랑스어 반과거

	jouer (놀다)	être (~이다)	avoir (~을 가지다)
Je	jouais	étais	avais
Tu	jouais	étais	avais
Il/Elle	jouait	était	avait
Nous	jouions	étions	avions
Vous	jouiez	étiez	aviez
Ils/Elles	jouaient	étaient	avaient

❶ 프랑스어 반과거는 주로 '과거에 완료되지 않고 진행 중인 사건이나 상태', '과거의 습관이나 반복행위',
'가정이나 불가능한 사실'을 표현합니다.
❷ 반과거는 조동사를 사용하지 않고 '어간+반과거어미' 형태로 만듭니다.
❸ 반과거 어미는 모든 동사가 **-ais, -ais, -ait, -ions, -iez, -aient** 로 동일합니다.
❹ 어간은 1인칭 복수(**nous**)의 직설법 현재형에서 **-ons** 를 뗀 부분입니다.
그러니까 **jouer > nous jouons > jou / avoir > nous avons > av** 가 됩니다.
❺ **être** 동사만 유일한 예외로 반과거형의 어간은 **ét-** 입니다.
❻ 영어의 가정법에 해당하는 프랑스어의 '조건법 구문'에서 반과거는 과거의 의미가 아니라,
가정이나 불가능한 사실을 표현합니다.

문법 핵심을 한눈에 파악할 수 있도록 **요약정리**했습니다!
궁금한 문법사항은 **그때그때** 찾아서 **확인**이 가능합니다.

 ## 19. 프랑스어 조건법

한줄요약 : 프랑스어 조건법은 프랑스어에 깊이를 더하는 화법입니다.

	être	avoir	vouloir	pouvoir
Je	serais	aurais	voudrais	pourrais
Tu	serais	aurais	voudrais	pourrais
Il/Elle	serait	aurait	voudrait	pourrait
Nous	serions	aurions	voudrions	pourrions
Vous	seriez	auriez	voudriez	pourriez
Ils/Elles	seraient	auraient	voudraient	pourraient

❶ 프랑스어 조건법은 기본적으로 '가정문'이나 '기원문'을 만드는데 사용합니다.
❷ '조건법 현재'는 '현재 사실과 반대되는 가정적인 조건'을 표현합니다.
'만약에 ~라면 ~일 텐데'라는 '희망사항'을 나타내는 구문으로 영어의 가정법과 같습니다.
❸ 프랑스어의 조건법은 동사의 어미변화를 통해 만드는 어법이며, 동사의 미래형을 기본으로 하여 어미변화를
시킵니다. 동사의 단순미래 어간에 반과거 어미(**-ais, -ais, -ait, -ions, -iez, -aient**)를 각 인칭별로 붙여 주면 됩니다.
❹ '조건법 현재' 구문을 만드는 방법은 '조건절+주절'로 이루어지며, '**si** + 반과거(조건절), 조건법 현재(주절)'입니다.
(**Si j'avais de l'argent, j'achèterais une voiture.** 만약에 내가 돈이 있다면, 차를 한 대 살 텐데.)
❺ 조건법의 완곡어법은 외교적화법으로 예의 바르게 희망을 표현합니다. 완곡어법은 별도의 조건절이 없이
단순히 조건법 동사만으로 표현이 가능합니다. (**Je voudrais un café.** 나는 커피를 원합니다.)

Learn foreign language!
French

부록 2.
문법 핵심 한눈에 요약정리!

 20. 프랑스어 전치사

한줄요약 : 프랑스어 전치사는 대부분 짧은 음절로 이루어져 있고 형태는 변하지 않습니다.

프랑스어 전치사

de : ~의 / ~로부터

à : ~에게 / ~에

en : ~에 (장소/시간) / ~으로

dans : ~안에 / ~후에

pour : ~을 위해 / ~을 향해

avec : ~와 함께

sur : ~ 위에 / ~에 대해

par : ~를 통해 / ~으로

sans : ~없이

depuis : ~ 이래로

❶ 프랑스어의 전치사는 기본적으로 명사 앞에 놓여 다른 단어(동사, 형용사, 다른 명사 등)과의 의미관계를 만들어 냅니다.
❷ 전치사는 대부분 짧은 음절로 이루어져 있고 형태는 변하지 않습니다.
❸ 전치사 다음에 목적어가 올 경우(영어의 예 : **for him**)에는 '강세형 인칭대명사'
(**moi, toi, lui, elle, nous, vous, eux, elles**)를 사용합니다.
❹ 사용 빈도수가 많은 전치사 **à** 또는 **de** 뒤에 정관사가 오면 남성 단수와 복수형에서 축약이 일어납니다.
(**à + le> au, à + les > aux / de + le > du, de + les > des**)

The basics of **grammar** and **sentence construction**!

The most useful **phrases** and **expressions**!